TAKT授業のデザイン

批判的対話がつむぐ笑顔の教室

監修 田島充士

編著 藤倉憲一・武元康明

福村出版

刊行に寄せて

　2020 年から始まった新型コロナウイルスの蔓延による長期間の混乱を経て今，学校現場は未だ，多くの問題を抱えている。その多くが，対面のコミュニケーション能力が低下したことによる，子どもたち同士の関係の希薄化に起因していることは論を俟たないだろう。

　本書が扱う，教室の外に住む他者に説明を行う発表会を目指して子どもたち同士が対話を行う実践プラン『TAKT 授業』は，このような状況の中で，本音で語り合える子どもたちの関係構築を支援する試みといえる。この授業では，子どもたちが互いの意見について，他者の視点に立って批判を行う対話が行われる。自分の意見について耳の痛い批判を受けるのは，おとなでも快い経験ではない。しかしTAKT 授業では多くの子どもが「批判されてよかった」「自分一人では気づかない点を指摘してもらって助かった」などと喜び，かえって学級としての結束力が高まったのだという。それはなぜか。

　そのカギは，学習の目的を「他者の役に立つ」ものに設定し，他者のためになる情報を提供することを目指して子どもたち自身が行う活動を，教員が側面から支援したことにあるようだ。子どもたちの「人のためになりたい」という動機は，きわめて原初的なものであり，その思いを実現するための本音を交わし合う対話は，互いを尊重し思いやる関係性を生み出す。そういった学級の成長物語が，本書には記録されている。

　教師が取り組める最有力な支援は，授業である。学校ではよく聞かれる言葉だが，他者のためになりたいと願う子どもたちの自己決定力を信じて彼らの対話を支えた，本書に登場する教師たちはまさにこのことを愚直に実行した。TAKT 授業は，学級崩壊やいじめなど様々な問題で悩む現場でこそ，実施すべき実践モデルとして高く評価できる。この実践の基盤には，カウンセリングの実践と通底するものがあるからである。

河村茂雄
（早稲田大学教授，日本学級経営心理学会理事長，日本教育カウンセリング学会理事長）

まえがき

　本書は，異質な見解を持つ他者との対等なコミュニケーションに生産的に関わる基礎力を養成する小学校実践プログラムの開発に関する研究書である。

　本書を構成する授業研究のきっかけとなったのは，2016年に教育心理学者である田島充士と大阪市内の小学校教員で構成される「新授業デザイン研究会」の代表を務める藤倉憲一，そしてヘッドハンティング会社を経営する武元康明との出会いだった。この年の大阪教育大学附属天王寺小学校の研究発表会において，武元が実業界の視点から学校教育のあり方について論じた招待講演を，田島と藤倉が聴講した。本講演後，3名で長時間にわたり議論を重ねたが，最後には大いに意気投合した。背景とする専門が異なるにもかかわらず感じた各自の問題意識の一体感が，本書の企画の源泉となっている。

　その後，田島は藤倉の紹介で何度も大阪市内の複数の小学校を訪問し，子どもたち同士が話し合う学習場面の観察を行った。また田島自身が専門とする，バフチンの対話論およびヴィゴツキーの発達論に関する理論研究および，最新の教育心理学の研究成果を研究会メンバーにフィードバックしてきた。さらに田島と藤倉は武元と定期的に研究ミーティングを行い，実社会において求められる人材像と，それに対応し得る小学校教育のあり方について議論を進めてきた。

　その結果，浮き彫りになったのが，授業で学ぶ情報に関する自分自身の意見を子どもたちが表現する機会が，国際的に見ても不足しているという現代の教育現場の課題だった。我々はこの課題を，日本の労働環境の，よりいっそうのグローバル化が進むと予想される現代において，学習者のニーズにも社会的ニーズにも応えられていないという点で，深刻な社会問題と捉えた。

　この課題に取り組むため我々は，知識を共有せず，批判的な意見を持つ人物（本書では「他者」と呼ぶ）に，自分たちの学習成果を伝える活動の導入が必要と考えた。この他者と主体的に関わることを求められる子どもたちは，必然的に，自らが知る知識について主体的に解釈を深め，自己表現を行うようになると予測したからである。なお，グローバル化された実社会において活躍するためには，このような他者との協働力が必須になることはいうまでもない。

　逆に，多くの知識を共有し，かつ批判的な視点を持ち込むことがない「仲間」との間では，子どもたちの言語認識の緊張度は下がり，学習対象に対する子ども独自の解釈の深まりは浅いものにとどまると予測した。

　この視点に基づき田島は2018年に，教室内で展開される子どもたちの交流を，「他者（T）」とのコミュニケーションを示す「対話（T）」と，仲間とのコミュニケーションを示す「会話

（K）」に分類した。さらに交流相手への信頼感を示す「愛情（A）」を加え，「TAKT授業」コンセプトを提案した。

　その後，田島・藤倉・武元との協議を通じ，TAKT授業を実現するための具体的な授業方法について，さらに検討を行った。本実践のモデルとしたのは，藤倉が大阪教育大学附属天王寺小学校に勤務していた当時に開発した理科の「相互参観授業」および，筑波大学附属小学校（当時）の森田和良氏が開発し，田島も共同研究に関わった「説明活動」実践である。これらの授業では子どもたちの学びが，教科書の丸暗記を示す「分かったつもり」にとどまる傾向を問題視し，その知識を知らない相手を聞き手に想定したプレゼンテーション・実験の制作を通じて，学習者自身の言語解釈を深めることを目指していた。我々はこれらの授業の研究成果も参考に，さらに学習者自身の自己決定性を高め，異なる交流モードである対話と会話を駆使しながら，他者の問題解決に関わるという社会貢献を志向した授業プログラムへと発展させた。

　実際の研究授業は，2020年以降に藤倉による実践支援のもと，7名の研究会メンバーがそれぞれの担当学級の子どもたちを対象に実施した。またこれらの授業研究に対し，武元は実社会の最新事情に関する情報提供と指導方法の助言を行った。

　本書は以上の研究成果をもとに，社会実践につながる授業プログラムとしてのTAKT授業の意義を検証したものである。同時に，子どもたち同士の話し合い学習を生産的なものにしたいと願う学校現場の教員に対し，実践モデルを提供することも目的としている。なお，田島が監修者として理論的枠組みと本全体の構成についてまとめ，藤倉が編者として，具体的な授業方法の提唱とそれぞれの実践研究報告の支援を行った。そして武元も編者として，TAKT授業が実社会のニーズに対応したプログラムとなるよう助言を行った。

　本書の企画に際し，井上淳司氏（奈良学園大学），細川克寿氏（大阪市立東田辺小学校），谷村載美氏（元大阪市教育センター），宮本純氏（大阪市立堀江小学校）から様々なご意見をいただいた。また新授業デザイン研究会の多くのメンバーにも，議論に参加していただいた。さらに各実践を行った学校の学校長をはじめ，教職員のみなさまには様々なご配慮をいただいた。記して感謝申し上げたい。

　本書が，読者それぞれの実践現場において子どもたちの学びと向き合う際の指針の一つになるとすれば，我々にとって，望外の喜びである。

監修者・編者一同

※なお本書の研究は，文部科学省／日本学術振興会・科学研究費助成事業・基盤研究（C）（研究代表者：田島充士・研究課題『多文化社会を創造的に生き抜くためのリーダーシップ養成：「異文化跳躍力」の提案』），基盤研究（C）（研究代表者：田島充士・研究課題『他者との感情的葛藤を解消し対話を促進する教育：カウンセラー型リーダーの養成』）および，理数教育研究所補助金（研究代表者：藤倉憲一・研究課題『理科教育における「異文化跳躍力」育成プロジェクト』）による支援を受けている。

第1部　理論編

第2部　実践編

第**1**部
理論編

1章

TAKT授業の提案
「対話的な学び」が実現する教育

田島充士

はじめに

　『平成29・30・31年改訂学習指導要領』（文部科学省）において「主体的・対話的で深い学び」が重視されて以来，「対話」という概念に注目が集まっている。実際，学校現場においては子どもたち同士の話し合い活動への関心が高まり，各学校において実施される研究授業の中でも，彼らの相互交流を組織し，いかに生産的な学びに活かすのかについて注力するものが多く見られる。

　本書は，今日，コミュニケーションの問題に関心を抱く研究者間で国際的に評価されている，ロシア（旧ソ連）の文芸学者バフチンの「対話理論」を視座とし，対話の定義を行ったうえで，対話的な学びの意義やその方法について論じたものである。

　バフチンのいう「対話」とは，単にコミュニケーション一般というよりもむしろ，異質な活動文脈を背景とする人々との交流を示す概念である（バフチン, 1995, 1996）。その意味で，彼の対話理論を参照することは，異世界に住む人々と対等な立場で交流しながら働くことができる人材の養成が期待される，現代の学校教育のあり方を考えるうえで有効と思われる。さらに本書では対話の反対概念として，同質の活動文脈を背景とする人々との交流を示す「会話」を提案する。

　本章は，本書の企画趣旨を解説するプロローグとして，バフチンの対話理論の視点から，教室内で展開される対話と会話の特性をモデル化する。そのうえで，異質な世界に開かれた子どもたちのコミュニケーション力を促進し得る教育を推進するための要素を示すキーコンセプトとして「TAKT」を提案する。さらに本書で提案することになる，このTAKTを意識した授業実践のあり方についても論じる。

■ 言語認識の自動化が構築する文化集団

　私たちは，日々，無数の言葉を交わし合いながら生きている。しかしこのコミュニケーショ

ンの特性は，話し手と聞き手が背景とする文脈の異同によって大きく変化する。

　このことを解説するため，同質の活動文脈を背景とし，話題に関する多くの情報共有を期待する話者同士の，あるやりとりを紹介する（田島, 2013）。

> A：ロータリーってさ，高回転域まで一気に回って気持ちいいらしいぜ。
> B：うん。でもセブン持ってる先輩の話だと，低速トルクがスカスカで，下手なヤツが運転するとすぐにエンスト起こすらしいな。

　ここで交わされた短いやりとりの意味は，自動車マニアか自動車産業に関わる人間ではない限り，理解しがたいものだろう。それは，以下の事例に示すように非常に多くの前提的な情報がカットされた，特殊な隠語が多用されたものだからである。

> A：（ピストンの上下運動をタイヤの回転運動に変換して走行する通常のエンジンとは違って，おむすび型の大型ローターの回転運動がそのままタイヤの回転運動となる）ロータリー（エンジン）ってさ，（通常のエンジンと比べて，）アクセルを強く踏み込んだときのエンジン回転数の上がり方は非常にスムーズで，気持ちいいらしいぜ。
> B：うん。でも（ロータリーエンジンを搭載したマツダ・RX-）セブンを持ってる先輩の話だと，エンジンの回転数が低いときに車軸を回転させる力はかなり弱いから，（クラッチの踏み方が）下手なヤツが運転するとすぐにエンスト起こすらしいな。
>
> ※（　）は省略された言葉，下線部は専門用語を言い換えた箇所

　しかし自動車マニアのA氏とB氏にとっては常識的な知識であり，その意味の共有を互いに期待することで，スムーズな意思疎通を可能としている。バフチンはこのような，特定の社会集団において運用される特殊な言説を「ことばのジャンル」ないし「社会的言語」と呼んだ。

　この社会的言語の存在が示すように，話者が使用する言語の意味内容をいちいち考えずに使用できるようになる現象はまた，話者の言語認識の「自動化／自動現象」とも呼ばれる。そしてこの自動化が極端なまでに進むと，いわば「あうん」の呼吸で相手が自分の意思を察し，自分の求めている応答を行うことを期待する関係が成り立つ。その意味で自動化は，特定の社会的言語を運用する集団を生み出すメカニズムといえる。教育界でも，同様のことが起きている。

　本章では，自動化によって成立し得るこの集団を「文化集団」と呼び，またその集団を構成する人物を「仲間」と呼ぶ。

❷ 言語認識の異化をともなう他者に開かれたコミュニケーション

　一方，異質な文化集団に属する人物（本章ではこの種の人物を「他者」と呼ぶ）にとって，社

会的言語の意味を理解することは，困難である。この他者と意思疎通を図るためには，特定の文化集団に文脈づけられ，多くの前提的知識がカットされた社会的言語を解体し，自らが発信しようとする意思を明確な言葉で表現しなければならない。それに加え，相手が知る知識の程度をモニターし，相手に受け入れられる可能性の高い表現を探索しなければ，相手に受け入れられる説明にはならない。

さらにこの情報共有の有無という要因に加え，話し手がもたらす情報に対し，聞き手が同意して素直に受け入れるか（本章では「肯定的評価」と呼ぶ），それとも否認するか（本章では「否定的評価（批判）」と呼ぶ）という評価の要因も，コミュニケーションの特性に大きな影響を与える。

たとえば「この車の性能は280馬力だ」という情報に対し，聞き手が「なるほど」と納得したとする。これは聞き手が，この情報に対して肯定的な評価を下したことを示す。そのため，話し手は聞き手の応答に対し緊張せず，自分の発する情報に対して振り返ることもなくなる。話者の言語認識の自動化が進み，社会的言語の構築が進むパターンである。

一方，この情報に対し聞き手が「トラックならともかく，一般の乗用車にそんな馬力は必要ないのでは」などと批判することもある。これは聞き手が，この情報に対して否定的な評価を下し，話し手が発した情報をそのままでは受け入れなかったことを示す。その結果，話し手は聞き手の応答に対して緊張し，社会的言語を解体して，発話内容を多面的に再検討（＝熟考）せざるを得なくなる。

バフチンは話し手の多面的な解釈作業をともなう現象を，話者の言語認識の「異化」と呼んだ（田島, 2019）。

異化の事例として，情報を共有せず否定的評価を下す他者とのやりとりを示す（田島, 2013）。情報をほとんど共有しない他者であるCさんを相手にするDさんは，複雑な構成による言語を駆使し，相手に伝わる発話を構成するように努めている。

C：ニュースで，ロータリーエンジン開発の話を聞いたけれど，普通のエンジンと何が違うのか分からなかった。

D：通常のエンジンは，ガソリンガスの爆発によって生じたピストンの往復運動をいったんクランクと呼ばれる機構を通じ，タイヤを動かすための回転運動に変換しているんだ。だけど，ロータリーエンジンは，大型のおむすび型のローターを直接，回転させているから，その運動がそのままタイヤの回転運動になるんだ。

C：でも，そのような特殊な構造を持つことで，何かいいことはあるの？　通常のエンジンと比べてメリットがなければ，そんな構造は不要では？

D：クランクでの運動の変換がないぶん，アクセルを踏み込んだときのエンジン回転数の上がり方がスムーズだから，スポーツカーなどスピードを競う車には有利な点が多いかな。

　C氏の質問を受けて返答したD氏の発言内容は，トピックの前提的情報を言語化したり，C氏の否定的評価に応じて表現し直したりしたものになっており，相対的に，自動車に詳しくはない第三者が聞いてもある程度，理解できるものになっている。その意味でこのコミュニケーションは，先述のA氏とB氏による，共有知識を互いに肯定的に評価しながら交わし合う「閉じられた」やりとりと比較して，「開かれた」特性になっている。

　なおこの否定的評価には，上記の事例で示した知的な批判だけではなく，相手の発言を理解できなかったことを示す，原初的な疑問も含む。単に「納得できない」というような，聞き手による話し手の発言内容への素朴な疑問は，批判のように，必ずしも発話内容を吟味する高度な知的作業をともなうものとはいえないが，話し手の言語認識に異化をもたらすという点では，やはり重要なものである。このような原初的な疑問提示も含めるため，本書では知的な「批判」も包含した上位概念としての「否定的評価（否認）」という用語を使用している。

❸ 教室において展開され得る「対話」と「会話」

　バフチンのいう「対話」は，異質な文化集団を背景とする他者に対して自分の意思を伝え，また自分の発話に対する相手の質問に応じることによって成立する，言語認識の異化をともなうコミュニケーションを示す（田島, 2018, 2019）。また本書では対話の反対概念として，同質の文化集団を背景とする仲間との，言語認識の自動化をともなう交流を「会話」と呼ぶ。なお，この対話と会話の区別は，平田（2012）のコミュニケーション分類も参考にしている。

　そのうえで，情報の共有／未共有の側面を横軸に，評価の肯定／否定の側面を縦軸に設定し，教室において展開され得るコミュニケーションを分類したのが，次ページの図である。

　以下，それぞれの特徴について解説する。

　「イントロダクション型会話」は，文化集団の仲間となるべき初心者の聞き手に対し，熟練者である話し手が新たな情報を教えるようなコミュニケーションである。聞き手が知らない情報を提供する機能を果たすため，話し手が表現する発話の言語構造は，それなりに詳細なものとなる。しかし仲間になろうとする聞き手は，話し手の発話を肯定的に評価することが前提であるため，話し手が自らの発話について異化的に考える機会はない。典型例としては，導入段階において，教員によって実施される講義型の授業があげられる。

　「文化構築型会話」は，共通情報の確認を通じて互いが仲間であることを可視化し，文化集団を構築・維持していくようなコミュニケーションである。共有情報に対し，「おもしろい！」「楽しい！」などの肯定的な評価語とともに共有知識の存在が確認され，シンプルな言語構造による社会的言語に対する即応的な処理（言語認識の自動化）が加速化していく仲間とのコミュニケーションがあげられる。冒頭の自動車マニアA氏とB氏のコミュニケーションも，この会話に該当する。教室内で展開され得る文化構築型会話の典型例としては，教師と子ども，もしくは子どもたち同士で，これまで授業で扱われた情報の内容を参照し，互いに学べているかを

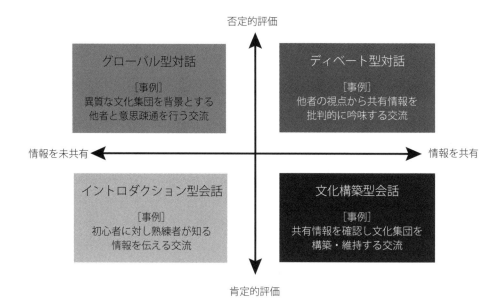

チェックし合うようなやりとりがあげられる。

　「ディベート型対話」は，異質な文化集団を背景とする他者の視点を想像した聞き手との間で共有する情報を批判的に吟味するようなコミュニケーションである。情報共有を前提とするため，話し手が表現する発話の言語構造は，簡略化されたものになる場合もある。一方で，他者の批判的視点を意識するため，自分たちの間では共有が期待される社会的言語を解体して再構造化する動きも生じ得る。この場合，共有知識に対する話者の認識の異化は進む。典型例としては，他者を相手に学習成果を説明する発表会の発表資料を作成する過程で，他者の役割を担う班のメンバーと発表内容を批判的に解釈し直す話し合いが想定される(1)。

　「グローバル型対話」は，実際の他者を聞き手に，意思疎通を行うコミュニケーションである。聞き手が知らない情報を提供する機能を果たすため，話し手が表現する発話の言語構造は，かなり詳細なものになる。そのうえ，他者の否定的評価を意識するため，その評価に応答するために，話者の認識の異化は進む。冒頭の，ロータリーエンジンに関するC氏とD氏のコミュニケーションは，この対話に該当する。教室内で展開され得るグローバル型対話の典型例としては，教室外からの訪問者を相手に学習成果を実際に発表し，その内容について，批判的な質問を受けて答えるやりとりが想定される。異なる文化的背景を持つ他者と実際につながる，もっとも異化的なコミュニケーションといえる。

　なお実際の授業で交わされる交流は，これらの特徴が入り交じったものとして展開すると考えている。たとえば発表会の資料を準備する交流で，発表会で待ち受ける他者の視点を想像して批判的に吟味するような場合，聞き手は多くの情報を共有するので，まずはディベート型対話に分類される。しかし個々の学習者が独自に調査した未共有の情報を持ち寄り，聞き手と批判的に吟味するような場面では，グローバル型対話になる。一方，聞き手にとって未知の説明

内容について話し手に批判的な質問を行う交流（グローバル型対話）であっても，議論の前提を設定するため，両者が共に了解可能な共通知識を確認する場面（文化構築型会話）に展開することもあるだろう。このように実際に人々の間で交わされるコミュニケーションは，上記のコミュニケーションモデルのいずれかの特徴がより強いという傾向性は見られるものの，多くの場合，それぞれの要素が組み合わされた中間的なものとして現れると考えている。

　同時に，ここまで言及してきた他者および仲間という分類も，上記の相互交流の結果として見出される，相対的なものになる。話し手が扱う話題に関する聞き手側の共有知識の程度と評価の否定性の変化に応じ，より他者の性質が強くなったり，仲間の性質が強くなったりするということである。端的にいえば，同じ教室で学校生活を過ごすクラスメイト同士でも，交流の話題によっては，他者になったりする。その意味ではこれらの概念は，交流を通して瞬間的に露わになる，「他者性」「仲間性」という，パラメータ的変化をともなう個人特性を示すものといえる。

　本書では，ある場面の交流が，相対的によりグローバル型対話の特徴を帯びる（話者間の他者性が強くなる）のか，それとも文化構築型会話の特徴を帯びる（話者間の仲間性が強くなる）のか，という判断をすることは，子どもたちの交流を促進する教員にとって有用な指針になると考え，本交流モデルを提案している。

❹ 日本人のコミュニケーション課題

　島国であり，異文化を背景とする人々とのコミュニケーション能力の習得が必ずしも重視されてこなかった日本において，言語認識の自動化を前提とする会話は得意であっても，異化が必要となる対話を苦手とする者は多いと考えられる（田島, 2014）。

　NHKスペシャル『シリーズ灼熱アジア第1回：タイ"脱日入亜"日本企業の試練』（2010年8月22日放送）ではそのことを象徴する，興味深い場面が紹介された。世界トップレベルの技術を誇る日本の金型メーカーがタイの自動車部品メーカーに買収され，そこで働く日本の技術者はタイの工場で技術指導を行うことになった。しかしきわめて高い技術力を誇るこの技術者たちはタイ人の労働者に対し，自らの技術について説明することに困難を覚えていた。その結果，タイ人労働者から「日本人技術者は教え方が下手だ」「きちんと言葉や書類等で説明してほしい」という不満の声が上がるようになった。

　この技術者たちが直面した問題の原因は，彼ら自身が番組内で漏らしていたように，これまで自らの技術を，他者に対して意識的に解釈し説明する機会がほとんどなかったことにあると考えられる。本章の言葉でいえば，会話レベルでやりとりをしていた情報を，対話に仕立て直してコミュニケーションを行うことが困難だったということである。

　我が国が単独で強力な経済力を誇っていた時代においては，自分たちの知識・技術を学びたい人々を「あうん」の呼吸で意図が伝わる仲間として扱い，その間で蓄積・伝承すればよかっ

たのかもしれない（イントロダクション型会話・文化構築型会話）。しかし労働市場がグローバル化し，海外とより密接につながることで経済が成立する状況となった昨今，異なる文化的背景と自立した経済圏を背景とし，対等な立場を持つ人々との間でのグローバル型対話を通し，知識・技術を深化させていくことの必要性が高まっていくと考えられる。

❺ 対話の失敗としての「分かったつもり」

このように日本社会のグローバル化が進展するうえで，学校教育に対してかけられる期待は大きい。しかし多くの場合，本物の他者がいない教室の中で対話を展開することも容易ではない。

実際，学んだ知識が教室のやりとりに閉じられ，日常生活場面など外部の文化集団の知見と孤立してしまう学習者も少なくないことが知られている。たとえば理科教育においては，日常経験の中で得られる知識とは矛盾するように見える科学的知識を子どもたちが学ぶ機会は多い。このような学習の場合，日常経験知を無視し，教室内でのみ使用できる知識として暗記してしまう子どもたちも少なくない。以下に示す事例は，「電流は豆電球に流れ込む前も流れ出た後も同じ量が流れる」という科学的知識を学んだ中学生と，「電池は使い続ければ性能が劣化する」という，その知識とは矛盾するように見える日常経験知との関係を解釈するよう求める他者（このときは調査者）との「対話において見出されたものである（一部改変）」（田島, 2010）[2]。

> E：電流は電池の＋極から－極に向かって流れ，豆電球の通過前後もその量は変わりません。
> 他者：電流は豆電球で減らないと言うけれど，よく分からない。そしたら，なぜ電池は使い続けると使えなくなっちゃうの？　電流が減らないなら，いつまでも使い続けられるんじゃない？
> E：そんなこと言っても，教科書には「電流は減らない」と書いてあるから仕方がないじゃない。

この事例で他者は，Eの示した意見に対し，「分からない」と質問したうえで，日常経験知との関係について欠落した情報の言語化を要求した。しかしEはそれに答えることができず，苦しまぎれに「教科書に書いてあるから仕方ない」と答えた。このように「知識として知っていてその正しさも認識しているが，その意味内容について自ら説明はできない」と話者が主張するような事態を，田島（2010）は「分かったつもり」と呼んだ。

この「分かったつもり」は，教室内で交わされる会話において認識された言語に対し，他者との対話において要求された異化を行うことができなかった現象として位置づけることができる。多くの場合，他者が存在しない，教室の文化集団で交わされた会話において自動化された言語認識について，改めて異化するという行為はかなり困難な知的作業なのだといえる。

❻「分かったつもり」から始まる異化的な理解

　しかし子どもたちの「分かったつもり」は，もし他者との対話を続けるならば，彼らに異化の必要性を自覚させ，対話への動機づけを高めるものにもなり得る。実際，当初は「分かったつもり」であった子どもが，他者との対話を続けるようになり，次第に相手が持ち込む日常経験知の視点を意識して科学的知識との関係を解釈するようになるという報告もなされている。

　以下の事例は，説明を求める他者（このときは調査者）との対話を通じてある中学生が創出した理解モデルである（田島，2010）。彼は当初，調査者との対話において教科書の記述に沿った説明に終始する，「分かったつもり」の状態だった。しかし調査者の批判的な問いに応じる対話を続ける中で，回路全体に「抵抗」がかかり，電流はすべてこの抵抗の影響を受けて流れ続けるために電池は消耗するけれども，回路のいずれかの箇所で電流量に変化が生じることはない（電流量は回路全体で少しずつ減少する）とするロジックを展開した。そのうえで，相手が理科を苦手とする可能性を考慮し，社会科の知識も活用した説明を行った。

> 　はい，分かりました。要するに，ここに電球があります。そこで，ここは確かに抵抗の本部のようなものですが，抵抗はここにだけかかっているものではなく，回路全体にかかっている。例えるなら，アメリカの大統領の影響力は，ワシントンだけじゃなく，全州，テキサスにもあるようなもので，ホワイトハウスはここ（抵抗）にあるけれど，影響力は全体にかかっている，と。それでもって，だから，行きも帰りも，電流の値は変わらない。それで，流れた電流は，乾電池に戻ってくるとき，電気としての効能を失う。結論です。

　この理解モデルが科学的に「正しい」解釈であるかどうかは，疑問の余地も残る。しかし少なくとも，この生徒が他者からの問いに対して自ら主体的に考え，答えるプロセスにおいて生じた対話的な解釈として，異化的な理解を追求したものとはいえる。このように他者との対話を通じ，生徒が自らの知識を批判的に見直し，多面的な視点から解釈する（場合によっては上記のように物語として語り直す）活動を支援していくことが，様々な文化的文脈を背景とする多くの他者との接触可能性をオープンにするグローバル型対話につながるのである。

　つまり子どもが「分かったつもり」になることそのものは，実は問題ではないということになる。問題は，多くの子どもたちが自らの知識がいまだ，他者との対話に使用できるようには解釈しきれていない（「分かったつもり」状態を自覚しない）まま授業が終わってしまうことにある。

　なお対話を促進する授業においては，教室外の訪問者に来てもらうに越したことはないが，必ずしもそれは必須の要素ではないと考えている。この種の訪問者を定期的に招くことはコス

ト的に厳しいということ，またその人物が適切な他者性を発揮し，子どもたちに的確な批判的コメントができるとは限らないということが，その理由である。筆者はむしろ，同じクラスメイトが「他者の立場に立ってみる」というロールプレイの設定は現実的であり，教育上も効果的と考えている。本書では，この種の他者を「想定他者」と呼ぶ。自分たちが学んだ知識に関する相手の意見に同調せず，自分の視点から相手の意見を批判的に評価し，再検討を要請する。クラスメイトが互いに，このような想定他者の役割を担えるようになれば，次第に，特別な他者設定を行わなくとも，彼らの心の中に住みついた他者との対話を自律的に行うことができるようになる可能性も高まる。

7 理解モデルを教員から与えるだけでは対話的な学びにはならない

　以上のような話を学会などで行うと，ときどき，「手間暇をかけて対話状況を設定し，概念の解釈を子どもたちに考えさせるより，教員側から科学的に正しい理解モデルを先に示し，それを子どもたちに解釈させる練習をさせたほうが効率的ではないか」というご意見をいただくことがある。しかし我々は，理解モデルを与えるだけの指導では，子どもたち自身の主体的な学び（言語認識の異化）を促進することにはつながりにくいと考えている。

　そもそも本書では，概念の解釈とは本来，子どもたちが未知の他者と対話を行う中で，その場にふさわしい形で相互交渉的に創出するものと考えている。そのため教員から精緻な理解モデルを与えても，それが常に，子どもが関わる様々な他者との対話状況の中で適用可能なものである保証はない。それどころか，単に理解モデルだけを与えるだけでは，子ども自らが他者の否定的評価に向き合う自律的な異化能力の養成機会を奪うことにつながりかねないだろう。

　バフチンと同時期にロシアで活躍した教育心理学者ヴィゴツキーは，精緻な実験器具（つまり理解モデル）を子どもたちに提示し，彼らを夢中にさせた教員のエピソードを紹介し，その態度を批判した。この教員は自分が実験器具の製作に没頭するあまり，子どもたちを，自らが概念について興味を抱きその意味を解釈するという主体性を放棄した，「ショー」の単なる観客にしてしまった。この批判から分かるように，学習者自身が「考える」という主体性を保障するということがヴィゴツキーの問題意識だった。

> 　彼女は，間欠泉の説明に興味を持たせるために，水のいっぱい入ったゴム製の穴のある球を持ってきて，それを砂山の中にわざと隠し，足で必要な場所を押して水流が砂を通って吹き出し，子どもたちを驚喜させていたのです。彼女は，火山の説明をするときには，噴火口に似せた砂の丘の中で硫黄に浸した綿に点火するということをしていました。これらのことが子どもたちに生き生きとした興味を呼び起こしていたので，新しい教師に子どもたちはいいました。「私たちはそんなこと知っているよ。N先生みたいに，もっといい花火を見せて」……女教師は，疑いもなく子どもたちに生

き生きとした興味を呼び起こすことに成功しました。しかし，それは手品，花火……
への興味であって，火山や間欠泉への興味ではありませんでした。このような興味は
有益でないばかりか，教育学的には有害でさえあります。

(ヴィゴツキー, 2005, p.50)

　もちろん，子どもたちが関わる対話において使用可能なリソースの一つとして，教員がこの
種の理解モデルを紹介するという助言であれば問題はなく，むしろ必要に応じて行うべきとさ
え筆者は考えている。しかしその場合でも，理解モデルの紹介にとどめず，子ども自身の頭で
解釈し表現する機会を設定することは必須である。その活動において子どもたちが，教師が伝
えたモデルや実験を活用しながら，自らのアイデアを他者と共に創出する主体的な動きが見ら
れれば，対話としての学びを促進したことになるだろう。

❽ 対話と会話の絡み合いとしての子どもたちの話し合い

　ここまで対話について重点的に論じてきたが，実際の授業において，会話も重要な要素であ
ることはいうまでもない。むしろ，学級という文化集団の構築と維持を行ううえで機能する主
要なコミュニケーションは会話である。新しい知識を教員が教授する際に行う講義型の授業展
開（イントロダクション型会話），「あうん」の呼吸で意思が通じ合い，同じ知識を肯定的評価の
もとに確認する話し合い（文化構築型会話）は，他者との批判的対話を可能とするための知的
リソースを獲得させ，またクラスのメンバーを仲間として団結させる重要な機能を持つ。

　問題なのは，子どもたちのコミュニケーションが会話のままで固定してしまうような場合で
ある。もし会話だけで授業を終えてしまえば，互いの肯定的評価のもとに子どもたちの活動は
馴れ合いにとどまり，その言語認識も「分かったつもり」で終わってしまう可能性が高まる。
授業においては，子どもたちが互いに仲間となり，時に他者にもなりながら，真剣に学習対象
に向き合う会話および対話の両方を展開することが理想的だと考える。

❾ 対話的な学びを促進する子どもたちの信頼感

　そしてこの対話の育成を行ううえで，教室内の子どもたちおよび彼らと接する他者との関係
を，互いに「信頼感」を持ったものにする支援は必須と考えている。否定的評価が前提となる
対話は，場合によっては，相手の意見に対する不毛な非難合戦などに発展するリスクもあるか
らである。

　大阪教育大学附属天王寺小学校の村口飛鳥氏は，児童らが「批判的な意見をもらうとより深
く考えられるからうれしい」「単にほめられるより問題点を言ってもらったほうが自分のため
になる」と価値づける，他者視点を持って接する者への信頼感をともなう交流の展開可能性を

意識した実践を行った。

　以下の事例は2019年に村口氏が担当した，小学3年生を対象にした総合的学習の時間において記録されたやりとりである（村口氏の指導報告より一部改変して引用）。ここでは小学校が位置する阿倍野の街を調べた内容が，自分たちの住む街（天王寺小学校には阿倍野以外の地域から通う児童が多くいる）のことと関係するかどうかについて，子どもたちが話し合っていた。なお授業展開前後の文脈からスクリプトの一部を改編して引用している。

A：自分の住んでいるところは阿倍野から遠いから，阿倍野のことを知っても，自分の街には関係がない。知ってどうするの？

B：いろいろなことが分かる。自分の街にしか関心がないなら，なんで阿倍野まで来ているの？

先：こういうことに取り組むと人の気持ちも分かるんじゃないかということ。A君やB君を負かすことじゃないよ，（二人とも）貴重な意見だよ。私たちは何か関係がありそうだと悩んでいる。

A：（見守り活動の資料を見て）阿倍野の人たちが見守りをやってくれるから，僕たちも安心できる？　でもそれは阿倍野に危険な場所が多いからじゃない？

B：大人が阿倍野でがんばっていることを勉強することで，子どもにも，自分たちの街でできることがあるんじゃないか？

先：悩みが深化したね。何かお手伝いができることがないか，っていうことかな。

A：阿倍野と自分の街とは関係ないけれど，僕たちが自分たちの街でできることを知ることはできるのかな。

　A君は「阿倍野と自分の住む街のことは関係ない」と主張し，関係があると主張するB君の見解を批判した。その意味で，両者は互いに他者性が高い関係にあった。しかしこの対話を進めていくうちに，「阿倍野での大人の活動を知ることで自分の街でできることを考える」という新たな気づき（理解モデル）に至った。つまり子どもたちが否定的評価を下し合った成果として生じた理解モデルを共通知識として肯定的に評価し，互いの共通知識とする文化構築型会話に展開したのである。

　他者性を帯びたA君とB君の話し合いを非難合戦ではなく対話として成立させていたのは，彼らの批判活動の意義や議論の方向性について，示唆を与えていた村口氏の言葉かけだろう[3]。村口氏の研究授業を観察していたときに筆者が気づいたのは，村口氏は批判的な評価を行うことの大切さについて「貴重な意見だよ」などと価値づけるだけではなく，支持的なトーンで子どもたちの発話行動を鼓舞してもいたということだった。このようなやりとりを通し，子どもたちは否定的評価に基づく言語表現という「テクニック」を習得するだけではなく，相手の意見を尊重し，互いに共通認識を構築しようとする情動的な「かまえ」をも学び取っていた

のだと考えられる。

　大切なのは，他者からの厳しい批判を受けても，その否定的評価が自分の発言に対する真摯な応答であるという気づきであり，自分のほうが頭がよいことを誇示するための相手による攻撃などではないという認識を得ることだろう。他者の批判が真摯な応答であることの認識は，多くの場合，自分の意見がしっかり受け止められたうえで，他者の見解が構成されているという事実により成り立つ。さらに対話を進める中で他者との合意に至る（肯定的評価を得る）か，合意に至らずとも，他者との協働により，それまでには得られないような効果的な解釈を得ることができるという見通しを持つことも重要といえる。このような認識を子どもたちが持つことで，他者に対する情動的な信頼感が醸成され，相手に対する感謝の表現も現れ，対話を継続させることを可能にするのだと考えられる。

　「批判的な意見をもらうとより深く考えられるからうれしい」などと価値づける子どもたちは，他者という存在に対するこのような信頼を抱いていたのだろうと推測される。このことはまた，困難な対話に主体的に参加することができるという，子どもたちの自己肯定感を育てることにもなるだろう。そしてこのような信頼感を醸成することは，村口氏の事例から示唆されるように，子どもたちの対話を支援する教員の重要な役割であろう[4]。

⑩ 異質な文化集団に開かれたコミュニケーション力を育てる「TAKT」

　以上の話をまとめ，異質な文化集団に開かれた子どもたちのコミュニケーション能力を促進し得る教育の要素を示すキーコンセプトとして「TAKT」を提案する。TAKTは，「他者（T1）」「愛情（A）」「会話（K）」「対話（T2）」の略称である。

　まず「T1」が示す，「他者」の設定は，この種の教育方法には欠かせない要素である。選択したテーマに関し，他者はどのようなことを知らず，またどのような否定的評価を下すのかを指導者および子どもたちが想定しておくことで，授業内で展開するコミュニケーションの質が決まるといっていい。

　次に「A」が示す，批判的な聞き手となる他者および協働するクラスメイトへの信頼感を示す「愛情」も必須の要素である。話し手に言語認識の異化をもたらす他者（他者の視点を持って接するクラスメイトも含む）への信頼感を醸成することなしに，生産的な対話を続けていくことはできない。

　そして「K」が示す，仲間との「会話」によって，教師が，他者との対話の実施に向けた準備としての共通知識（文化）の構築を行ったり，また子どもたち同士が自分たちの共有知識を肯定的に価値づけたりすることができる。

　最後に「T2」が示す「対話」は，以上の3つの要素が組み合わされて初めて展開し得るものだろう。以上の3要素との関係をあえて計算式で表すならば，いささかシンプルではあるが，以下のようになると考えている。

$$T1 \times A \times K = T2$$

　なお，このTAKTが効果的に展開するためには，学習のテーマ設定も重要である。授業全体の知識構成に関わり，また対立する意見を持つ関係者が想定し得るテーマが好ましいだろう。対話を通し，授業全体の主体的な振り返りを可能とするような魅力的かつリアルな課題を導き出すことが，この種のコミュニケーションを盛り上げるうえで欠かせない要素であることはいうまでもない。

まとめ

　日本の就労現場では今後，よりいっそうのグローバル化が進むと考えられる。これは，たとえ国内で一生を過ごすとしても，否が応でも，様々な文化的背景を持つ人々とのつきあいを余儀なくされるということを意味する。そのような環境において協同活動のイニシアティブを握り，生産性の高い仕事を進めていくためには，仲間を構築する会話に加え，他者との接触可能性を切り拓く対話を自在に扱える必要があるだろう。

　本書で提案するTAKT授業は，将来，このような環境を生きる子どもたちに必要となる知識・技能・態度を育成することを目指すものである。

　なお日本語でいう「タクト」は，多くの場合，ドイツ語のder Taktが示す「拍子」やder Taktstockが示す「指揮棒」を意味する（『小学館・精選版日本国語大辞典』）。そしてder Taktには「他人の感情に対する思いやり」という意味もある（『小学館・独和大辞典 第2版』）。TAKTというコンセプトには，学校で学ぶ子どもたち一人ひとりが，自分自身の指揮棒を持ち，グローバル化された世界と関わり続ける主体性を持って巣立ってほしい，さらに，その主体性が他者への思いやりに基づいたものであってほしいという我々の願いが込められている。

《注》

(1) ディベート型対話の事例をあげる。本事例は，筑波大学附属小学校の森田和良氏が実施された，小学5年生の実践からの抜粋である（田島・森田, 2009）。自分たちの研究成果を発表するプレゼン資料という共有知識に関する交流において，竹中君という児童が「浸透圧」という社会的言語について，その内容を知らない聞き手の立場から，否定的評価を下す質問を行っている。この竹中君の「（自分たちは）知っているけれど（他者は）知らない」という言葉に代表されるように，典型的なディベート型対話では，自分たちにとっての共有知識を聞き手である他者の批判的な視点から見直すプロセスが見られる。
　　　吉川：（発表原稿を読み上げて）ここで浸透圧方法について説明します。キュウリに塩をかけると水が出てきます。
　　　竹中：なんでだよ，なんでだよ？
　　　吉川：ねえ，みんな知っているよねえ？　常識だよねえ？（竹中君を除く班のメンバーは，みなうなずく）
　　　竹中：知らない。知っているけど，どうして（水が）出るのかが分からない。（中略）ねえ，なんで，なんでって聞かれたらどうするんだよ？
(2) 実際に得られた複数の発話データを統合し，モデル事例として改変している。
(3) このように教員が積極的に子どもたちの発言を再組織し，話し合い活動を促進する介入は「リヴォイシング（再声化）」（Forman, Larreamendy-Joerns, Stein, & Brown, 1998; O'Connor & Michaels, 1996）と呼ばれる。リ

ヴォイシングには，具体的な発話情報の補完だけではなく，どのような学びに価値があるのかをメタ的に示す「グラウンドルール」を教授する効果があることが知られている（松尾，2010）。他者の存在を愛するというグラウンドルールも，教員によるこのリヴォイシングを通し，子どもたちと共有され得る価値観だろう。

(4) 精神医学者の斎藤環も，バフチンの議論を踏まえ，話者間の対話を促進する契機として臨床家の支援的な否定をあげる。「僕にはそういう経験はないなあ。もしよかったら，僕にもわかるように，あなたの経験についてお話ししてもらえますか」（斎藤，2015, p.40）というような，話し手の意見の価値を認めつつ，同時に，その言語的表現の深掘りを要請するような臨床家の否定的評価が，クライエントとの信頼感を深め，生産的なコミュニケーションとしての対話を拓くのだと考えられる。

《引用文献》

バフチン，M. M.　望月哲男・鈴木淳一（訳）（1995）．ドストエフスキーの詩学　筑摩書房.

バフチン，M. M.　伊東一郎（訳）（1996）．小説の言葉　平凡社.

Forman, E. A., Larreamendy-Joerns, J., Stein, M. K., & Brown, C. A. (1998). "You're going to want to find out which and prove it": Collective argumentation in a mathematics classroom. *Learning and Instruction*, 8, 527-548.

平田オリザ（2012）．わかりあえないことから：コミュニケーション能力とは何か　講談社.

松尾剛（2010）．学級文化と授業　高垣マユミ（編著）　授業デザインの最前線Ⅱ　理論と実践を創造する知のプロセス（pp.200-211）　北大路書房.

O'Connor, M. C., & Michaels, S. (1996). Shifting participant frameworks: orchestrating thinking practices in group discussion. In D. Hicks (Ed.), *Discourse, Learning and Schooling* (pp.63-103). Cambridge: Cambridge University Press.

斎藤環（2015）．オープンダイアローグとは何か　医学書院.

田島充士（2010）．「分かったつもり」のしくみを探る：バフチンおよびヴィゴツキー理論の観点から　ナカニシヤ出版.

田島充士（2013）．異質さと共創するための大学教育：ヴィゴツキーの言語論から越境の意義を考える　京都大学高等教育研究, 19, 73-86.

田島充士（2014）．大学における説明の教育とは：「越境の説明」の提案　富田英司・田島充士（編著）　大学教育：越境の説明をはぐくむ心理学（pp.3-16）　ナカニシヤ出版.

田島充士（2018）．仲間と創る「会話」とグローバルにつながる「対話」：バフチンの対話理論　初等教育資料, 970, 74-77.

田島充士（編著）（2019）．ダイアローグのことばとモノローグのことば：ヤクビンスキー論から読み解くバフチンの対話理論　福村出版.

田島充士・森田和良（2009）．説明活動が概念理解の促進に及ぼす効果：バフチン理論の「対話」の観点から　教育心理学研究, 57, 478-490.

ヴィゴツキー，L. S.　柴田義松・宮坂琇子（訳）（2005）．ヴィゴツキー 教育心理学講義　新読書社.

2章

TAKT授業の実践デザイン

藤倉憲一

はじめに

　TAKT授業は他者（T）に愛を持って接し（A），仲間と共に会話を通してより仲よくなり（K），対話を通して考えの批判的プロセスを行うことで（T），お互いが全人的な人間に成長することを願った授業方法である。またそれを実現すべく協働的な対話・会話を前提した子どもの学びを保障する授業の考え方でもある。知識を学ぶのは，人に役立つことを前提とした教育観である。このことは明治以降の，自分のために学ぶことが前提になっている学校教育実践におけるパラダイムの変換を意味し，知識経済基盤社会での子どもたちのアイデンティティ保障を基盤とし，責任を持って考え行動する人間を育成しようとする考え方を具体化したものである。その考え方だけでなく，その小学校での実践も手探りではあるが世に問う。本章を読んだ読者が，どのような感想を持たれたかお教え願いたい。

◼ 現在の日本の教育状況の課題

　本節では，TAKT授業を開発するにあたり，我々が認識した現在の日本の教育状況の課題について説明する。まず多くの者にとって暗黙の前提になっている，学びのパラダイムの存在について述べる。そのうえで，国際的な趨勢から見た日本の教育状況の遅れについて説明する。最後に，教員自身が問題視しなければならない，子どもとの教育的関係を再生産可能なものとして捉える「非人称科学」と呼ぶ価値基準の問題についても論じる。

(1) 無意識・常識化している2つのパラダイム

　今の学校教育では「誰のために」学ぶのかについてはほとんど触れられず，「自分のために」学ぶことが暗黙の了解事項になっている。多くの子どもたちは，自分のためにテストでよい成績を取るということを無意識に学びの前提としている。

　TAKT実践を初めて経験した子どもの中には，「誰のために」の意味することに実感が湧か

ないという者が多くいた。なかには「お母さんに自分の成績を上げるために勉強しなさい」と言われると訴える子どもも少なからずいたのである。そのような子どもの心と行動がTAKT実践をする中で大きく変化してきた。

　実際，「誰かのために」学ぶということは，社会人にとっては当たり前の事実である。この学びの協働性を，利己性が強い高校・大学受験に向き合わざるを得ない世代ではなく，はじめて学校教育をスタートする小学校のときから具体的かつ明確に実感する場を設定することは，コロナ禍のように今までの価値観が通用しない状況で新しい価値観を協働的に創造しなければならない子どもたちにとっていっそう重要になると考えている。

　もう一つは多くの既存の授業実践パラダイムになっている「工業生産モデル」である。これは，中村桂子氏が『科学技術時代の子どもたち』の中で述べている科学技術時代を支えた3つの価値観を示す（中村, 1997）。

- 何にでも正解がある。
  （権威ある人が作った解が正解で，その正解に到達するプロセスを授業として手続き化した。今までの指導案がその典型例である。）
- 効率的にすることが出来る。
  （ベルトコンベアのごとく，学習も手続き化し，直線的時間進行でその手続きを実行していけば，「正しい」知識を理解できるはずだという考え。「授業の流れ」ということばに端的に表れている。）
- 全て量で表すことが出来る。
  （授業実践を直線的時間という「量」に換算して，流れという概念で進行させる文化が教育には根強くある。子どもも授業の流れに乗り遅れまいと必死だ。）

　この種のベルトコンベアシステム的なパラダイムは，日本が明治に学校教育を始めたときからの価値観といえる。長年実施され伝承されてきたため，授業実践における教員の身体技法として深く身体に染みついており，意識していてもなかなか落とせない深さまで浸透していることを，我々教員は強く自覚しなければならない。

(2) IRE連鎖が生み出す知識の再生産

　なお工業生産モデルが反映されている原理として，教師が子どもの学習状況を評価するために行う固定的なやりとりであるIRE連鎖（Mehan, 1979）をあげる。これは多くの教室において一般的に見られる，我々教師にとってきわめて身近なものである。

I（Initiation）：教師が発問を行うことで教室の会話をスタートさせる。
R（Response）：それを受け教師の正解とおぼしき解を想定した解に応える（反応す

> る）。その他の連想は許されない。
>
> E（Evaluation）：それに対して教師が評価する。
>
> （渡辺, 2018の訳をもとに作成）

　むろん，授業においてIRE連鎖による授業進行は，知識の伝達にはある程度有効である。しかしそれはとりもなおさず，現在ある知識を再生産させているだけで，新しい知識の創造を狙ったものではないということでもある。

　この連鎖構造としてのプロセスを，我々は授業を進めるために身体化させてしまっているのではないか。たとえば，教師が求めている子どもの解やそれに近い解だとうれしそうな顔になったり，子どもの発言内容をよいものとするような声色で復唱し，いそいそと黒板に書き記したりしていないだろうか。子どもはこの教師の身体反応を敏感に読み取り，自分の発言が正解であるかの可否を瞬時に判断する。一人の子どもの発言に対して，身体を通して他の子どもの発言を封じているのである。他の子どもに発言を求める場合ですら，「他の意見やつけたしはありませんか？」と賛否を要求していることが多い。

　今日，「主体的，対話的で深い学び」が提唱されている。しかし実際に授業での教師と子どもたちとのやりとりを見ると，固定的な**IRE連鎖**で埋め尽くされている授業が多いのである。「なぜ子どもが主体的，対話的にならないのだろうか」と真摯に悩む若い教師であっても，この古典的パターンから脱却できていない姿を見ると，いかに我々の多くが工業生産モデルに基づく教育観に支配されているかを実感する。

(3) 世界の教育が向かう目標（OECDの設定）とのギャップ

　実は，この工業生産モデルからの脱却は，世界的な流れともなっている。文部科学省も重視する国際的な教育目標を示したOECD Education2030プロジェクトにおいて，学習者は「エージェンシー」として「変化を起こすために，自分で目標を設定し，振り返り，責任をもって行動する能力」（白井, 2020）と定義されているからである。OECD教育スキル局局長のアンドレアス・シュライヒャー氏は，『OECD Education2030プロジェクトが描く教育の未来：エージェンシー，資質・能力とカリキュラム』（白井, 2020）の巻頭言において「これからの学校は，仕事や市民参加などの場面において，<u>自分たちのことを考えるだけでなく，共感性をもって他者とかかわっていくことができるような人を育てていく必要がある</u>」（下線筆者）と述べている。

　これに対し，日本の現状はどうだろう。ある小学校で，シュライヒャー氏の学習観について子どもたちに聞いてみた[注]。すると，このような意識を持つ者は0人であった。他の学校でも同じ質問を繰り返したが，状況は似たり寄ったりであった。「共に成長していきたいと心の中では思っていた」と言ってくれた女の子がいたのは，せめてもの救いである。

　「自分たちのことを考えるだけでなく，共感性をもって他者とかかわっていくことができる」という価値観を小学校レベルで促進しようとするならば，具体的に実在する他者（想定他者を

含む）との交流を設定する必要がある。抽象的な他者の設定では，まだ社会的経験がきわめて少ない小学生の子どもは想定がつきにくいと考えるからである。

　TAKT授業では，学びを自分たちでデザインできる子どもの育成を目指している。これまでのような，教師がデザインしたカリキュラムに逐一従って学ぶ子どもの育成とは異なる。

（4）人称科学としての教育実践

　また我々は，物理学などの自然科学が探究モデルとする，客観的ないわば「非人称科学」（野家, 2005）としての扱いを実践モデルとして暗黙裡に採用していないだろうか。

　非人称科学の対象は，物質やエネルギーなどであり，再現性，実証性，客観性が担保されることが重要である。しかし教育の対象は「生の人間」であり，その扱いは本来，まったく異なるものである。授業もきわめて複雑な様々に要素が入り混じった人の営みであるため，厳密にいえば，同じ授業・同じ学びを再現することはできない。つまり教育現場には本来，「現在性」しかないのである。この教育を対象にした判断基準は，人を中心にした科学ということで「人称科学」（野家, 2005）と呼ぶことができるかもしれない。

　しかし現在の教育に関する言説では，まるで物理学を基本モデルとする非人称科学を暗黙の前提にしてきたような語りがなされてきた。それはとりもなおさず，正しい情報を教えれば，子どもはそれを必ず再現＝再生産できるという教師の暗黙の思い込みによく表れている。

　実際には，子どもたち自身に自己表現させる機会を設定すれば，子どもは教えられた情報を鵜呑みにせず，自分たちの理解できる形に解釈していることがよく分かる。それは時として，素朴概念（Clement, 1982）のように，教師が教えた情報とは矛盾した姿として現れることもある。しかし非人称科学に基づく判断基準しか持たない教師は，それを誤りとしか受け止めず，子ども独自の解釈枠組みにほとんど関心を払えない。そもそもこのような教師は，子ども自身が情報を解釈し，自己表現させる機会をほとんど与えないため，子ども独自の解釈の存在に気づかない者も多い。

　我々教師は人称科学の視点に立ち，子どもたち自身が表現者として，学習の主導権を握るような教育状況を設定する必要がある。TAKT授業は，そのような場となることを目指した実践プランである。

❷ TAKT授業で目指すべき目標とパラダイム

　本節ではTAKT授業で目指されるべき目標やパラダイムについて，教室での実践の視点に立ち，具体的に説明を行う。特に子どもたち自身が主体的な表現者となり，自ら会話・対話に関わろうとする姿について中心的に解説し，その表現活動を支える教師の心構えについても論じる。

(1) 黒板を子どもに渡す

　TAKT授業では，工業生産モデルにおいては知を管理する権力の象徴であった「黒板」を子どもたちに「渡す」というパラダイムシフトを行う。従来は教師が独占していた黒板を，子どもたち自身が使いこなし，自己表現を達成するという権力の分散化を目指しているのである。

　我々は，どんな情報を黒板に書くか，またどこに書くかも含めて子ども自身が自己決定する契機を大切にしている。教師は黒板を子どもに渡すとどうなるか分からないという不安があり，その不安との闘いになる。しかし我々の経験からいえば，子どもは自分たちで決定できる場を与えられると，深く思考を巡らし責任ある板書を創ることが分かっている。大切なのは，子どもたちの学習力を信頼し，彼らの自己決定力に授業の流れをゆだねる教師の勇気である。

(2) 学習の「何のために（動機）」と「誰のために（目的）」を明確にする

　これまでの授業では，「何のために（動機）」「誰のために（目的）」を十分に明確化しないまま，「教科書に書かれた知識」を子どもたちに学ばせることが多かった。動機も目的もなく特定の対象の知識を学ぶことは，学校以外の場ではまず見られないが，学校では普通である。

　我々はこのことを問題視し，「教科書から学んだ知識を使って他者が直面する社会問題を解決する」というパラダイムシフトを行う。困っている他者のために学ぶという社会的な動機と目的意識を持つことで，子どもたちの学びは，単なる知識の丸暗記から社会的責任を自覚した主体的な創発へと劇的に変化することを，我々は教員として何度も経験してきた。裏を返すならば，こういった意識がなければ，子どもたちの学びの中に，知識を社会実践の中で活用しようとする生身の人間の姿は消え，テストで高得点を得ることだけを第一の目標とするような傾向が現れるのである。

(3) 事前に「正解」を設定できない学びの「問い」の重要性

　そして学びの対象となる問いかけ（テーマ）の設定も重要である。そもそも「アメリカの首都はどこか」のような，子どもたちが「正解」めいた情報を容易に見つけ出すことができる問いでは，彼らを深い考察をともなう学びに誘い込むことは困難である。

　我々が目指すのは，他者と共に批判的な検証を行い，多面的な自己表現をともないながら妥当解を探り創る対話活動としての学びに子どもたちを誘うことである。そのためには，解決について様々な立場や状況が想定され得る社会問題に関わる，複雑なテーマ設定が望ましい。

　学習が子どもたちにとって真正なものとなる際は，課題解決を目指す他者との対話において，複数の意見を参照しながら，何度も繰り返し問題について考察し直すプロセスが見られる。我々はこれを「**知のスイッチバック**」と呼ぶが，この種の知的活動を呼び起こすような学びの問いかけを設定することが重要である。

（4）学習行動のメタ認知化（他者の立場になって）振り返るという行為

　メタ認知とは，自己の認知過程についての認知と知識を指す（『平凡社・最新 心理学事典』）。子どもたちにとってのメタ認知は，学習にともなう自分の思考過程を鳥瞰図的に認識し，それに基づいて学習行動を調整することである。なおメタ認知は知識だけではなく，知識を生産する学習行動やそれにともなって働く情意も対象となる。このメタ認知の情動的な側面については，昨今，「非認知的スキル」と呼ばれるものにも該当するだろう。

　そもそも，子どもたちは「相手のためになりたい」という思いを，根源的に持っている。この非認知的スキルが強く働きだすことで，知的にも心情的にも相手の立場に立とうとするのである。相手はどんな気持ちだろうか，何を欲しているのだろうかというようにその内面に入ろうと努力し，自分がその他者になってみようとし始める。それは三人称的見方から，内側から見ようとする二人称的見方へと変化していったことを物語る。

　それにつれてこの人に何が役立つのだろうかと，深く物事を理解しようとし知識を深く知りたくなり，知識を広く深く主体的に探究し始めるのである。

❸ TAKTの実践的定義

　本節では1章で提案したTAKTの構成概念のうち，特に「他者」と「愛」について解説を行う。「会話」と「対話」という異なるコミュニケーションモードを使い分ける子どもたちが活躍する実践プランをデザインするうえで，教師がこの両者を理解することは重要と考えるからである。

（1）他者

　人間は社会的動物であるから，他者との協働が自らの生命維持（心身とも）に欠かせない。授業において，意図を持って誰かに対して他者性を持てるようになることが，子どもの深い学びを成立させる大切な鍵だと考えている。

　たとえば2年生生活科の「動くおもちゃ作り」では，「今度，1年生を招待して遊びましょう」などと，教師が他者を誰にするか決定事項として伝える授業をよく見る。これは教師から与えられた他者であるために，子どもの中にどの程度の他者性が芽生えるか疑問である。

　子どもたちにとって他者の存在が真正なものとなるためには，物語を始めるとき，**「みなさんは誰とこのおもちゃで遊ぶのですか？」** などと，教師は子どもたちに問いかけ**「誰と遊ぶ」** という**決定を子どもに促すのが望ましい。実際，子どもはなぜそうするのか，する意味はあるのか，どのようにするのかまで様々な思考を働かせ，自分の能力を高めていくことができる。**本書の各事例では様々な他者設定の苦労話が書かれている。これらの中には，どの他者に向けて説明を行うのかという問題を巡り，子どもたち同士で討論を行い，投票による自己決定を行った事例すらある。

　また実際の他者に説明を行う前に，クラスの友だちに「**想定他者**」になってもらい，批判的意見を言ってもらうというフェーズも重要である。想定他者になりきることは本物の他者としてのメタ認知を動員し，その視点から批判的アドバイスを行うのである。具体的には「そんな説明では小さな子には伝わらへんで」とか「もっと絵を使って説明したほうがその情報を知らない相手には理解しやすいよ」などのようなアドバイスである。

　我々の経験では，このような批判的アドバイスを聞いて怒り出したり，極端にガッカリしてやる気を失ったりするような子どもはいなかった。むしろ「自分では気がつかなかった問題点を指摘してくれた」と，他者のためによい説明を共に創るという目的に貢献するものとして喜んで受け入れ，感謝する子どもが多かった。本章**2**−(2)で解説した，学習の「何のために（動機）」と「誰のために（目的）」を明確にすることで，批判的アドバイスに対する子どもたちの心構えがポジティブなものに変わった事実は，我々のTAKT授業プロジェクトにおける最大の発見の一つと考えている。

(2) 愛

　教師の発問に対して，子どもが自分なりの考えを言う。しかし子どもが言ったその考えが教師の想定しているものと違う場合，「他にありませんか？」とその子どもの意見を半ば無視するような教室の風景をよく見かける。また指導案通り時間内に収めるために，子どもの意見のうち教師の都合のいい考えだけ板書する風景もよく見る。これらは子どもへの「愛」ある風景なのだろうか？

　子どもが述べた考えはその子どもの存在表明だと考えると，ピントがズレていたとしてもその考えを尊重しなければならない。むしろ教師は，発言した子どもが自分のズレに気づき，そのズレをもって他の子どもの思考を刺激し考えるきっかけにする必要があるのではないだろうか。子ども同士，お互いが深く考えることのよさに気づかせることが大切であろう。このように一人ひとりの考えを保障していくことが，互いの存在への尊重をともなう「愛」を生じさせることになり，そのような学級文化（グラウンド・ルール）を子どもと共に形成していくことが愛ある教室の風景になるのではないだろうか。

　我々は，子どもたちが互いの考えを尊重して接することに加え，個々の子どもの考えを認め，教師と子どもが対話を通して，よりよい知識や資質・能力を構成していくための心構えも「愛」と考えている。また，その物語でのキー・コンセプトをもたらす，物語材に対する二人称的アプローチから生じる子どもの様々な姿を読み取る授業者の物語材への知的行動の愛があってこそ，この物語を紡ぐ価値が生まれる。

　授業論を含め，教育・心理に関する様々な理論（人間科学）は，万人にとって理解可能であることを目指す非人称的科学ではなく，独自の視点を持った個々人同士の関わりについての人称的科学である。その**教科のキー・コンピテンシーを人称科学的に捉えることが「愛」**なのである。

❹ TAKT授業をデザインするための5つの原則（提案）

　TAKTは既述のように，すべてが「**人間**」に関する言説であることがその特徴といえる。本授業を実際にデザインするうえで意識すべき原則として，我々は「**物語性**」「**道具性**」「**身体性**」「**支援性**」「**関係性**」を提案する。本節では，それぞれの概念の導入を行う。

（1）物語性
　人は他者を意図的に意識した交流を行うとき，相手の真意を話の文脈から読もうと努力する。その努力が継続され，「こう言えばこれに関する内容が返ってくる」という学習者の期待が満たされることを通じ，バラバラに孤立した個々の知識が一つの文脈に紡ぎ直される。この文脈を含んだ意味の流れが，ここで提案する「**物語**」である。

　この物語を紡ぐ対話においては，互いの思考の一部を投げかけ合う過程において，否定や批判がしばしば飛び出す。このとき，物語を創るのに田島のいう「**異化**」的な意思力システムが必要となる。否定的評価は，相手がどのような物語性を持っているのか，相手の文脈から読み取ろうと努力する話者の試みであり，その試みを通じて物語が重層的に創発していく。この過程において，相手をもっと理解したいという「**愛**」も生まれる。相手の思考そのものを理解できたかどうかという対話的な悩みを乗り越えた先には，強靭かつ柔軟な知識が再構成される。

　大切なことは，物語を展開する主導権を子どもに渡して，子ども自身が実行することである。今までは，教師が事物・現象の解釈モデルを与えているケースが多かった。しかし，これからの知識経済基盤社会で大切な能力は，様々な事物・現象を自律的に解釈するモデルを子ども自らが作る物語能力である。

　人のモデルは参考にはなっても，それをコピーするだけでは，新しい知識の生産は難しい。グローバル社会で異文化の人と共に善き価値を生み出すには，未知の相手の文化を読み解くモデルを自ら作り出す必要がある。そうしなければ，他者と新たな知を育む協働的なコミュニケーションは成立しないであろう。

（2）道具性
　また，学びにおいて使用する道具が自分たちのものなのか，教師のものなのかによって，主体的な感覚は異なってくる。

　ここでいう道具とは，知識が文脈を持った物語として紡ぎ直される際に子どもたちが使用する文字，記号，実験装置，絵やイメージ図などを示す。特に子どもたちが真正な思考ツールとしてこれらの道具を駆使する際には，文字・記号を中心とした表現（文字的思考）と，絵やイメージ図などを用いた表現（アート的思考）との往還が生じると考えている（文字的思考とアート的思考については後述する）。これが，学びの「道具性」である。

（3）身体性

また，学びの対象は文字や記号で表現された内容だけではなく，諸感覚や，間合いや仕草など身体表現を含めたものである。ちなみに我々の日常での様々な学びは，この身体性の多寡によって知識の量と質が異なってくる。したがって，我々教師はことばと同様に「身体性」を重視している。

（4）支援性

知識を伝達するのに都合のいい模倣様式の授業と，子どもが主体的に知識を構成していく変容様式の授業では自ずと授業構造は異なる。しかし，両者の違いを意識している教師は，あまりにも少ない。

TAKT授業においてさえ，思考ツールとしての最低限の知識については，教師から子どもたちに教示する必要がある。しかし，子どもの学びにおける主体性を保障するならば，思考を表現する道具として，彼ら自身がこれらの知識を活用できるように「支援」を中心的に行うことが肝要である。

これまでの多くの授業は，子どもたちの知識を教師がどのように組み上げていくのかという順序性を考えたカリキュラム構成を重視してきた。しかし子ども自身が主体性を発揮して自らの思考の表現者となる場合，教師が意図した順序通りに彼らの思考が展開するとは限らない。むしろ知のスイッチバックをともない，混乱や論理的飛躍をともないながら，重層的に情報と格闘することの方が多い。教師は子どもたちのこの格闘を側面から見守り，時に背後からアドバイスを行うという「支援性」を発揮することが必要になる。

（5）関係性

田島は学びのプロセスにおいて会話や対話の質が変化することを提案している。学習内容（情報の共有・未共有）の変化と，それにともなう評価（肯定的・否定的）の変化をリンクさせた4つの交流モデルである。この4つの会話および対話の「関係性」を常に意識したカリキュラム構成を考えていくことはまったく新しい視点といえる。

⑤ 5つの原則について（詳述）

本節では，**物語性，道具性，身体性，支援性，関係性**の5つの原則について，さらに具体的な事例などを交えた詳細な解説を行う。

（1）物語性（対話を通して深い理解に至る）

対話を通して本質的な深い理解を子どもたちにもたらす鍵は次の視点ではないだろうか。野家啓一のいう，「物語文は現在のパースペクティブ（ものの見方）から過去を再解釈することに

よって歴史的伝統を変容させる『経験の再解釈装置』にほかならない」（野家, 2005）という捉え方である。ただし，授業において物語は**「未来の解釈装置」**としても機能する。

　事実と捉えた現実の個々の事象はそれが生起したコンテクスト（文脈）の中で息を吹き返し，その意味を物語として観察者が構成する。この文脈をつくっていくことこそ，子どもたち同士が展開する対話の役割であろう。

　たとえば，食塩が水に溶ける様子に関し，物語を創る状況について考えてみよう。多くの子どもたちは，水に食塩が溶けていくというシチュエーションを「水さん」や「食塩くん」などの様々な登場人物を設定して，絵や文章で小説的に表現する。

　子どもの描く「水さん」や「食塩くん」のイメージ図は，子ども一人ひとりで異なってくる。子どもによって，水や塩に持たせる意思が異なるからである。そして，ある子は「水さん」の中に「食塩くん」が入る部屋数が温度によって異なる様子を描き，温度による溶ける量の違いを説明しようとする。また，溶解という現象に対するそれぞれの子どもの声が異なり，対話を通して学級全体に多層的な声となっていけば，子どもにとって授業は豊かな情報交換の時間になる。

　野家は，「経験」は因果の関係了解であることから，複数の出来事の間に因果関係の文脈を設定する役割を果たすと述べている。上記の「水さん」と「食塩くん」の「物語行為」こそ，野家のいう経験を構成することになると考える。つまり，人間が外界との相互作用の過程を意識し自分のものとするためには，多様な時間様態の中で教材や人との対話を通して「物語る」という行為が不可欠になるということである。

　なお教師は，子どもたちのやりとりが物語性を帯びたものになっているかを意識すべきである。相手の理解に役立っているか，相手の成長に資しているかなどと考えているかということである。相手に自分の意図を解釈できるように詳細なプロットをともなう説明を交わし合う対話の中で，豊かな物語が形成される。逆をいえば，自分だけが理解していればいいと子どもたちが考えたとき，相手が理解できるように自分の考えを解釈しやすくする努力が省かれ，発話における物語性も低くなる。

(2) 道具性（アート的思考）

　子どもたちの物語は，水，食塩，ミョウバンをイメージ図で描くことで始まる。その物語は，思考としては文字的思考だけではなくアート的思考としても位置づけられ，両者が統合することで質的に高い知識になる。

　アート的思考について佐伯（2014）の定義を意識し，授業デザインで使用され得るキーワードとしてまとめると以下のようになる。

ア	構造性	全体を見る中で部分が見られる。
イ	具体性	絵を描く，見るときは「具体的現実の世界」。

ウ	情景性(ありよう)	原理・原則でなく様々な情景を見，読む。
	配慮と調和	それらを見渡し「配慮」したり「調和」を求めたりする。
	操作性	様々な操作「描き加えや変形」により可能的世界を見る (これが自己効力感につながる)。
エ	多様性	絵を描いているときも「絵」を見ているときも，頭の中では， 実に多様な別の「絵」(情景)を思い描いている。
オ	展開性	「思い浮かべられる絵」自体も展開，変容していける。
カ	探求性	可能性を探る探究活動，発見と驚きがある(これも自己効力 感につながる)。

　この構造性，具体性，情景性，配慮と調和，操作性，多様性，展開性，探求性の思考を駆使することで，様々に考えが広がり，深まっていくことは容易に想像できる。

(3) 道具性（黒板を子どもたちに渡す）

　黒板にどのような情報を書くか，また何色で書くかは教師だけによる板書の工夫として考えられてきた。ある意味で，授業における「正解」を書き出すという情報管理上の教師の権力を表象するのが黒板である。

　しかしこの黒板の使い方を，子どもと教師で協働的に決定していくのは大切なポイントである。本来は教室の権力性を表す道具を子どもに「渡す」ことで，子どもたち自身が考える主体となって思考ツールにさせるということである。また実験装置，グラフ用紙，黒板の板書，言語，PC（パソコン）などの思考ツールも，教師が一元的に管理するのではなく，子ども自身が自ら学ぶための思考ツールとして駆使させるために「渡す」ことも重要である。

　この行為の意味は，思考ツールを子ども自身に渡して（教師の権力の子どもたちへの部分移譲），自分たちで使い，学びをデザインしていくこと（子どもたちの権力の増大）につながる。そして，様々な思考ツールは，知識を生産し仲間との絆を深める道具と位置づけることが大切である。裏を返すならば，子どもたちは道具の使用を教師から託されることで，「正解は教師が教えてくれる」という依存ができなくなる。

　特に子どもたちが実社会に出た際に直面する，異質な活動文脈を背景とする他者との対話においては，相手が理解できるように必要な道具はその時々でクリエイトしなければならない。当然，思考ツールとしての言語についても，相手が理解できるモデルや事例を新たな言語として使う必要がある。その場の対話に適切な道具をデザインし柔軟に使用することを子どもたちが可能とするためには，身の回りにある様々な学習道具を，視点を変えた使い道を考えたり，他の道具と組み合わせて新たな学習道具を創ったりすることにチャレンジさせることも肝要だろう。

（4）身体性

　かつて著者が低学年理科のカリキュラムをデザインしたときに，軸としたのは人間の諸感覚である。触感覚であれば，過去に著者がデザインした授業として，授業の目標を「手でさわるときわめて多くのモノの違いが分かる事実を子どもに認識させる」としたものがある。ちなみに単元名は「さわって，さわって」である。葉っぱは種類によって違いはあるが，葉の表面はつるつる，裏面はざらざらしているという共通性を子どもが見つけることも可能である。

　人間は，身体で感受できる様々な感覚を通して生き残ってきた動物であるという冷厳な事実がある。人間は会話や対話においても，その身体は常に微妙に変化しており，子どもはその微妙な変化を素早く読み取ることができる力を持っている。学びにおいての基本は**身体性**と捉え，身体性への配慮をした授業デザインが必要と考えている。

（5）支援性

　そこで，ここまで論じてきた内容も反映させ，TAKT授業に基づいた新しい授業の提案を行う。TAKT授業ではIRE連鎖ではなく**AAAF（トリプルAF）連鎖構造**に基づく子どもたちの学びへの支援を行うという提案である。

A（Asking）：教師による一方的な発問（イニシエーション）ではなく，教師・児童も含めた学習者の授業で学ぶ内容に対する真正な問い

A（Association）：子どもによる物語を創出する連想（アソシエーション）

A（Assessment）：教師による子どもの物語の評価（状況の「見取り」「見極め」）（アセスメント）

F（Follow-up）：フォローアップ

　この提案は多くの教員にとって，さほど目新しいものではないかもしれない。しかし実際は，このすべてを意識的に実践している者は少ない。我々は，日々の授業において**AAAF連鎖**構造に基づく支援を確実に行うことが重要と考えている。

　たとえば教師はアセスメントとフォローアップにおいて，子どもたちの発言内容に含まれている考えや方法等の知識について，それぞれが知識構成的に活用する方向性を支援できる。具体的にいえば**「参考になった？」「何か役に立った，立ちそう？」**と友だちの様々な知識をアセスメントし価値づける問いを発し，知識構成の支援を行うということである。

　さらに，アセスメントの能力が高まれば，「参考になった○○さんの考えを次にどのように発展させていこうと考えていますか？」「参考になったというのはあなたのどのような考えに対してですか？」とメタ認知的思考として活用することも考えられる。聞き手の子どもたちの「参考になった」という思いは自分の知識に対して直観的に感じた印象の場合もあるが，内なる知識を感覚的に見ることを促すことばかもしれない。これは，教師が事前に設定した正解に

近い発言のみを取り上げ、「賛成の人」等の賛否だけを促すような問いかけとは異なる，子どもたち自身の思考を促進し関係性を深める支援的介入である。

(6) 関係性

授業において，**イントロダクション型会話**から，**グローバル型対話**へ知識の質の高まりと異世界につながるコミュニケーション能力の向上を目指した移行を考えてみる。

まず単元の導入期にあたる**イントロダクション型会話**に基づく授業は，教師が中心的な役割を果たす。理科の授業でいえば，子どもたちが空気鉄砲でしばらく自由に玉を飛ばす活動を行い，「**何が前へ玉を飛ばしたのだろう**」「**空気は誰の力で圧されたのだろう**」などと問い，彼らを空気と力の世界に誘うような活動である。

ただし，「空気と力の関係」について子どもなりの考えを交わし合うようになるとき，その授業は**文化構築型会話**へと移行する。この会話では，見えない空気の力による変化という「モノの存在と変化」に関する知識の共有を確認し，同じ文化集団であることを認め合うやりとりが行われる。

次に，空気の力による変化を実際に実験して確かめる段階になる。どのようにして見えない空気を他者でも理解できるように可視化するのかという実験方法を考える段階であり，**ディベート型対話**に移行していく。授業の中で設定された他者視点が活かされるフェーズである。具体的な実験方法や空気の縮まりの質の違いなどの共有知識について，他者視点からの否定的評価が交わされるようになり，空気の力に関する子どもたちの個々の解釈の多面性が明確になっていく。たとえば，空気に力を加えてもあまり縮まないと考える子どもに対し，「力を加えれば加えるだけ縮むと考える子もいるよ」と他者の批判的視点を伝える。このように設定した他者の視点を借りながら，子どもたちは自分たちが共有する知識を対話的に検証し，実在他者とのグローバル型対話を展開するための準備を進めていく。

最後に**グローバル型対話**であるが，これは教室で学んだ知識を，その知識を知らない他者に向け説明し，批判的質問に答えるという交流になる。この他者は当初から子どもたちと共に設定し，この他者に自分たちの意思を伝えることを目指す授業を創ることが重要である。これは，より広い世界で活用するという知識転移の方法を考えることにもつながる。たとえば，単元のはじめに，これから学ぶ知識（空気について）を活用して「低学年の子どもたちが楽しく遊べるおもちゃを作れるようになろう」といった文脈性が維持できる課題を持たせておくことが**グローバル型対話**を成立させるためには大切である。

まとめ

本章では，子どもたち自身が表現者になることを困難にしている現状の日本の教育界への問題について論じた。そしてこの問題意識から，TAKT授業を実際にデザインするための実践

的な概念として「物語性」「道具性」「身体性」「支援性」「関係性」を提案した。

　実際にこのTAKT授業をデザイン・実施してきた立場からいうならば，子どもたちの会話・対話が自律的なものになればなるほど，教師の胆力が試されることを告白しなければならない。特に「正しい知識を教えなければならない」という工業生産モデル型の価値判断が強くなればなるほど，子どもたちの話し合いを止めたくなる教師の動機は高まるだろう。なぜなら，子どもたちのやりとりの中には，一見すると誤った知識も多く含まれることがよくあるからである。また予定調和的に，授業の流れをすべて準備することもできない。子どもたちに黒板を渡す以上，すべての学びを教師が事前に計画・管理することもできないからである。工業生産モデル型の発想が強い教師にとって，TAKT授業は不安が高まる実践である。

　しかし我々は，子どもたちの学びが深化し，他者との対話を意識したものになるにつれ，彼らの知識解釈も教科書の視点から見て妥当な範囲になることを多く観察してきた。この子どもたちの能力を信じ委ねるというある種の覚悟・勇気が，TAKT授業では必要になる。

　このハードルを乗り越えた先には，子どもたちの驚くべき成長の姿が待っている。大人が決めつけた枠を外れ，自分自身が考える主体となった子どもたちの表現力の強さは，TAKT授業を担当した教師であれば誰もが実感するものである。そしてこのことが，TAKT授業を繰り返し実施したいと願う教師の動機づけにもなっている。

　また授業の中でのやりとりを通じ，子どもたち同士の信頼感（愛）を深めていくことも，教師に期待される重要なミッションである。それぞれの発言の価値を認め，複数の多面的な意見との関係をつなぎながら，子どもたちに解釈を委ねる教師のことばが，TAKTにおける愛を高めていく重要な契機である。本授業を通じ，崩れかけた学級内の関係がより強固で温かなものとなり，モラールが高まった事例には事欠かない。その意味では，TAKT授業は教科指導のプランでありながら，子どもたちの人間存在としてのかけがえのなさを認識してもらう，児童・生徒指導的側面を持つものでもある。ぜひ多くの学校現場で，TAKTの発想を活かした授業が展開され，たくさんの子どもたちの笑顔の花が咲くことを祈っている。

《注》
シュライヒャー氏のことばは子どもたちにはやや抽象的だったので，「自分だけではなく他の人たちにも役立つことを考えて授業に臨んでいる。友は大切な情報を教えてくれる人であり，その友とお互いに知識を得ることで共に成長していけばいい」と言い換えた。

《引用文献》

Clement, J. (1982). Students' preconceptions in introductory mechanics. *American Journal of Physics*, 50, 66-71.

Mehan, H. (1979) *Learning lessons: Social organization in the classroom*. Cambridge: MA, Harvard University Press.

中村桂子（1997）．科学技術時代の子どもたち　岩波書店．

野家啓一（2005）．物語の哲学　岩波書店．

佐伯胖（2014）．幼児教育へのいざない：円熟した保育者になるために［増補改訂版］　東京大学出版会．

白井俊（2020）．OECD Education2030プロジェクトが描く教育の未来：エージェンシー，資質・能力とカリキュラム　ミネルヴァ書房．

渡辺理文（2018）．子どもによる考えの体系化を支援する理科授業とその評価　黒田篤志・森本信也（編）深い理解を生み出す理科授業とその評価（pp.50-75）　学校図書．

3章

実社会が求める人材とTAKT授業

武元康明　田島充士

はじめに

　本章の第一著者である武元（以降，「私」と呼ぶ）は人材紹介を生業とする会社を経営し，ま
た自らもヘッドハンターとして長年，日本の実業界と関わり続けてきた。その中で，紹介対象
であるミドルリーダーからトップリーダーに至る人材像について考察を深め，ビジネスパーソ
ン向けの著作を執筆してきた。その縁で本書の監修者である田島，共同編者である藤倉と共
に，実業界の視点から学校教育のあり方について検討を行ってきた。本書で提案する「TAKT
授業」はこの共同研究の成果である。

　コロナ禍以降，商品企画地・生産現場と消費地の急速なグローバル化の波に押される形で，
多くの組織において，高度成長期以来に培ってきた様々な知的・技術的財産のあり方を見直
し，抜本的な改革が必要になると考えられる。このような状況において特に重要視されるべき
能力が，1章で田島が提唱した，異質な活動文脈を背景とする他者との対話能力であることは
いうまでもない。換言すれば対話能力とは，情報ギャップをともなう他者の否定的評価を生産
的な契機と捉え，自らの意思形成の再構築に積極的に取り入れることができる話者の思考の柔
軟性を意味する。

　他者の抱える問題を解決するという学習目的を設定し，他者の否定的評価を意識した対話活
動を促進するTAKT授業は，グローバル化が急速に進み，かつ社会情勢がより複雑化するこ
とが予想される将来の実社会において，子どもたちが力強く生き抜くための基盤能力となる対
話力を育成するための教育モデルである。本章では長年，実社会に関わってきた私の立場か
ら，またこれまでに出版してきた本・資料をもとに（武元, 2013, 2017, 2018），現代社会に資す
るTAKT授業の意義とその展開可能性について論じる。

■1 組織の「OS」にはまる「How能力」と「What構築能力」

　私は長年，ヘッドハンターとして働いてきた経験の中で，個々人の学習能力には2つの傾向

があることに気づいた。組織において蓄積された既存の知識・技能を習得し，ノウハウとしてそれらをうまく使いこなす能力を示す「How能力」と，既存の知識・技能を自分自身の視点から見直し，場合によっては別世界のものと組み合わせて新たな知識・技能を再創造する「What構築能力」である。

　前者は既存の組織の中で交わされる慣習・言語を習得し，その集団の中でスピーディーに物事を判断する思考能力を示す。1章で田島のいう，既存の知識を肯定的に評価して受け入れることで成り立つ言語認識の「自動化」，ないし仲間との「会話」はこのHow能力に関わる。

　他方，後者は既存の組織にはない視点から批判的に自分たちの実践を見直し，新たな物語として語り直す思考能力を示す。1章で田島がいう，既存の知識を否定的に評価し，多面的に新たに組み直していく言語認識の「異化」，ないし他者との「対話」はこのWhat構築能力に関わる。

　前者より後者のほうが，よりよい学習能力であるように見えるが，実はそう単純な話ではない。

　どの組織にも，組織として持つ価値観のようなものがある。それは社是のように文書化されたものでもあれば，暗黙のうちに構成員が了解し合っているものでもある。私はこれをパソコンにたとえ，組織の「OS」と呼んだ。WindowsやMacなどのOSはパソコンを動かす際の基盤プログラムであるが，この組織の価値観もパソコンにとってのOSと同様，それぞれの組織を実質的に動かしていく基盤的なリソースになるからである。一方，組織から独立して，個人が習得してきた知識・技能（事務能力や語学力などの専門的な技能・能力も含む）については，「APP」と呼んだ。このようなたとえを用いたのは，パソコンのAPP（アプリケーション）はOSにインストールされて初めて動き始めるものだが，個々人が持つ能力もAPPと同様，参加する組織の価値観を共有して初めて機能するものだからである。

　この組織のOSのあり方は，それぞれの組織の主要なリーダーの考え方によって大きく左右される。たとえば，幹部が自分たちの指示に対する肯定的な評価を求めるトップダウン型のリーダーシップを発揮する組織では，社員は「上司の指示に従う」ということが重要なOSとなる。このようなワンマン経営型の組織では，APPとしてWhat構築能力の高い社員は，会社にとって口うるさい否定的評価を下す傾向にある他者として煙たがられてしまう。一方，現場を知る社員の個々の発想を積極的に吸い上げて経営を回していこうとするボトムアップ型のリーダーシップを発揮する幹部のもとでは，APPとしてHow能力だけに特化した人物では，「イエスマン」として評価され，やはり物足りないということになる。人と組織との出会いとは，人生のパートナーを決める結婚と同じで，それぞれの相性というものが重要になってくるのである。

❷ 不安定な現代社会に活きる組織のOSと個人の学習能力とは

　しかし本章はじめにでも述べたようにコロナ禍以降の実社会では，商品企画地・生産現場と

消費地の急速なグローバル化の波に押される形で，多くの組織において，高度成長期以来に培ってきた既存の知的・技能のあり方を見直し，抜本的な改革を必要とする時期に至ると考えられる。これは必ずしも日本に限った話ではない。経済協力開発機構（OECD）は今後，先進国においては様々な既存の社会システムが，より変わりやすくて不確実，複雑で曖昧なもの（VUCA: Volatility, Uncertainty, Complexity and Ambiguity）となり，文化的背景の異なる人々との高度な協働を行う中でそのあり方を再定義していかねばならない状況が訪れると予想している（白井，2020）。2章の藤倉も触れたように，OECDが同質性の高い共同体に閉じず，異質な活動文脈を背景とする人々の間の対立やジレンマ（つまり否定的評価）を主体的に調整し，その場での解決を図るコミュニケーション能力を重視している点は重要である。

　このような状況においてはやはり，既存の知識を固守する傾向にあるトップダウン的特性が極端に高いOSを持つ組織の発展には限界がある。いかに有能なリーダーであっても，複雑化した状況のすべてに適切に対応できるとは限らないからである。またトップダウン型のOSを持つ組織とは，活動の同質性を重視する集団でもあり，異質な領域の知見を取り入れ，多面的な発想で商品開発をスピーディーに行わなければならない状況には必ずしも強くない。

　それでは，不安定化した社会に生きる組織のOSとは，どのようなものか。ヘッドハンターとしての長年の経験から，私はトップダウン型も，またボトムアップ型も取り入れた，「ミドルアップダウン型」のリーダーシップを評価する価値観であると考えている。

　AppleやGoogleなど，現代の国際的なビジネスシーンで大きな成果を上げている企業を対象とした分析では，自社の持つ知的財産を継承して組織内で磨き上げる「知の深化」と，自社の既存の価値観を超えて他組織の知見を積極的に取り入れていく「知の探索」を同時に回す「両利きの経営」が注目を集めている（オライリー & タッシュマン，2019）。知の深化は同質性の高い組織の内部で，製品やサービスの精度を高めていくマネジメントに対応する社員個々人のHow能力，知の探索は異質な他者の視点も積極的に取り入れて批判的に新たな商品・サービスの開発に取り組むWhat構築能力が関わる活動である。この両利きの経営論では，知の深化と探索の両輪を，確実かつスピーディーに回していくことが，製品・サービス開発のきわめて速いビジネス領域において成功する秘訣であると分析されている。これはまさに，既存の知識・技能の習得を権威的に求めるトップダウン型，現場の複雑で多面的な状況判断を重視するボトムアップ型を統合した「ミドルアップダウン型」のリーダーシップを評価するOSを持つ組織によって実現するものといえるだろう。

　実際，私の実務経験から見ても，人材のマッチングに成功し業績向上につながるのは，ミドルアップダウン型のOSを持つ組織が多い。組織が持つ歴史や既存の価値観を継承する（How能力）という社員の能力を評価しつつ，同時に，現場の複雑かつ流動的な状況で自分自身の視点を活かして対応する個々の社員の多面的な思考・発想（What構築能力）も重視して経営に効果的に活かすこともできている企業は，全体的には厳しい経済状況の中でも着実に成長している。そしてこの傾向は，コロナ禍以降，より加速すると予測している。

　そもそも個々の従業員にとってもHow能力とWhat構築能力は，本来，相互依存的な関係にあるものである。たとえば会社に入りたての社員は，当然，その組織の明文化されたルール，さらに暗黙に認められる慣習・価値観や伝承された知識・技術など既存の組織に関する情報を肯定的に学び取る必要がある。これらの学習は主に，How能力となる。一方，これらの社員が組織人として成長するに従い，これらの情報を下敷きに，批判的思考を活かして，会社に対して新たな提案を行うようになることが期待される。これはWhat構築能力による活動である。VUCA時代におけるミドルアップダウン型のリーダーとは，組織の構成員らがHow能力を発揮することに気を配ると同時に，その段階に固着することなく，高度なWhat構築能力を発揮できるよう後押しできるような存在であると考える。

　換言すれば，特定の組織に所属していてもなお，その同質性に閉じず，グローバルな舞台で組織外の異質な他者がもたらす知識やニーズをつかみ，また彼らから得られた否定的評価を生産的な契機と捉え，新たな価値を生み出すことのできる力。このような対話力を個々人が発揮できるリーダーシップと組織づくりこそ，OECDのいうVUCAに示される変化の激しい実社会において求められるのである。

❸ 日本の教育界の現状に関する産業界からの評価

　しかしこうした変化の激しい環境に向かう我が国の現状に対する産業界からの評価には，残念ながら厳しいものがある。

　経済産業省は，産業界のリーダーと研究者が協働して作成した『未来人材ビジョン』（経済産業省, 2022）の中で，日本の国際的な競争力はこの10年で大きく低下してきたという厳しい現状を指摘している。そして日本の組織の多くは内向き志向であり，OECDのいうVUCAのような状況への準備ができていないと警告している。

　またその中で，次世代の労働者を輩出する学校教育の現状についても問題視された。

　本白書においては，画一的な既存の知識の詰め込みに重点を置いた指導方法から，探求的な学習機会の提供にシフトする必要性が指摘されている。そして学んだ情報を活用して多様な他者と協働しながら，新たな価値を創出する人材育成が必要であるにもかかわらず，それが十分に果たされていないことが，諸外国の教育状況との比較データから示されている。これは2章で藤倉がいう，教師の指示に生徒の思考活動を従わせる「工業生産型モデル」の教育を，多くの学校現場ではいまだに脱却できていないことを示唆するものだろう。このような教育手法では画一的な正解のある既存の知を習得するHow能力は伸びるが，自分自身の頭で情報を整理し，具体的な他者に向けた物語を編み出すWhat構築能力を伸ばすことは難しいと思われる。

　その弊害が実社会において出た事例として，日本のベンチャー企業がアメリカ進出する際，現地のPR会社に依頼して，自分たちの技術力を表現してもらったという番組を紹介する（NHK「おはBiz」『スタートアップAIで知名度アップ！』2019年12月16日放送）。この番組では，PR会

社に依頼した社員が「自分たちの技術を相手に伝えるための正しい表現方法が分からない」という趣旨の発言をしていた。これは自分たちの持つ高い技術について，What構築能力を発揮して表現できないことを告白するものであり，PR会社の仲介なしに，顧客との直接的なコミュニケーションが難しいという問題状況を示すものだろう。

「正しい表現方法が分からない」という発言からは，彼にとって，教師が提示する「正解」を効率よく覚えていく工業生産モデルの教育の影響が大きいものだった可能性が示唆される。私が関わってきたような，異質な専門分野や関心を背景とする顧客との批判的なコミュニケーションを繰り広げなければならないビジネスの領域（グローバル化社会においてこういった領域はより多くなってきている）において，事前に設定可能な「正解」はほとんどないといってもよい。説明を受けた顧客が納得し，また説明を行う人間も納得できるような物事の「正解」とは，What構築能力を発揮し，他者からの疑問や批判に応える対話を通じて初めて，見出されるものだからである。しかし実は昨今，私が仕事で関わる場面においても，この事例のようにHow能力ばかりが発達し，What構築能力が発揮できない社員やリーダーのコミュニケーションに関する問題を耳にすることが多く，不安を感じている。

文部科学省ではすでに，「主体的・対話的で深い学び」が目指されるべきとの新学習指導要領を出しているにもかかわらず，『未来人材ビジョン』のような厳しい評価が産業界を管轄する経済産業省から出された事実は，この種の学びを学校現場の中で実現することが決して容易ではないという現状を示すものだろう。そもそも，論理的思考力を伸ばす課題を設定したり，正解のない課題（既存の知識だけでは解決できない課題など）を提示する教員の割合が諸外国と比較してかなり低いというデータもある（文部科学省，2019）。対話に関わる能力を育成するという意味で，我が国における学校教育の現状は，残念ながら世界の趨勢から見てすでに遅れた状況にあるといわざるを得ない。

④ TAKT授業が射程とする子どもたちの成長像

こうした教育現場の状況に対し，現在，関連する多くの学界から様々な教育実践案が提案されていると聞く。本書が提案する「TAKT授業」は，その一つと位置づけられるだろう。

TAKT授業は，異なる活動文脈を背景とし，否定的な評価を下す異質な「他者（T）」の抱える問題を解決するという目的を設定し，この他者の否定的評価を意識した「対話（T）」を子どもたちが展開する教育モデルである。しかも本授業では，子どもたち自身が考えた解釈をもとに，子どもたちが自己表現した意見を交わし合う対話を展開できるようになることが重視されており，教員は子どもたちの活動を側面から支える役割を担う点に特徴がある。つまり私のいう，子どもたちのWhat構築能力の養成が目指されているのだといえる。本書2章で藤倉はTAKT授業のこの特徴を，伝統的な授業では情報解釈を行う教師の権威の象徴である「黒板」を子どもたちに「渡す」という言葉で表現している。

　一方，本提案では教師の教材解釈に従ったり，権威的な情報ソースである教科書を参照したりするという，学習過程の価値も実は認められている。特に授業の初期段階においては，授業に関わる既存の知識・技能を共有するHow的な学びも必要となるが，本モデルはそれを，活動文脈を共有する仲間になる交流過程として「会話（K）」と位置づけている。

　ただし伝統的な授業とTAKT授業が異なるのは，このように学ばれた権威的な情報は，子どもたちが展開する対話における情報ソースの一つにすぎないと位置づけられている点にある。他者との対話に向けて情報収集と整理を行い，それらの編集を多面的に行う活動の主人公は，あくまでも子どもたちなのである。つまり本授業では，子どもたちが授業に関する既存の知識・技能を教師との間で学びつつ（How能力の発揮），次第に，それらも重要な情報ソースの一つとして活用して他者に向けた表現を自ら考え，また他者からの質問に自らの判断と言語表現で対応する（What構築能力の発揮）という成長過程が見込まれているのである。

　このように既存の知識・技能を習得しつつ，そこに独自の解釈を加えるという過程は，すでに論じたように，実社会で活躍する労働者にとって重要な学習能力である。いかに実社会においてWhat構築能力が求められるとはいえ，既存の知識・技能を完全に否定した形でそれを展開することは難しい。TAKT授業はこの両側面を，「学習者の成長」という視点から統一的に捉える実践の試みであり，実社会の中で現実に必要となる能力を包括的に捉え養成しようとする現実的な実践提案でもある。

　逆をいえば，前節で述べた日本のこれまでの教育システムの問題とは，学習者のHow能力の促進に偏重しすぎるあまり，彼らの多くがWhat構築能力の発揮にまで至ることがなかった点にあるともいえる。両利きの経営論が提唱するように，知の深化と知の探求の両方を回していける子どもたちを育てようとするのが，TAKT授業の新たな提案である。

❺ TAKT授業で育まれるミドルアップダウン型リーダーシップ

　またTAKT授業において子どもたちが，グループ活動の中で異質な他者を聞き手に想定して自分たちの考えをまとめ，さらに聞き手の否定的評価の視点を想定してその内容を調整することは，ミドルアップダウン型のリーダーシップを発揮することにもつながる。

　TAKT授業では異質な他者を相手にした対話をターゲットにするとはいえ，現実的には授業の中で議論する相手はクラスメイトであり，多くの場合，実際の他者との交流は授業の最終期に実施される発表会などの機会に限定されるだろう。しかし私はむしろ，クラスメイトが他者役割を担い，その批判的視点を想定してコメントを行う，本書1章で田島のいう「想定他者」との対話を遂行することが，本実践の重要なポイントであると考えている。

　授業中，子どもたちは想定他者との対話を通じ，また自らも想定他者の役割を担うことで，仲間視点（既存の知識・技能を共有する視点）と，他者視点（外部の視点からその知識・技能を批判する）との間で揺れ動くことになる。このように複数の視点を参照しながら，それぞれの良

し悪しを判断し，自分たちの意思決定を行う活動を，本書2章で藤倉は知的な「スイッチバック」と表現している。また私も同様の思考活動を「ヤジロベエ型の知性」と呼び，物事を多面的に捉え，場合によってはこれまで習得してきた知識・技能を切り捨てさえしながら，新たな課題状況に対応するものとして捉えている。

　このように不安定な知的探求を体験し，他者視点を自らのものにしていくことで，子どもたちは正解のない（正確にいえば，聞き手である他者と共にその場での最適解を創り上げる）対話を実際に遂行するWhat構築能力を得るのだと考えられる。

　またこのように既存の知の視点を持って資料を作成する子どもと，想定他者となってその資料への批判を行いながら子ども自身が協働する過程は，まさにトップダウン型（教師や教科書の視点を重視）とボトムアップ型（他者の視点を重視）を統合した，ミドルアップダウン型のリーダーシップが養われ，また発揮される過程といえるだろう。このように組織内部の古い知と組織外の視点から得られる新たな知を共に重視しつつ多面的に解釈し，その場での落としどころを共に探る集団を率いることができるリーダーシップを実際に養成することは容易なことではないが，TAKT授業はそれを実現し得るポテンシャルを持つと考えている。

❻ TAKT授業の基盤となる仲間と他者への信頼感（愛）

　ただし対話で重要な要因として位置づけられる否定的評価は，残念ながら日本社会では，人格的な攻撃と混同されることが多い。実際，「モンスタークレーマー」と呼ばれるような，相手との人間関係を壊してでも自分の批判を押し通そうとする人物の存在が一時期，マスコミを通して広く知られるようになったことも一因であろう。実社会においても，この評価の否定性が歓迎されない風潮が少なからず見られることは事実である。

　しかし否定的評価は，本書でこれまでも述べられてきたように，自分たちの知識・技能の一面性に気づかせ，さらに多面的に発展させていくうえで必須のものである。この批判的なコメントを交わし合う対話を子どもたちが，「楽しい」「ためになる」「よりよい活動のために役立つ」ものとして経験することは，特にこの種のやりとりの価値が十分に共有されているとはいえない我が国において重要である。

　その意味でTAKT授業において，コミュニケーション相手との信頼感を示す「愛情（A）」を，その要素の一部として取り入れている点は重要である。田島（2018）はTAKT授業のパイロット実践において，共同活動の中で他者の視点を持つ仲間から手厳しく批判された子どもが，「**問題点を指摘してもらえたおかげで自分の気づかなかったことが分かってありがたかった**」と感謝する事例をあげているが，これは批判的な対話を通じて，むしろ相手の視点を尊重する関係性が深まったことを意味するだろう。

　実社会でも，たとえ個人の能力は高くても，そのことを鼻にかけて他者を見下すような人材（『ドラえもん』でいえば「スネ夫」タイプ）は評価されにくい。個人としての能力も高いが，同

時に協働する他者の視点や立場への配慮ができるような人材（『ドラえもん』でいえば「しずかちゃん」タイプ）が評価される。上記のTAKT授業の事例のように，互いの問題点を指摘し合いながらもなお，相手の立場を尊重し，信頼し合って一つの課題に取り組むというしずかちゃんタイプの協働の構えを，多くの子どもたちが，小学生のときにぜひ身につけてもらいたいと願う。

❼ 公共性に向かう学習の「目的」

さらにTAKT授業では多くの場合，授業の学習目的が，対話の相手である「他者の抱える問題を解決するため」という公共性に向かうものとして設定される。

2章の藤倉によれば，従来の学校教育においては，「何のために」「誰のために」学習をするのかが明確にされないまま，ただ与えられた課題をこなすだけの学習が行われることが多いという。このような状況では，社会に貢献するために学ぶという，学習が本来持つべき公共性を学習者が獲得することは困難だろう。実際，先に取り上げた『未来人材ビジョン』でも，個人の「学力」については日本の子どもたちは諸外国と比較してトップの領域も多いが，その知識を使ってどのような社会実践をしよう（職業に就こう）という「動機」が低いことが問題視されている。これは「なんのために」「誰のために」勉強をするのかという視点を欠いたまま子どもたちに情報を詰め込んできた，現在の教育システムの課題を指摘するものではないだろうか。

利益を追求する競争社会にみえる実社会でも，実は「私益（自分と仲間のために）」だけではなく，「公益（他者のために）」というマインドセットを社員が持つことが高く評価される。

たとえば，本田技研工業の社是には「『夢』を原動力とし，この価値観をベースにすべての企業活動を通じて，世界中のお客様や社会と喜びと感動を分かちあう」（ホームページより抜粋）とある。ここには一言も，自動車や航空機など本田技研工業が得意とする技術の向上やそれが生み出す利益について書かれていない。本田技研工業にとって，技術はあくまでも手段であり，その技術を介して人々に喜びを提供するという公益が目的であると謳われている。これと同様，働く人々の中にも，知識・技能の習得目的を，自身の昇進や昇給（私益）だけではなく，それらを使っていかに社会に貢献できるか（公益）を考える傾向の強い者がいる。リーダーが語る大局観（社会のために追求すべき公益の目的設定）に向け，フォロワーが心を一つにし，社会全体の課題解決の目的に向かって相互に助け合う動機づけはとても重要なのである。しかしこの種の公共性に向かうコミュニケーション力については，企業の多くが，入社を志望する学生には身につけていない傾向にあると見なしており，学校教育と実社会との間のギャップとなっている。個人の知識・技能証明になる資格試験等の合格を目指すことも大切だが，それらの知識・技能の公共性を学習者が日ごろから意識することは，構造の変化が激しい現代社会を生きるうえでより基盤的な構えを養うことにつながるだろう。

　学習の目的と動機づけの設定を重視するTAKT授業は，この問題を解決する糸口を提供できるかもしれない。困難さを抱える人々のために活動を行うという学習の目的と動機づけを設定するTAKT授業の実践を通し，最終的にこのような公共性を子どもたちが意識するようになる効果が期待される。

まとめ

　2024年現在，日本は世界GDPランキングで世界4位の位置にある。一方で国連機関である持続可能開発ソリューションネットワークが毎年発表している「世界幸福度ランキング」2023年版では日本は47位であり，相変わらず先進7か国（G7）の中では最下位を維持している。世界幸福度ランキングは，「一人当たり国内総生産（GDP）」「社会的支援」「健康寿命」「人生の自由度」「他者への寛容さ」「国への信頼度」の項目から算出されている（Helliwell et al., 2023）。

　そのうち，日本は「人生の自由度」と「他者への寛容さ」が低い。その原因について，私は人間関係の硬直化が理由の一つだと考える。日本全体がいわゆる大企業病に陥り，問題を分かっていても改革せず，内向きになり社会は閉塞感に覆われている。

　私はヘッドハンティングの仕事において，様々な企業をはじめとして医療機関からの依頼を引き受けてきた。なかでも医療機関は専門家による文化集団であるため，きわめて閉鎖的な性質を形成している組織が多い。専門家は専門用語やタブーを共有し，自動化が起きやすい。私のように人材業で長年の実績がある者であっても，医療の専門家でなければ他者と位置づけて容易に受け入れない。

　外国人が日本の企業で働くと，新入社員のころは個性があった社員が，みるみるその企業の風土に染まっていく光景を見て驚愕するらしい。普段の会話での言葉の使い方やメールの文言，ファッションや身につける香水まで，ことごとく周囲に同化していくのだという。

　その風潮が行きすぎると，自分の組織のルールや暗黙の了解には黙って従えという同調圧力が生まれる。そのような組織は他者＝悪者と見なし，徹底的に排除しようとする。同調圧力には批判的評価を下す他者への愛情が欠けているばかりか，同調的な仲間への愛情も表面的なものにすぎない。仲間を深く理解するために対話をすることはなく，表面的な会話にとどまっているからである。したがって，日本のあらゆる組織は団結力があるように見えて，実はもろい関係性のうえで成り立っているという推測が成り立つ。

　以上のような現場での経験から，現代の日本社会においては，対話が特に重要だと痛感している。ヘッドハンターは，クライアントの企業とヘッドハンティングの対象である候補者をつなぐ，TAKT授業の司会のような役割を担う。そこで必要になるのが対話である。企業と候補者の双方が腹を割って話し合い，お互いに関心を持てるようにしなければならない。そのために，企業と候補者のどのような意見も否定せず，丁寧に傾聴する姿勢がヘッドハンターには

求められる。つまり，意識せずに対話を実践してきたようなものである。それによって他者同士が分かり合えて転職が成立する。

　フィンランドの精神科専門のケロプダス病院では，バフチンの対話理論を取り入れたオープンダイアローグを実践し，統合失調症の患者の回復に成功した（岡本, 2020）。私は，バフチン理論は医療だけではなく，ビジネスの現場でも使えると考えている。ビジネスの現場で会話だけではなく対話を中心としたコミュニケーションを行えば，互いの価値観を認める開かれた組織になる。

　そのコミュニケーションの変革には日本の教育のリノベーション（改善）ではなく，イノベーション（革新）が必要である。TAKT授業の神髄は，このイノベーションにあるといっていい。十数年後，実世界に参入する多くの子どもたちが，小学校のころから対話に慣れ親しむことができれば，日本のビジネス界のシーンもまた，別様のものになり得るだろう。

　そして日本の少子化はTAKT理論の基礎を築き，教育の質を向上させるチャンスでもある。安易なコストカットに走ってクラスの数を減らすようなことをせず，少数の生徒と教師が日常的にTAKT授業で学んだことを実践できるようになれば，教育の質が高まり，そう遠くはない未来に日本は他者を受け入れられる自由で寛容な国になれるだろう。

　会話が対話になれば人間関係が柔軟になり，日本は変わる。そうなれば社会に活力が戻り，日本を覆う閉塞感も雲散霧消するであろう。

《引用文献》

Helliwell, J. F., Layard, R., Sachs, J. D., Aknin, L. B., De Neve, J.-E., & Wang, S. (Eds.). (2023). World Happiness Report 2023 (11th ed.). Sustainable Development Solutions Network. (https://worldhappiness.report/ed/2023/)

経済産業省（未来人材会議）（2022）．未来人材ビジョン．（https://www.meti.go.jp/press/2022/05/ 20220531001/20220531001-1.pdf）

文部科学省（2019）．OECD国際教員指導環境調査（TALIS）2018調査結果vol.1（令和元年6月19日公表）．（https://www.mext.go.jp/component/b_menu/other/__icsFiles/afieldfile/2019/06/19/ 1418199_2.pdf）

岡本響子（2020）．オープンダイアローグって何？　天理医療大学紀要, 8, 42-46.

オライリー，C. A. & タッシュマン，M. L.　入山章栄（監訳）・渡部典子（訳）（2019）．両利きの経営：「二兎を追う」戦略が未来を切り拓く　東洋経済新報社.

白井俊（2020）．OECD Education2030プロジェクトが描く教育の未来：エージェンシー，資質・能力とカリキュラム　ミネルヴァ書房.

田島充士（2018）．仲間を創る「会話」とグローバルにつながる「対話」：バフチンの対話理論　初等教育資料, 970, 74-77.

武元康明（2013）．ヘッドハンターはあなたのどこを見ているのか　KADOKAWA.

武元康明（2017）．会社の壁を超えて評価される条件：日本最強ヘッドハンターが教える一流の働き方　徳間書店.

武元康明（2018）．超一流ヘッドハンターが教える！30代からの「異業種」転職成功の極意　河出書房新社.

4章

TAKT授業の実践ポイント

田島充士　藤倉憲一

　TAKT授業の理念については，すでに論じてきた。ここでは，最低限，どのような授業構成のポイントが取り入れられていれば，我々が考えるTAKT授業になるのかを総括する。具体的にいえば，2章で藤倉が提案した「物語性」「関係性」「道具性」「支援性」「身体性」の観点が取り入れられるということになる。

　TAKT授業の実際の姿は教科・主題，物語材，学年，展開などに応じた多様なものであり得るし，むろん，授業者の自由な発想による実践の発展可能性を拘束するような提案を我々がすべきではない。2章で提案した，「誰のために」「何のために」という学びの目的性がクリアーであり，それにともなう授業構成が子どもの学びに沿うものであれば，すべてTAKT授業として展開し得ると考えている。授業に当たる実践者のこのような自由を保障するためのガイダンスとして，本論考を位置づけている。

■1 TAKTの授業構成

　ここではTAKTの授業構成を，藤倉のいう「物語性」「関係性」「道具性」「支援性」「身体性」に引き寄せて解説する。

構成要素 ● 1
「物語性」：他者からの問いへの応答としての子どもたちの物語づくりを支援する

　そもそも我々はなぜ人として学ぶのか。それはその知識を学ぶことでよりよく生きるための気づきを得るなどの個人的な利益を得たり，もしくはその利益を社会活動に還元できたりすると期待するからではないか。この学びの原初的な動機づけを無視し，「なぜこの知識を学ぶのか」という問いかけのないまま学習がスタートするならば，自分のためだけの知識を貯め込むだけとなり，他者のために必要な知識をメッセージとして発進するという対話の必然性がなくなってしまう。TAKT授業では，この「目標」としての真正な問いと，子どもが自らその問いに応答しようとする物語づくりの動機づけを重視する。そしてこの子どもたちが語る物語を貫く真正な問いの視点から，段階的に習得される知識の質や実験の体験，物語材などが評価さ

れる。

　この構成要素は，藤倉のいう「**物語性**」に該当する。どのような物語も，聞き手である他者からの問いへの応答からスタートすることを考えるならば，この問いの重要さが理解できるだろう。抽象的な情報の丸暗記的学習にとどめず，子どもたちにとってより身近な社会問題等に引き寄せて彼ら自身が語り直す過程として，この物語性は発揮されるといえる。

　なおTAKT授業において考えられるべき，授業の学習目標とは，以下のような問いになると考えている。いずれも，他者の役に立つために学ぶという学習の目的を明確化したものである。

×「天気の変化について考えよう」
○「（天気の変化を知ることで）人々を災害から守ることができるだろうか」

×「大地の構造について考えよう」
○「（大地の構造を知ることで）人々が被る地震の被害を最小限にすることができるだろうか」

×「プログラミングによってロボットを動かそう」
○「（プログラミングを応用することで）災害時に人々を助けることができるロボットを開発することができるだろうか」

×「電気が流れる法則を見つけよう」
○「（電気が流れる法則を知ることで）人々にとって持続可能な省エネ社会を提案することができるだろうか」

構成要素 ● 2
「関係性」：子どもたちの持つ物語性を育む宛先を設定する

　そしてこの物語は，最終的には，他者（T1）（関連情報の共有がなく否定的評価を下す可能性が高い人物）に向けた，その興味関心や理解に訴えかける対話として展開されなければならない。ただし，この物語を構築する過程において，仲間（関連情報の共有があり肯定的評価を下す可能性が高い人物）との会話を活用することも必要だろう。

　多くの場合，実際の授業で設定される他者は本物の他者ではなく，その役割を意識したクラスメイト（本来は仲間）が担う想定他者になる。したがって，その他者を宛先にした対話は，必然的にロールプレイング的なパフォーマンスとなる。この際，他者役の子どもたちが，設定された役割をしっかりと認識して応答できるように支援することは重要である。このことで，他者の問いに答えようとする子どもたちの説明も真に迫るものとなり，やりとりはよりリアリ

ティを増す。

　また学びが深まるにつれ，子どもたちが伝えようとする他者の設定が，当初に設定したものと変わってくるという状況も，私たちは何度も見てきた。このような子どもたちの宛先を新たに創出しようとする姿勢も大切にしなければならない。TAKT授業では，教師が当初抱いていた目論見通りにはいかないことも想定しておくべきだろう。むしろ本授業では，子どもたち自身の提案による新たな展開が行われることを大切にしている。

　この構成要素は，藤倉のいう**「関係性」**に該当する。指導に当たる教師にとって大切なのは，教室のクラスメイト同士の話し合いの関係性を授業の進展に合わせて意識し，関係性の微妙な変化を敏感に感じ取り，時には積極的に介入・調整していく必要性を認識しておくことである。

構成要素 ● 3
「道具性」：対話において子どもたちが活用できる道具開発を支援する

　他者との対話で使用できると想定される知識と，その対話を支える道具を，教師が児童に対して提供したり，児童が必要な道具を自分たちで開発したりすることが，このTAKT授業では欠かせない。

　これには論理的な言葉だけではなく，触感のように各感覚器をベースにして統合された諸感覚機能を使って問題解決するという身体感覚を重視した実験や教材との触れ合い経験も含まれる。たとえば論理的な言語化がしにくい現象では，直感的に相手の理解を促すことができる実験の提示なども有効だろうし，また佐伯（2014）のいう「アート的思考」のような，子どもたち自身が現象を支えるはずの見えない物（種々のエネルギーや溶けて見えない食塩の粒子など）を可視化して自分なりのメタファーにしたモデル絵なども，身体感覚を呼び起こす道具として導入すべきだろう。

　この構成要素は，藤倉のいう**「道具性」**に該当する。もちろん最終的には，子どもたち自身が自ら探究を行い，また対話のための資料を作る必要があるので，教師が事前にすべての知識や道具を提供することはできないし，またすべきではない。我々は，この道具も子どもたち自ら開発できるようになることが大切だと考えている。しかし「このテーマの説明で最低これだけは必要」と思われる知識・道具を，子どもたちの知識や考え方，動機の変化を想定して準備することは必要であり，授業をデザインするうえで基本的な情報提供になる。そして対話を支える資料等を作成する中で，子どもたちからより他者を納得させるための実験のアイデアやその作り方について質問を受けるかもしれない。その際に的確なアドバイスができるような指導者の知識の蓄積も必要になる。

　藤倉のいう，教室内の言説を権威的にコントロールする「黒板」という道具使用の権限を，教師から子どもたちに委譲する「黒板を子どもに渡す」行為は，この道具性に基づいた指導の究極的な姿といえるだろう。

構成要素 ● 4

「支援性」：他者に対する子どもたちの愛情の構築を支援する

　対話において批判的な質問を行う，他者に対する愛情をいかに表現できるかの指導も必須となる。他者から批判を受ける機会が比較的少ない日本の環境において，自分の説明を否定するような質問を受けると，思わず「かっ」となってしまう人は多いだろう。この他者への愛情を抱き，また具体的に表現する指導は，TAKT授業を実際に運営するうえで欠かせない要素といえる。

　この指導を考えるうえで，自己尊重／他者尊重に裏づけられた「アサーション」（平木，2000）の観点は有用である。アサーティブな言語表現と態度が身についた学級では，「……という質問をしてくれてありがとうございます」「××という点は，確かに説明不足でした」「△△という質問を受けたので，○○という追加説明をします」などの，相手を尊重した発言が自然と出てくる。また話し手の説明は，聞き手の積極的な傾聴と質問から出てくる。「私が上手に説明できれば相手の話など聞かなくてもよい」というような態度では，他者との信頼感をともなう探求活動を続けることはできない。人間は，自分が話したことに対して応答してくれる相手を信頼するからである。

　この構成要素は，藤倉のいう**「支援性」**に該当する。指導に当たる教師は，AAAF連鎖型介入のアセスメントにおいて，「……という説明がとても丁寧でよく分かったんですけれど，××という言葉の意味がよく分からなかったので教えてください」「○○さんの実験はとてもおもしろかったです。だけれど，△△のテーマとの関係がよく分からなかったので教えてください」など，話し手の説明のよいところを指摘したうえで，さらにその説明をより豊かに解釈するために質問を行うモデルを子どもたちに示すことが効果的と思われる。この指導には，チームで話し合う際，自分だけが話をするのではなく，他の児童が話そうとするときにターンを積極的に譲るというようなソーシャルスキルの指導も含む。

　この支援性はTAKT授業に限らず，実は，普段の教室運営においても発揮されるべき指導と考えている。日常生活を送る中でも，仲間だと思っていたクラスメイトが突如として他者性を発揮し，一見，理解できない言動をとる場面は多いだろう。その際，いじめや鉄拳制裁などの暴力的な対応ではなく，また無視やあきらめなどの交流からの撤退でもなく，論理的な言葉によって他者性を発揮する子どもたちが互いの気持ちや意思を調整し合う対話を支援していく教師の指導の重要性は論を待たない。裏を返すならば，こうした日頃の丁寧な児童指導を基盤として初めて，TAKT授業が実現するのだといえるかもしれない。

構成要素 ● 5

「身体性」：身体を工業生産モデル型からTAKT型に改造する

　最後に，藤倉のいう**「身体性」**について解説する。授業における教師の身体行動を，一般的な授業における工業生産モデル型からTAKT型へと改造しようとする努力が大切である。こ

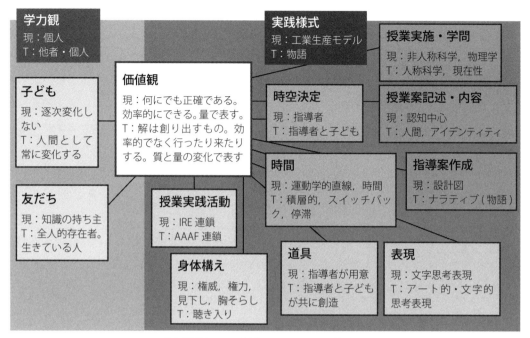

現行授業とTAKT授業のメタファーの構造化

れは，IRE連鎖身体からAAAF身体への改造ともいえる。なぜここで「努力が大切」と述べたのかといえば，長く歴史的につくられてきた授業における我々教師の身体行動の改造には心理的苦悩をともない，頭で理念を理解しても，身体行動は旧のままである現実を多数見てきたからである。しかしTAKT授業では，子どもたちの真正の主体性の発露という変化が如実に見て取れる。その真剣さや笑顔が教師の努力を後押ししてくれるだろう。

　この身体性の改造は，具体的には上図のように多種多様な身体メタファーの変革となるのでじっくりと身体改造を進める必要がある。

❷ 対話（T2）の具体像とTAKT授業のモデル

　TAKTにおける対話（T2）は，多くの場合，班ごとに分かれて行う，想定他者への言語的なプレゼンテーションになると考えている（田島, 2010; 田島・森田, 2009）。

　説明を行う児童は，設定された他者（聞き手の児童がその役割を担う）との情報ギャップを埋め，また他者の否定的評価に応じることができるプレゼンテーション（モデルとしての実験やデータ，演劇的パフォーマンスなどの提示も含む）を行う。そしてそれを聞く児童は，他者の立場から，さらにその説明に対して詳細な説明を求める質問を行う。

　この活動でもっとも重要なのは，他者の役割を担う聞き手の質問力と，それに応じた説明を展開する話し手の物語力である。聞き手の児童が，物語られた説明内容に対し，他者として的

確な質問ができるようになれば，それに応じる話し手の児童の言語認識も異化されるため，対話はよりいっそう深まる。その意味では「他者としてどのような質問を行えばよいか」についての指導も，事前に行うことが望ましいだろう。

　この他者からの質問に対し，多くの場合，話し手の子どもたちは十分に物語ることができないという経験を経るだろう（いわゆる「分かったつもり」）。しかしこの「分かったつもり」の経験は，子どもたちのよりよい物語を構成しようとする動機を高める。この学習機会を提供するという意味で，たとえば他者を聞き手とした発表会を授業内で2回行うなど，「分かったつもり」を自覚して再学習する場面の設定を行うことが望ましい。当初，うまく応じることができなかった他者からの質問も，次の機会ではできるようになることも多い。「敗者復活」の機会があることで，対話に向かう子どもたちの物語は深まると考えられるからである。

　本授業で想定できる大まかな流れの一例を，以下に示す。あくまでモデル案であり，必ずしもこの順番通りに授業を進めなければならないというものではない（実際，本書の各実践も，以下の順序に従っているものばかりではない）。あくまでも，物語構成の概念地図と考えてもらえばと思う。

第1話　1時間目程度（課題としての物語の導入と宛先となる他者の設定）

　必然性のある学習目的と，その成果を伝える宛先となる他者（地域の人々，下級生，研究者など）を誰にすればよいかを考える状況を設定する。課題の内容（認知的側面）だけではなく，子どもたちがぜひやりたいと思うような動機づけ（非認知的側面）まで考慮した物語となるよう，子どもたちと協働でデザインを行う。なおこれらの状況づくりは，子どもたちが活動を行う中で変質していく可能性が大いにあることを考慮しておかなければならない。

第2話　2～8時間目程度（道具を活用し共有知識を構築する）

　教材の知識や，他者への説明で使える道具を紹介する。子どもたちが活動の中でそれらをベースにして，自ら再構築できる状況づくりを行う。さらに会話・対話を行う際の相手に対するルールである「心構え・覚悟」（相手のため，相手の成長や望みを考えて批判をするなど）を共有できるところまで昇華させておく。また「黒板を子どもに渡し」，自分たちの学びのデザインを，黒板を通して可視化すべく子どもたち自身に委ね，真に自律的な活動として学習（共有の知識を構築する会話が中心）を進行させることが大切である。

第3話　9～11時間目程度（他者との対話①）

　想定他者の役割を担う子どもに対してプレゼンテーションを行い，批判的な対話を展開する。他者役となった子どもは，他者の視点を想定し，話し手に説明された内容

の妥当性を吟味する。さらに教師は，対話を行う際の「心構え・覚悟」に従い，子どもたちの発言を勇気づけ，彼らが意欲を持ち，対話の方向性に見通しをつけることができるようにしていく。ここにも高度なアセスメント評価能力が教師に要求される。

第4話　12〜14時間目程度（子どもたちの成長が見込まれる，もっとも重要な過程）
　想定他者との対話①で説明しきれなかった内容の反省（分かったつもりの自覚）をもとに，班のメンバー同士で他者の視点を想像し，自分たちの説明資料や道具を批判的に検討する。説明内容を修正し，提示する実験を作り替えたりする。他者に対して自分たちの学んだことは役に立つはずだ，という気持ちが高まることが期待される。また他者の立場の再確認や再設定も，必要に応じて行う。

第5話　15〜16時間目程度（他者との対話②）
　設定した他者ないし想定他者に向け，実際にプレゼンテーションと質疑応答を行う。第2話の段階よりも，説明内容が深化していることを子どもたちが確認できるよう，教師は働きかけるべきである。子どもは学ぶにつれ，成長し変化していく事実を我々は深く見取らねばならない。

第6話　17時間目程度（全体の総括）

　特に第3話（他者との対話①）と第5話（他者との対話②）との比較は，TAKT授業の効果を確認する意味で重要である。分かったつもりの自覚は，他者との対話を動機づける契機であり，また多面的な対象理解が始まる契機としても重要な成長機会と考える。分かったつもりから理解へと至る成長を，子どもたちの交流事例を通じて明らかにしてほしい。

　本書では，以上の流れを意識し，研究授業の記録を物語的に記述する。

《引用文献》

平木典子（2000）．自己カウンセリングとアサーションのすすめ　金子書房.
佐伯胖（2014）．幼児教育へのいざない：円熟した保育者になるために［増補改訂版］　東京大学出版会.
田島充士（2010）．「分かったつもり」のしくみを探る：バフチンおよびヴィゴツキー理論の観点から　ナカニシヤ出版.
田島充士・森田和良（2009）．説明活動が概念理解の促進に及ぼす効果：バフチン理論の「対話」の観点から　教育心理学研究, 57, 478-490.

第**2**部

実践編

1章

実践章の構成
物語として語る授業

藤倉憲一　田島充士

　TAKT授業の具体的な展開に関する，実践報告章の構成について説明する。

　これらの授業は，大阪市内の小学校教諭を中心に構成される「新授業デザイン研究会」代表の藤倉が中心的なアイデアを提案し，メンバー有志でデザインを検討したものである。授業実施前から，研究会においてTAKT授業の理念に関する情報を共有し，対話を志向した実践のあり方について議論を交わしている。

　すべての授業の実施にあたり，本書の編者であり新授業デザイン研究会代表の藤倉憲一がサポートを行った。また本書の監修者である田島充士も授業参観し，授業実施者および藤倉と共に協議を行った。さらに本書の編者である武元康明は，実業界の人材開発の最新事情に関する情報提供を行った。最終章を担当した野原博人も，すべての授業を観察した。

　なおこれらの実践報告は，授業に参加した子どもの視点を想像して授業実施者が書いた，小説仕立てになっている。授業実施者が子どもたちの交流の中で実際に見聞きした言動や学習成果物などの資料をもとに，子どもたちの内面を想像しながら書いたものである。

　このような形式の採用は，TAKT授業で表現活動を行う主役は子どもたちであるという我々の思いによるものである。この主役である子どもたちが授業の中で，会話−対話を行き来しながら成長する具体的な姿を読者に伝えるためには，論文調の第三者的視点よりも感情の動きも含めた当事者的視点の文体のほうが伝わりやすいだろうと判断した。そもそも，多くの教師が授業を行う場合，こうした当事者的な関係の中で個々の子どもたちと向き合っているであろう。各章のタイトルが「○○物語」になっているのも，以上の事情による。

　各授業実施者が，子どもたちの主観的な視点をどのように想像しながら授業を進めたのか，という視点で読んでいただければと思う。

　各実践報告章は，執筆にあたる授業実践者との協議を重ね，以下の項目で構成することになった。それぞれの項目では，授業を「物語」と表記している。

　なお，それぞれの授業は各章に記載の学校で実施されたものである。ただし執筆者の所属先については実施時と異なる場合もあるため，巻末の執筆者一覧に掲載している。

■1 あらすじ

物語＝授業の概要について，子どもの視点から描いた。なぜこの物語で扱う内容について学ぶのかという動機づけについて，子どもの主観的な思いに寄せて記述した。

■2 本物語のファーストデザイン

物語の当初デザインについて，実施者の視点から描いた。学級・学校の情報や物語の時間的な構成など，基礎的な情報についても記載した。子どもたちが展開する学びのアリーナをどのように提供するのかについての，各教諭の思いが述べられている。ただしTAKT授業の主体はあくまでも子どもであり，その展開は最初からすべてデザインできるものではない。そのため，これらのファーストデザインはあくまでも物語を始めるにあたって作成し，子どもたちの交流の展開に合わせた変更を前提としたいわば「仮説」として位置づけている。なお文中の子どもの名前はすべて，仮名である。

■3 物語

各実践における子どもたちの交流やそれにともなう成長について，子どもの視点から具体的に描いた。物語の大きな展開を，「第○話」と呼んで整理している。それに加え，TAKT授業の構成要素として第1部2章で提唱した【物語性】【道具性】【身体性】【支援性】【関係性】に関わる具体的な活動について，授業の展開ごとに表にまとめた。また，それらを特に意識した実践箇所については，これらの要素を文中に引用した。

■4 本物語を終えて

本実践の総括を，実施者の視点から描いた。ここでは，「本物語のTAKT」「TAKT授業で育んだ子どもの姿」の小項目で，TAKT授業の視点から実践を総括した。「本物語のTAKT」では，T（他者），A（愛情），K（会話），T（対話）が，本物語報告のいずれの情報に該当するのかを記述している。「TAKT授業で育んだ子どもの姿」では，本授業における子どもたちの成長を他教科との関連を踏まえて論じた。

◆藤倉先生からのメッセージ

TAKT授業の実際のデザイン・実施にあたり，全面的なサポートを行った藤倉の立場から，実践のねらいについて総括した。

◆田島先生からのメッセージ

TAKT授業の理論的フレームを提案した田島の立場から，実践全体の意義について総括した。

◆武元先生からのメッセージ

実社会で人材評価に携わる武元の立場から，実践の社会的意義について総括した。

2章

学校しょうかい物語

大阪市立大江小学校　第1学年25名（令和4年3月）

稲井雅大

1 あらすじ

　もうすぐ2年生になる牧野さんには1歳違いの妹がいます。ある日，妹が「お姉ちゃん，小学校ってどんなところ？」と聞いてきました。牧野さんは自分の知っている大江小学校のことを話そうとしましたがうまく伝わらず，妹も不安そうです。学校でそのことを相談したところ，みんなも去年の今ごろは不安だったことを思い出しました。そのとき先生が「今度新しく大江小学校に入学してくる新1年生に小学校の紹介をしよう」と提案しました。伝える方法をみんなで考えて，新1年生が知っているようで知らないことや，小学校の秘密を紹介することで入学が楽しみになるような絵本を作ることにしました。

　絵本を作るのが初めてのみんなは，まず伝えたいことをもとに絵本の内容を考え，ページごとの班に分かれて撮影したり取材したりしていきます。当たり前のように使っている言葉でも，5歳の子にとって難しい言葉や知らない言葉がないか，お互いに5歳の子になったつもりでチェックしながら仕上げていきました。さらに，本に載せきれないほどの詳しい説明は動画で撮影し，QRコードで読み取れるようにも工夫しました。そしてついに，世界に一冊しかない絵本『1ねん いぐみの 1にち』が完成したのです。さて，どんな絵本になったのでしょう。

全5話（14時間）

第1話「あたらしい1年生に　大江小学校のことをつたえる　えほんをつくろう」 3
　　　時間

第2話「しゃしんやことばを　かんがえて　えほんをつくろう」 4時間

第3話「よりよい　えほんにするために　はなしあおう」 3時間

第4話「もっとくわしい　せつめいをいれよう」 3時間

第5話「まとめ」 1時間

---

② 本物語のファーストデザイン

　本校は大阪市の天王寺区に位置し，校区には1400年の歴史ある四天王寺等の名所や旧跡が多く残っている。隣接する公立幼稚園とは幼小接続部会を設置して，行事や研修会等を通して連携を図っている。

　本物語では，第1学年生活科としての「入学してからの1年間を振り返ったり，年長児と関わりを深めたりする活動を通して，1年前の自分と今の自分を比べたり，支えてくれた人々との関係を見つけたりして，自分自身の成長や，役割が増えたことに気づくとともに，支えてくれた人への感謝の気持ちと，進級への期待感や意欲を持って生活しようとすることができるようにする」ことを中心の目標とする。活動のゴールとして，来年度入学してくる大江幼稚園の5歳児に，安心して入学を迎えてもらうように学校のことを紹介することとした。TAKT授業として他者（来年度入学予定の5歳児）や想定他者（5歳児になりきったクラスメイト）を設定することで，他者の世界を取り入れながら自分の世界（分かったつもり）を見直し，目標に到達できる学びの保障を主眼としている。ここでは，学びは自分だけでなく人の成長に役立つために学ぶこと，他者との出会いを通じて改めて自分の成長に気づき，さらによりよく成長することこそがこれからの時代に必要な学びであると考えている。

③ 物語

第1話 「あたらしい1年生に　大江小学校のことをつたえる　えほんをつくろう」　3時間

①物語の始まり　昨年度1年生が作ってくれた学校紹介DVDを見直し，それぞれの思いを語り合う

小学校入学当時を思い出し，新1年生のためにできそうなことを出し合う

> 物語性：学校紹介絵本を作り始める物語
>
> 道具性：黒板，学校紹介絵本，昨年度学校紹介DVD
>
> 身体性：昨年の不安や期待感を引き出す聴き入り
>
> 支援性：それぞれの思いを引き出し，黒板に可視化する
>
> 関係性：①文化構築型会話「小学校入学当時を思い出して今との違いに気づこう」
>
> 　　　　②ディベート型対話「昨年の1年生が作ったビデオを見直してみよう」
>
> 　　　　③イントロダクション型会話「新1年生に，安心できるようにしてあげられることはないかな」

　私は牧野晴子，もうすぐ2年生。私には1歳違いの妹がいて，来年度大江小学校に入学です。その妹から「お姉ちゃん，小学校ってどんなところ？」と聞かれました。私は自分の知っている大江小学校のことを話して聞かせましたが，どうもピンときた様子が見られません。そこで妹の気持ちを聞いたところ，「楽しみにしているのだけれど，学校へ行くのは心配なの，建物も大きいし保育園とはまったく違うので想像がつかない」と言われました。妹のことがとても心配になりました。私のようにお姉さんやお兄さんがいない新1年生はもっと心配だろう考えました。ちょうどそんなとき，稲井先生が4月に見た学校紹介DVDをもう一度見せてくれ【道具性】【関係性①】，「去年の入学前はどんな気持ちだった？」とみんなに聞いてくれました【身体性】。

　私は「今度妹が入学するのだけど，心配していたよ。私が入学したときもコロナ禍で，2年生に直接学校紹介をしてもらえなかったので不安で緊張しました」と，みんなの前で言いました。すると他の友だちも去年を思い出して，「保育園の友だちと別れるのがさびしかった」とか「少しこわかった」という考えの人と「わくわくしてたよ」「楽しみだった」と思っていた人もいたのが分かりました【関係性②】。

　そこで，今年は新1年生に何をどう伝えたら安心してもらえるかをみんなで話し合いました。黒板に書いてあるように，学校生活のことや給食，図書室やいろいろな先生がいることを，新1年生に分かるようにするにはどうすればいいか，みんなで意見を出しました【関係性③】。その意見を稲井先生はみんなに分かるように黒板に整理して書いてくれたので【道具性】【支援性】，友だちの考えも参考にすることができました。みんな一生懸命考えて新1年生が喜びそうな「かみしばい」を作って，絵を入れたり写真を入れたりするアイデアが出ました。「ビデオにする」という意見もありましたが，去年のことを田中さんが思い出し，「一回しか見られないし，マスクをしていたので，よく分からなかった」と言ったところ，みんなも同じ意見だったのでビデオはなくなりました。

　そんなとき，稲井先生は『1ねん1くみの1にち』という学校紹介絵本があることを私たちに教えてくれました【道具性】。「すごくいいな」と思いました。木下さんと常盤さんが「それなら自分たちで大江小学校の絵本を作ろうよ」「物語にしたら読みやすいね」と言ってくれた

ので自分たちで絵本を作ることになりました【物語性】。絵本作りなんて初めてだけど，何よりも新1年生にとってとても役立ちそうだと思い，うれしくなり，妹も少しは安心して学校へ来られるかなとお姉ちゃんとしてホッとしました。

②新1年生に役立つルーブリックを作成し，新1年生が知りたいと思うことを考える

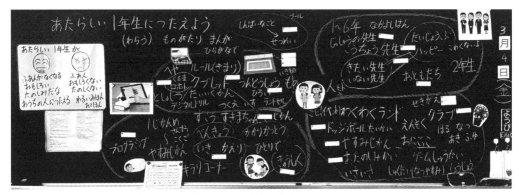

ネームカードを貼って，自分が伝えたいテーマを決める

> **◆稲井先生の回想**
> 　コロナ禍で幼稚園児との対面での交流機会が制限されたため，子どもたちは小学校の紹介活動としてお手紙やポスター，VTR等を考えました。そんな中，普段から親しみのある「絵本」を作るということで，児童の創造意欲が一気に高まりました。あれもこれもと伝えたいトピックやアイデアがあふれ出し，小学校のことを教えたくて仕方ないという意欲を感じました。

第2話「しゃしんやことばを　かんがえて　えほんをつくろう」　4時間

①何ページの絵本にして，内容をどうするか話し合う

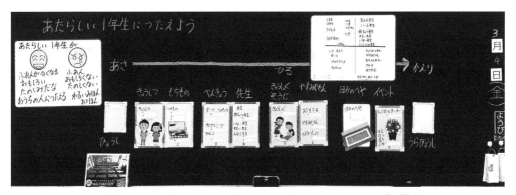

登校してから下校するまでの流れに沿った物語になるようページを構成

②ページごとの班に分かれて，絵本づくり作業（撮影，説明，吹き出し記入）を開始する

進捗状況が分かりやすいように掲示しながら作業を進めていく

第3話 「よりよい　えほんにするために　はなしあおう」　3時間

①中間交流会　見ている側が園児役目線でアドバイスする

大型モニター（左）に絵本を映しながらのアドバイス交流会

物語性：入学前の園児になりきってみよう

道具性：黒板，大型モニター，まなボード，付箋

身体性：園児目線で絵本を読み合う

支援性：AAAF連鎖

関係性：ディベート型対話「園児になりきって，園児は何を知りたいか，分からない
　　　　ことはないかを話し合い，振り返る」

　稲井先生は，学校の部屋を紹介するページを作るグループの活動を動画で記録していて，こ
の授業のはじめに見せてくれました【道具性】。部屋紹介グループの田中さんは本を作った前
回の授業を，病気で休んでいました。久しぶりに登校して，自分たちの作品を見ると，図書室

の紹介が入り口の写真だけでした。そこで「これじゃ，新1年生は何の写真か分からないんじゃないの？」とグループの友だちに言いました。それを聞いた他のメンバーは「あ，そうか。じゃあ図書室の中の写真も載せようか」と言って撮影し，より分かりやすいページになっていました。先生は，「このグループみたいに，今日はみんなのページを5歳さんのつもりになって

奥中さんの振り返りカード

読んでみて【身体性】，気づいたことについて教えて」とみんなに呼びかけました【支援性】。

　私は，「そうか，小学校が初めての幼稚園の子になったつもり【物語性】でみんなの作ったページを見て，もっと分かるように意見を出せばいいんだな。作品のあらさがしをしているのじゃなく親切として言えばいいのか，納得」と思いました。

　そして先生は，みんなが作っている絵本を大型モニターに映しながら読んでくれました。私が作っている6ページ目「休み時間」のページを読んだ後に，「『いいよ！』『本を読んでいるよ』『その本おもしろそうだね，後で貸して』ってどういうこと？」って聞いてきました。私は「『その本おもしろそうだね，後で貸して』，その次に『いいよ！』がくるの」と説明しました。先生は「そういうことなんだね」と分かってくれたのでホッとしました。

　次に，川口さんは「『あっちにお友だちがいるよ』と言われてもこの写真では何かよく分からない」と私たちの場面に足りないところを言ってくれました【関係性】。そこで先生は「確かに見えにくいね。何かいい方法ないかなあ，また考えようね」と助け舟を出してくれたのでホッとしました。グループのみんなで相談しなきゃと私は思いました。また，畠山さんが「3人で作っているのに，2人しか写ってないよ」と言いました。「本当だ。牧野さんは写ってないけど，いいの？」と先生は言いました。私が「写真を撮っている人だから，写らなくていいの」と言うと先生が「あ，そうか。牧野さんはカメラマンだったんだね」とみんなに分かるように言ってくれました。そして先生は「他に何かある？」と聞いてくれました。他の友だちは「縄跳びで何回も跳べるよ，とあるけど，本当は何回もは跳べないよ」と言いました。グループの山本さんが「でも奥中さんは何回も跳べるくらい一番上手だよ」と奥中さんをほめました。奥中さんはうれしそうな顔をして下を向いてしまいました。

　また，常盤さんが「この写真じゃ，どこで，何をして遊んでいる写真かよく分からない」と言いました。先生も「本当だ。この写真には山本さんだけが写っているけど，何をしているのかな」と不思議がりました。山本さんは「鉄棒したり縄跳びしたり，雲梯で遊んだりしているの。それが分かりやすいように周りを切ったの」と説明しました。常盤さんは「でも周りを切りすぎて何をしているのか分からないよ。人の体しか見えないから」と新1年生のつもりで言ってくれました。グループのみんなも「確かに，切りすぎちゃったかも」と反省していました。稲井先生も「もう一回写真を印刷して，今度は周りも見えるようにしようか」とアドバイ

スしてくれました。グループのみんなも「うん，そうする」とやり直したほうがいいことに納
得していました。

　授業の最後には，今日の活動を振り返りました【関係性】。アドバイス交流会ではみんな幼
稚園の子になりきって，いろいろな意見を出していたのがすごいと思いました。私は常盤さん
のアドバイスが一番なるほどと思いました。アドバイスをもらってよくなっていくし，幼稚園
の子も分かりやすくなるからうれしかったです。アドバイスがなかったら，幼稚園の子が何の
写真か分からなかったから，今日アドバイス交流会ができてよかったです。

◆稲井先生の驚き

　盛り上がり，あっという間の45分間でした。普段当たり前に使っている学校での
言葉も，5歳児目線で見ると分からないことだらけです。それらを児童は見事に指摘
し合い，よりよい絵本へと仕上げていくことができました。授業後の感想でも「アド
バイスをもらえてよかった」という意見ばかりで，指摘されたことに喜びを感じてい
ることに驚きました。これも「よい絵本が作りたい」という想いが一致していたから
なのだと思います。

---

②アドバイスをもとに絵本を仕上げ，完成した絵本を大江幼稚園に渡す

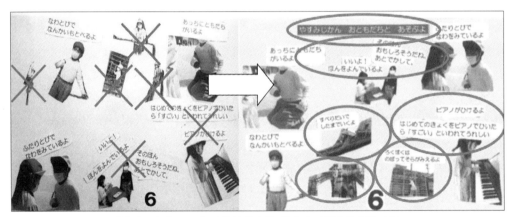

牧野さん担当ページの中間交流会前（左）と中間交流会後（右）

第4話 「もっとくわしい　せつめいをいれよう」　3時間

①幼稚園児の感想を聞き，さらに伝えたいことを考える

幼稚園から届いた写真と感想から，さらによい絵本にするためにできることを考える

物語性：もっと詳しい説明を入れよう

道具性：黒板，タブレット，QRコードメーカー

身体性：園児目線で，さらに必要な説明を補う

支援性：補足説明の動画や画像をQRコードにして絵本に埋め込む

関係性：①文化構築型会話「絵本完成後，新1年生からの感想を聞いて，よかった点
　　　　　を確認する」

　　　　②グローバル型対話「新1年生からの感想を聞いて，改善点を話し合う」

　完成した絵本を幼稚園児に渡すとみんなニコニコして喜んでいて，小学校に来るのがとても楽しそうでした。私は本当にこの絵本を作ってよかったなと思いました【関係性①】。

　絵本は完成したけど，私たちはもっともっと伝えたいことがたくさんあります【物語性】。前に，どのことを絵本に載せるか決めていたときに，稲井先生が漢字の教科書を見せてくれて「こんなふうにQRコードにタブレットのカメラをかざすと，動画を観ることができるよ」と言っていたことを思い出し，今度は絵本に動画を入れていくことにしました【支援性】。これなら，去年のDVDと違って何回も見返すことができるし，その子が見たい動画だけを観ることができます。私はとてもいいアイデアだと思いました。

　まずは，それぞれのページを見返しながら，動画で伝えたいことをみんなで話し合いました【身体性】。絵本のそれぞれのページを，先生が黒板に貼ってくれたので【道具性】，それを見ながら学校生活のことがもっと分かるようにするには，どうすればいいか意見を出しました【関係性②】。そしてその意見を稲井先生がページの横に書いてくれました。新1年生にとって難しそうな「給食の配膳の仕方」や「ぞうきんの絞り方」は，絶対に動画で教えてあげたいと

思います。また，小学校に入ってきて初めて聞く「プログラミング」や「わくわくランド」のことも不安だろうから教えてあげたいという意見が出ました。図書室の紹介をしたチームの子は，「本の借り方と返し方を教えたい」と言っていて，「なるほど，幼稚園の子にとって本を借りるのは初めてだからそれは大切なことだな」と思いました。アイデアがたくさん出ましたが，稲井先生が「ページの中に，あんまりたくさんのQRコードがあっても分かりにくいから，一つずつにしようか」と言ってくださったので，各グループでよく考えて，本当に伝えたいことを準備することにしました。私たちのページは縄跳びが上手な奥中さんが何回も跳んでいる様子を撮影した動画にしました。

◆稲井先生の補足説明

　QRコードでの視聴は，校内のタブレットのみで再生できるように動画保存場所を設定しました。入学後の新1年生がタブレットを使って，繰り返し観ることができました。

---

②QRコードを用いて，補足説明の動画を撮影，絵本に埋め込む

「ぞうきん絞り」の説明動画の撮影（左）と，QRコードをタブレットで読み取り動画を確認する様子（右）

第5話 「まとめ」 1時間

①幼稚園から届いたお礼のDVDを見て，活動全体を振り返る

　幼稚園から，お礼の手紙とDVDが届き，それを先生が観せてくれました。手紙には「おおえしょうがっこうの　1ねんいぐみのみなさん　ありがとう」とかわいい文字で書かれていました。DVDには，5歳のみんなが絵本を読んでいる場面が映っていました。「朝のあいさつで校長先生を見たことがあるよ」「屋上にプールがあるんだ，大きいね」「ドッジボール大会もあるんだ，早くやりたいなあ」と，小学校を楽しみにしているような姿がたくさん見られました。

　その後，みんなで絵本づくりの活動をルーブリックをもとに振り返りました。5歳児さんの不安がなくなる，入学が楽しみになる，といった姿がたくさん見られ，私はこの絵本づくりはとてもよくできたと思ったので，ニコちゃん（丸）にしました。みんなも，最初に決めた目指すニコちゃん（丸）の姿が達成できたからニコちゃんだったよと言っていました。これだけが

お礼の動画を観た後，ルーブリックをもとに活動全体を振り返る

んばってきたことが，幼稚園の子に伝わって，役に立つことができてよかったです。去年の今ごろは入学が不安だったけど，この1年間で成長したなと改めて自分たちのことを思えたのもよかったです。

②物語完成後の子どもの姿（声）

　絵本が完成した後に稲井先生が，「牧野さん，この絵本持って帰って妹さんに見せてあげて」と言って貸してくれました。私はタブレットと一緒に持って帰り，妹に読み聞かせをしてあげました。

　はじめに表紙のQRコードをタブレットで読み取り，学校の校歌を流しました。妹は「わあ，保育園には歌がないけど，小学校にはこんな素敵な歌があるんだね」と言って喜んでくれました。それから私は残りのページをゆっくりと読み聞かせてあげました。一通り読み終わった後も，妹は自分で何度も読んでいました。特にいろいろな部屋のページや学校の先生のページに興味を持ったみたいで，繰り返し読んでいました。校長先生が笑顔で「小学校は楽しいところだよ。待ってるよー」と手を振っている動画を観て，「三木校長先生って優しそうな先生だね，早く会いたいなあ」と笑っていました。給食のページでは，給食当番が準備をする様子の動画を観て「お昼ご飯の用意を自分たちでするんだね」と驚いていました。私は，「そうか，それも知らないんだったな。紹介してよかったな」と思いました。私たちが作った休み時間のページを見た妹は，「ずーっとお勉強するんじゃなく，遊ぶ時間もあるんだね。お友だちもたくさんいて，こんなに縄跳びの上手な子もいるんだね。教えてもらいたいな」と言っていました。奥中さんの縄跳びをほめてもらえて，私まで得意な気持ちになりました。みんなで工夫しながら作ったページをそんな風に言ってもらえて，うれしくなりました。

　読み終わった後，妹に「小学校のこと，心配じゃなくなった？」と聞いてみました。妹は「うん，とっても楽しみになった。大きい建物の中に何があるのか分かったし，先生も優しそ

完成した絵本

うな先生ばっかりだった。保育園と違って一人一つの机やロッカーがもらえるのも楽しみだし、早く小学校に行きたい！」と言いました。私はこの絵本を作るまでは、妹のことがとても心配だったけど、こんなに喜んでもらえて、入学するのが楽しみになった妹を見て、本当に絵本を作ってよかったと思いました。妹が「お姉ちゃん、この絵本保育園に持って行ってお友だちに見せてもいい？」と聞いてきたので、私は明日稲井先生に聞いてみようと思いました。そして、クラスのみんなに妹がこんなに喜んでいたことを伝えようと思いました。きっとみんなも喜んでくれると思います。

❹ 本物語を終えて

（1）本物語でのTAKT

T・A（他者・愛）

　本物語において想定した他者は、来年度入学してくる新1年生（現5歳児）である。兄や姉から聞いている場合を除き、小学校生活についてはほとんど知らず、新1年生は新しい小学校生活のスタートに不安を抱えていると推測され、その子たちの役に立てることを中心目標とした。そこで、他者（来年度入学予定の5歳児）や想定他者（5歳児になりきったクラスメイト）を読み手に設定することで、他者の世界を取り入れながら自分の世界（分かったつもり）を見直し、目標に到達できる学びの保障を主眼とした。

　この物語で育てようとした愛は2つである。一つは一緒に学ぶ、1年生の視点をとる想定他者である友だちへの愛であり、もう一つは他者として設定した新1年生への愛である。

　友だちへの愛は、共に1年間過ごしてきた学校生活について、それぞれが多面的に考えている。たとえば、好きな場所や思い出の行事の紹介として、様々な考えが出された。「○○さんの考え、役に立った？　使えそう？」と問い、使えそうな子どもに挙手をしてもらい、あなたの考えは役に立ったよと可視化した。このように子どもたちに友だちの意見をアセスメントしてもらい、参考になった、役に立てそうなど可視化することで友だちへの愛が表現されていっ

た。自分一人では思いつかなかった考えを，「ありがとう，アドバイスを取り入れるよ」と意思表示を媒介とすることで愛は育っていった。

　もう一つの他者と設定している「新1年生」については，新1年生が知っているようで知らない小学校生活を子どもたちが表現し，新1年生が持つ学校生活への不安を解消し，疑問に少しでも答えられることを期待した。考えを少しでも変更した新1年生の変容と反応を子どもが捉え，有用感を持てることで自分と新1年生の愛を感じることができた。

K・T（主な会話・対話）

グローバル型対話	ディベート型対話
・新1年生からの絵本の感想を踏まえた改善点の検証 ・休んでいた児童が初めて活動に参加したときのグループ内対話	・リハーサル（1年生同士） ・昨年の1年生作成ビデオ観賞 ・ルーブリック作成 ・グループ内でどのような内容で新1年生に表現するかの対話と作品の制作 ・自己評価，振り返り
イントロダクション型会話	文化構築型会話
・もうすぐ2年生，新しく入学してくる1年生にしてあげられることはないかとの話し合い	・小学校入学当時を思い出しての交流 ・絵本完成後，新1年生からの感想を聞いて，よかった点のまとめ

（2）TAKT授業で育んだ子どもの姿

教科との関連

■国語科との関連
1年間を振り返り，思ったことや考えたことを書く

■道徳との関連
新1年生に温かい心で接する

■音楽科との関連
新1年生に対して校歌や楽器を演奏し，録音する

■生活科としての学び
入学してからの1年間を振り返ったり，他者（来年度入学予定の5歳児）や想定他者（5歳児になりきったクラスメイト）と関わりを深めたりする活動を通して，1年前の自分と今の自分を比べたり，支えてくれた人々との関係を見つけたりして，自分自身の成長や，役割が増えたことに気づくとともに，支えてくれた人への感謝の気持ちと，進級への期待感や意欲をもって生活しようとすることを学ぶ

■道徳との関連
新1年生のために教室をきれいにする

■図画工作科との関連
新1年生のためにメッセージカード書いたり，プレゼントを作ったりする

TAKT 授業で育んだ子どもの姿

　教師の様々な支援（子どもたちが選べる教材の準備，会話・対話の子どもの意見を取り入れた適時の設定，表現のデザインに活用できる様々なツールの設定等）の結果，世界に一冊しかない絵本『1ねんいぐみの1にち』が完成した。幼稚園からもお礼の DVD が届き，そこには絵本を読んで入学を心待ちにしている園児の姿が見られた。新年度となり，新2年生として1年生を学校探検に案内する当日，教室でこの絵本を読み聞かせし，その後1年生の教室に置かせてもらうこととした。幼稚園ですでに読んでいる子からは「この本知ってる！」との声が上がり，初めて読む子たちにも喜んでもらうことができた。その後も教室で繰り返し読む姿が見られた。このこともあって新1年生が不安なく小学校生活をスタートすることができ，そのための手助けを自分たちでできたのだという「新しい自分の発見」にもつながった。

　また，自分たちで学びをデザインできたという効力感はこれからの知識・情報経済基盤社会を生き抜く子どもたちに自信を与え，これから必須のリテラシーを身につけていくものだと考える。

《参考文献》

川島俊生（2010）．1ねん1くみの1にち　アリス館．

◆藤倉先生からのメッセージ

　この物語ではいい意味で，我々の低学年に対する発達観が覆されました。今まで我々には，1年生について，自分から考えることは苦手であり，様々な学習を手続き化して教え込まないといけないという先入観がありました。しかし本物語で子どもたちは，そんな我々の「常識」を裏切り，自分たちの説明を聴く・読む他者の立場に立ち，相手が納得し安心できる方策を考えるという高度なメタ認知を発揮しました。このメタ認知は，新しい学校生活を前にする他者の疑問や不安を予測し，それらを解消すべく準備した「図書館の使い方」「給食の配膳の仕方」「机の中の整理整頓の仕方」などの説明内容（幼稚園の子どもたちが，QR コードで制作された関連動画にアクセスできるようにもした）によく表れています。

　今まで我々が当然のこととして実施してきた，子どもたちに学習の手続きを指示し，その指示通りにやらせるだけの工業生産モデル型の教育では実現できなかった内容といえるでしょう。これは子どもたち自身がかつて不安だったことをもとに，会話／対話を通して思考を深め，相手が安心する方策と具体的事実を創り出した物語といえます。本授業を支援する中で，低学年の子どもたちの能力の高さを，改めて認識できたことは，我々にとって大きな学びとなりました。

◆田島先生からのメッセージ

　一般的には，他者視点をとることが難しいと考えられている小学校低学年の子どもたちですが，対話の必然性が高い課題状況を設定し，また教員が適切な支援を行うことで，異質な他者との対話がここまで豊かに展開できることが分かりました。幼稚園

児の視点を想像しながら，自分たちの熟知する世界を説明するという対話は，自分たちの知識の「分かったつもり」を自覚することの連続だったようです。子どもたちにとって，知的にはかなり苦労の多い授業だったと思います。しかし私が訪問した時の授業でも，子どもたちは本当に真剣に批判的コメントを交わし合い，対話を楽しんでいるようでした。否定的評価を行うことは決して人格攻撃ではなく，みなで取り組む課題の質を向上させ，読み手である他者のためになる大切な要素であると体感できたことは，将来，グローバル化された社会で仕事をする子どもたちにとって，貴重な学習機会になったと思います。

◆武元先生からのメッセージ

　小学1年生から他者との対話を行うという，貴重な機会を提供した授業だと思いました。相手の視点に立って，自分の発言内容をコントロールするという大人でも困難なコミュニケーションを，実際に小学1年生ができていたという事実に驚きました。またこの対話が，不安を抱える他者である新1年生に向け，不安を解消して小学校生活を楽しみにしてもらえるという公益を目指したものであった点も重要です。この公益に向け，自分たちの普段の生活という視点と，それを知らない新1年生という視点の間をヤジロベエのように揺れ動きながら，そして聞き手の目線を意識し互いに批判を行いながら，相手に満足してもらえるような学校紹介の本を作成しました。

　実はこういった「正解」のない課題（あえていえば「正解」を他者と創り上げる課題）に取り組むことは，我々ビジネスパーソンも日常的に行っていることです。またその過程で，組織内のスタッフと顧客の立場に立って批判的に自分たちのサービスや商品について議論を行うことも大切なプロセスです。その意味で本授業の子どもたちは，大人となり，VUCA状況となった実社会であっても発揮される実践的な能力を学んだものと考えます。

3章

コロナウイルスとの物語

大阪市立橘小学校　第3学年21名（令和2年11月〜令和3年2月）

富﨑直志

1 あらすじ

「私，9年しか生きてへんし，まだ死にたくない！」

　この物語は，「私」が友だちと対話し，互いの考えにアセスメント評価を与えながら最適解を導き，新型コロナウイルス（正式名称はCovid-19ですが，3年生の子どもを対象とするため以下「コロナ」「コロナウイルス」と表現）という未知の脅威の姿を暴いていくお話です。

　コロナウイルスが本格的に流行し始めたころ，青原さんはマスクの着用や休み時間の外遊び禁止など，大人に言われるがまま不自由な生活を送っていました。ある日，コロナウイルスについて知っていることをクラスでまとめると，ウイルスの姿や特徴，その怖さなど，考えれば考えるほど分からないことばかりでした。みんなも同じ思いだったので，コロナウイルスについて勉強することになりました。休み時間の様子を見ると，低学年が私たちよりもっと心配だから，みんなで勉強したことを動画にまとめ，低学年の友だちに教えることにしました。いざ調べてみると，難しい言葉が多く，資料によって違う考え方もあります。それぞれが調べた内容や意見をまとめ発表し，得た情報が私たちにとって最適か，一つひとつ友だちとの対話を通してコロナウイルスを理解していきました。そして動画づくり。私たちの学びを低学年に教えるには，どんな物語にすればいいのだろう。みんなで悩んでいたそのとき，岡さんが言いました。「コロナウイルスを『泥棒』にたとえたら，分かりやすいんちゃうん……」。

　子どもたちが「低学年」という他者に寄り添いながら構成を考え，物語を紡ぎました。さて，どのような動画が完成したのでしょうか。

全6話（16時間程度）
第1話「新型コロナウイルスについて知りたいことをまとめよう」　3時間程度
第2話「新型コロナウイルスについて調べよう」　6時間程度
第3話「新型コロナウイルスについて分かったことを教え合おう」　2時間程度
第4話「低学年の友だちのために学びの成果を動画にしよう」　5時間程度

---

❷ 本物語のファーストデザイン

　本校は，大阪市西成区の中央部に位置し，全校児童300人程度の小・中規模校である。本実践は，全国に新型コロナウイルス感染症による緊急事態宣言が断続的に出されていた2020（令和2）年11月，ワクチンすら開発されていなかったころに実践したものである。子どもたちは4〜6月は登校できず，分散登校を経てようやく毎日学校に通うようになっていた。休み時間もいわゆる三密を避けるために全員運動場に出ることができず，子どもたちは不自由かつ緊張を強いられる状況であった。

　コロナウイルスは未知のウイルスであり，たくさんの情報はあれど正解は存在せず，さらにその姿や社会に与える影響，それに対する人の思いは日々変化している。コロナウイルス対策のような正解を持たない事象について学ぶには，自分が知り得る範囲の情報だけでは偏った理解につながるかもしれない。したがって，異なる環境や思考を持つ他者との対話，他者によるアセスメント評価によってより妥当な解を導き出していく過程が必須となる。他者と対話によって成り立つ学びの実現を目指し，総合的な学習の時間で感染症対策について考える「コロナウイルスとの物語」を主題とした。この物語を作る活動は，子どもたちがコロナウイルスに対して，大人に言われる通り「他律」によって行動している自分に気づくことから始めた。自律的な思考判断はなく，行動のもととなる知識も「よう分からん」自分たちに危機感を覚えることで，初めて子どもたちが自律的に学ぼうと動き出すことをねらった。学びの宛先は，保護者か低学年の子ども（きょうだい関係を含む）など，身近な他者に設定されることを想定した。身近ゆえ相手の思考へ寄り添いやすい，相手の感染が直接自分に影響がある点から，子どもたちが学ぶ価値を見出しやすいと考えた。

❸ 物語

第1話「新型コロナウイルスについて知りたいことをまとめよう」　3時間程度

> 物語性：新型コロナウイルスに対して他律で，知らないことが多い自分たちに気づく
> 　　　　物語
> 　　　　自分たちだけでなく身近な他者を守るために学んでいく物語
> 道具性：黒板，ホワイトボード（子どもの気づきや疑問を可視化，構造化するツール）
> 身体性：子どもの気づきや疑問を傾聴するマインドセット（心のあり方），および身体
> 支援性：子どもの気づきや疑問を可視化・構造化し，板書することで子どもの思考の
> 　　　　整理を支援する
> 関係性：①イントロダクション型会話「提案，話題の整理，言葉の意味の定義」

> ②文化構築型会話「学びのプロセスや学習内容の構成」
> ③グローバル型対話「新型コロナウイルスについて互いに知らないことを議論する」

①「コロナのこと，ちょっとは知ってるけどよう分からん」（青原さんの物語）

ある休み時間，外に出るたびに手を洗うことが面倒に感じた私は，「なんでこんなことせなあかんねやろ」と愚痴をこぼしました。一緒に手を洗っていた岡さんが「手にウイルスがついていたらうつるからやろ」と答えました。「そんなん知ってるけど，ほんまにこんなんでウイルス防げるんかなあ」と返すと，岡さんが「けど手洗わんかったら，先生に怒られるで」と，富﨑先生をチラリと見ながら言いました。

すると，富﨑先生は私と岡さんに「コロナウイルス，怖い？」と聞いてきました【物語性】。私は「コロナのこと，ニュースとかママが言っててちょっとは知ってるけど，正直よう分からん」と答えました。岡さんも横でうなずいています。富﨑先生はそんな私たちの様子を見て，「よく分からないコロナのためにいろいろ制限されるのは納得いかんよなあ。一回クラスでみんなの気持ち聞いてみよか」と提案しました【支援性】。

②新型コロナウイルスについて，知っていることと知らないことをまとめよう（長元さんの物語）

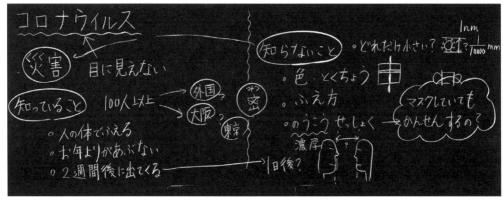

知っていることと知らないことを黒板で整理

授業が始まると，富﨑先生が，青原さんと岡さんの会話を紹介してくれました【物語性】。私は特に疑問も持っていなかったから，そんな考え方の人もいるんだと思いました。

富﨑先生が「コロナウイルスについて，知っていることって何ですか？」と聞いてきました【関係性①】。友だちは「目に見えない」「人の体の中で増える」「お年寄りが（感染によって）あぶない」など，たくさん知っていることを発表していきます。岡さんが「100人以上コロナにかかっている」と言ったとき，私は「その100人って，大阪の人なん？　それとも外国で？」と手を挙げて聞いてみました【関係性③】。岡さんは「そこまでは分からん」と首をかしげな

がら答えました。富﨑先生は，新たに黒板に「知らないこと」と書いて，岡さんの意見と私の疑問を結びました【道具性】【支援性】。すると，他の友だちが「（コロナの発症は感染から）2週間後って言ってたけど，私，1日後に発症することもあるって聞いたで」と疑問を出しました。えっ，どっちが正解なんやろ。今私が知っていると思っていたことに自信がなくなってきました。そういえば，マスクをすればコロナを防ぐことができるといわれているけど，これも本当なのだろうか。そこで，「みんなマスクをしていても，コロナウイルスに感染することってあるの？」と思いついた疑問を発表してみたら，青原さんが「ほんまや。みんなマスクつけてるのにコロナ広がってるやん。効果ないんちゃうん」と言ってくれました。富﨑先生が，「今の長元さんと青原さんの意見が参考になった人」と聞くと【支援性】，クラスで半分以上の人が手を挙げてくれました。私は，答えじゃなくて分からないことを発表してもいいんだ，と思いました。

　友だちからも「ウイルスってどれくらい小さいのかな？」「どうやってコロナウイルスは増えるんだろう？」など，たくさん知らないことが出てきて，授業が終わりました。知っていることよりも，知らないことが多いことが分かって，ちょっと不安になりました。

③ 「とりあえず，やっとこか」からの脱出（岡さんの物語）

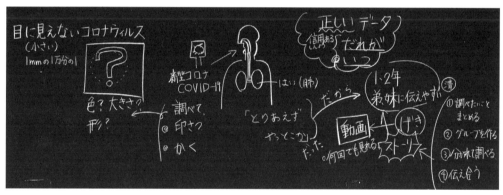

コロナウイルスのことを誰に，何を使って伝えようか

　私と青原さんの愚痴から始まった，コロナウイルスについての学習。私も友だちも，実はウイルスについてよく知らないことが分かりました。前の授業で長元さんが言っていたように，マスクする意味がないなら外したいなあ，と少しモヤモヤしながら，配られたプリント（前時の振り返り）【道具性】を見ていました。

　よく私たちの授業を見に来てくれている藤倉先生が，「今，自分たちがやっている感染症対策について，どう思う？」とクラスのみんなに聞きました【関係性①】。みんなはしーんと，考え込んでいる様子です。藤倉先生も，静かに待っています【身体性】。手洗いやマスクでウイルスを防げているか見えないけど，先生や大人はやれって言うし……私は，「とりあえず，やっとこかって感じ」と正直に答えました。すると，藤倉先生は「どう？」とクラスのみんな

を見渡します【支援性】。すると，たくさんの友だちもうなずいています。藤倉先生は「これが子どもの正直なところやなあ」と笑いながら黒板に私の意見を書きました【道具性】。続けて藤倉先生が「今のこの状況で，自分や大切な人の命を守ることができる？」とみんなに聞くと【物語性】，すぐに青原さんが「無理や！　私たった9年しか生きてないのに，死ぬのはいやや！」と叫びました。少し笑いが起きながらも，私も同じ思いなのでうなずきました。こうして，私たちはコロナウイルスについて勉強することになりました。

富﨑先生が，「この学びを，最後は誰に役立てたい？」と私たちに聞いてきました【物語性】。少し間があって，氏里さんが「私はコロナのことを弟や妹に伝えたい」と提案しました。氏里さんには幼稚園に通っている弟と妹がいて，よく手を洗うのをさぼったり，マスクも忘れたりするので心配なのだそうです。私にも1年生の弟がいます。あのやんちゃな弟がコロナの説明なんか聞いてくれるんかなあ，と不安でしたが，私は氏里さんの意見に賛成しました。クラスの友だちも納得した様子でした。

富﨑先生が「じゃあ，低学年のお友だちにコロナウイルスについて教えるために，どう勉強を進めていこうか」と聞いてきました【関係性①】。「まずコロナについて調べよう」「プレゼン作って家で見せたらええんちゃうん」と，いろいろな意見が出てきます。そこで青原さんが，「前に総合（的な学習の時間）で災害について勉強したときの順番で勉強したら分かりやすいんちゃうん。あ，これこれ」と，教室の掲示を指さしました【道具性】。富﨑先生も「どう？」とみんなの反応を見ながら【身体性】，黒板に書いています【道具性】。

でも，私はそもそも弟が難しい話を聞くかどうか，引っかかっています。そのとき，富﨑先生が「どんな方法で低学年の友だちにコロナウイルスについて説明すればいいんかなあ」と悩んだ様子で言いました【身体性】。せやねん，先生。真面目に発表をしても弟には難しいし，おもろないよなあ。じゃあ，おもしろくしたら……「そうや！　劇にしたら，話だけじゃないから分かりやすいし，おもしろくできるんちゃうかな」と提案してみました。「それええやん！」「おもしろそう！」とクラスメイトも乗り気です。さらに，氏里さんが「それやったら，劇を動画にしたらええやん。後で何回も見返せるし，タブレット使ったら家で見せられるやん」と提案しました。ユーチューバーみたいに編集できるし，おもしろくなりそう！　弟も見てくれそうな気がする！【物語性】　こうして，コロナウイルスについて劇にして，それを動画にまとめることになりました。

◆富﨑先生の悩み

「みんなはしーんと，考え込んでいる様子です」と文章にありますが，子どもたちの沈黙に耐えられず，つい教師側の思考に沿った提案をしてしまいそうになります。子どもたちが思考している場面をさえぎらず「待つ」ことや，話題の交通整理をすることで思考しやすくする等，子どもの思考を保証するための支援をできるように，日々苦労しています。もちろん失敗も多々あります。

④私たちが知りたいことを仲間分けしよう（方川さんの物語）

①ホワイトボードに子どもたちが書いた「知りたいこと」を貼る。
②子どもたちが，似た内容を仲間分けする。
③まとめた「知りたいこと」を黒板に移し，仲間分けの吟味を行う。

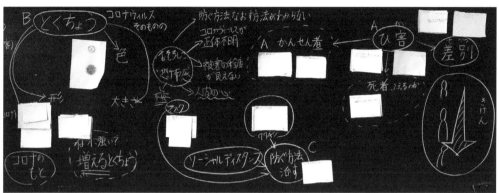

　富﨑先生が「自分が何を調べたいか，はっきりした？」とみんなに聞いてきました【物語性】。私は調べたいことがいろいろありすぎて選びきれず，悩んでいました。私と同じように首をひねっている友だちもちらほらいます。その様子を見て，富﨑先生が「どうしようか悩んでいる人もけっこういるみたいやし，一回自分が何を調べたいか，思いついたことを紙に書いて整理してみよか【道具性】」と提案してきました【支援性】。「先生，何枚書いてもいいん？」と質問してみると，「もちろん。いっぱい思いついたら，誰かの参考になるやん」と先生が答えました【支援性】。一つに決めなくていいなら気楽やな。私は思いつくまま書くことにしました。

　目に見えないコロナウイルスに形ってあるのか知りたいし，どうやってコロナウイルスが増えるのかも気になります。私が紙を2枚取って書いていると，長元さんは1枚の紙を目の前に悩んでいます。富﨑先生は，「書けた人から先生のところへ持ってきてくれたらホワイトボードに貼っとくで。友だちの考えを参考にしたい人は見においで【支援性】」と，ホワイトボードに友だちの意見を貼り付けていきます【道具性】。長元さんはすぐにボードの前に移動して紙を読んでいます。私も友だちがどんなことを書いているのか気になって，ボード前に行くことにしました。

　すでにボードが埋まるほど調べたいことが貼られています。あれっ，「コロナは何から作られている？」「コロナはどうやって生まれた？」って，よく似てる。「先生，この2つの質問，『コロナの正体』でつながってるやん」と先生に言うと，「ほんまや！　これだけいっぱいの疑

友だちの考えをつなぎ，学ぶ観点を見出す活動

問やと，いっぱいつながりがあるようやな」とボードを眺めています。「じゃあ，私，同じような意見まとめてつないでみるわ」と提案してみると，「おもしろそうやなあ。やってみ」と先生も乗り気です【関係性②】。私は，近くで友だちの考えを読んでいる長元さんに声をかけて，一緒にボードを整理することにしました。みんなも協力してくれて，ホワイトボードが狭くなったので，黒板を借りて磁石で貼り付けました。

　だいたいまとめ終わったときに，先生が「ここには何がまとめてある？」と黒板に貼られた紙の束を指さしながら私に聞きました。「そこは形について」，「じゃあここは？」「そこは色」，「ここは？」「大きさ」といくつか聞いた後，「大きさ，色，形，これって似てない？」と，先生がみんなに問いました【関係性②】。……大きさ，色，形。何という言葉でこのつながりを言い表せばいいんだろう。私も含めて，みんな考え込んでいます。しばらくして，岡さんが手を挙げました。「コロナの，もと？」先生は「コロナの，もと。どう？　みんな」と聞き返してきます【支援性】。ううん，何かしっくりこない。すると氏里さんが「コロナの，特徴？」と発表しました。妻夫木さんがすかさず「あ，それ分かりやすいかも」と食いつきました。私の中でもちょっとしっくりとくる言葉です。「コロナの特徴。どう？　みんな」と先生が聞き返すと【身体性】，数人がうなずいています。すかさず青原さんが「コロナが熱に強いか，って，それもコロナの特徴やん！」と黒板の他の部分を指さしました。ほんまや，「特徴」っていう言葉でコロナの形や色，大きさ，熱に強いかどうかもまとめられるんだ。他にも「特徴」でつながる言葉，ありそうやな。

　そこで藤倉先生が，「コロナの特徴，という言葉はとても広い意味があるねん。だから，コロナウイルスそのものの特徴，という言葉にしよか」と提案しました【関係性①】。続けて富﨑先生が，「他にも，この黒板にあるみんなの疑問につながりってあるかな」と黒板を指さして言いました【支援性】。黒板を使いながらみんなで意見を出し合って，感染者や死者については「被害」，マスクやワクチンは「（防ぐ，治す）方法」という言葉でまとめることになりました。「特徴」「被害」「方法」という3つの言葉で，みんなの疑問がだいたいまとまったので満足しました。すると中南さんが，「コロナの特徴が分からへんから怖いし，被害があるから怖いし，防ぐ方法が分からへんから怖い。その3つの言葉，『怖い』でつながってるやん」と指摘しました。「誰が怖いの？」と，すかさず藤倉先生。「私」「みんな」「人間」とみんなが口々に返します。「じゃあ，コロナの特徴，被害，防ぐ方法を知ることができれば，君たち，人は？」……少し間をおいて，岡さんが「怖くなくなる」と答えました【物語性】。確かに。

コロナについて勉強すると，このコロナへの不安がましになるかもしれへん。これからコロナウイルスについて，勉強する意味が少し分かった気がしました。

◆藤倉先生の補足

　　子どもが自分たちの力で学ぶ観点「特徴」「被害」「方法」を見出しました。これは，医学的には生理学的性質，病理学的性質，免疫学的性質，衛生学的性質とそれに基づいた行動規範の立案，人権的見地とその対応など，多岐にわたる事象を実生活に基づいた枠組みで整理し，理解していく基盤を構築しています。

第2話 「新型コロナウイルスについて調べよう」　6時間程度

物語性：新型コロナウイルスについて情報を集め，友だちとの対話によって最適解を
　　　　見つける物語
道具性：タブレット（情報検索，プレゼンテーション），図書館の本，新聞（活用でき
　　　　る情報の提供），黒板，ホワイトボード（情報のメモ，共有，構造化），画用紙
　　　　（情報の表現，まとめ）
身体性：子どもの学びや気づきを促進できる他者としての身体
支援性：子どもの関係や対話をつなぐ支援
関係性：①グローバル型対話「未共有，未知の事柄を扱う説明」
　　　　②文化構築型会話「共通の問題を解決するための会話」

---

①本を読んでいたことが，役に立った（石本さんの物語）

　私はずっと生き物が大好きで，コロナウイルスは怖いけどとても興味がありました。最近，お母さんにウイルスについての本も買ってもらったぐらいです。私は特にウイルスの姿が気になるから，「コロナそのものの特徴」を調べることにしました。

　コロナウイルスの画像を検索してみると，たくさん写真が出てきます。形はいぼいぼのついた丸みたいなのだけど，色がオレンジの写真もあれば，白黒なのもあったり。コロナウイルスって結局何色か，写真を見ただけでは分からへん，と考えていました。すると，富﨑先生とタブレットに書いてあることがよく分からない青原さんが「石本さん」と近づいてきました【支援性】。普段あまり話したことがない青原さんに話しかけられて，私はびっくりしました。「どうしたん」と聞き返すと，「ここにコロナウイルスの特徴が書いてあるっぽいねんけど，言葉が難しすぎてわからへんねん」と，タブレットを指さしながら困った様子で尋ねてきました【関係性①】。どこかの研究所のサイトで，確かに「エンベロープ」とか，「スパイクタンパク」とか，私も分からない言葉がいっぱい。でも，これは私も調べようとしているコロナウイルス

調べ活動に適した環境デザイン
（子どもにゆだねる）

の形の説明だというのは分かります。「じゃあ，私読んでみよっか」と青原さんに言うと，青原さんはぱっと明るい顔になって，「ありがとう，頼むわ！　分かったら内容教えて」とタブレットを置いて，他の調べ学習に向かいました。文章を読み進めてみると，コロナウイルスの形について詳しく書かれてありました。エンベロープはウイルスの膜状の構造，スパイクタンパクはウイルス周りのいぼいぼで，人間の細胞と結合する……と書いてあります。しばらくすると青原さんが戻ってきて，「石本さんありがとう！　どんな感じ？」と聞いてきました。お母さんから買ってもらった本の絵に分かりやすいのがあったので，私はそれを使って説明を始めました。「ここがエンベロープっていって，ウイルスの膜……」「膜って何なん？」とすかさず青原さん

のツッコミが入ります【関係性①】。「何かこう，薄くて包んでいるもの，みたいな」「ああ，なるほど！　ウイルスにも皮があんねんな」。皮，という言葉を聞いて，私もすごい納得しました。「で，これがスパイク蛋白っていうらしくて，人間の細胞と結合……ひっつくらしいねん」「うわ，ウイルスひっつくとかめっちゃ嫌やん！　でも，この細胞って何なんやろ」。そう聞かれると，そういえば細胞とは何か，人の体を作っているもの……ぐらいで，私もよく分かっていません【物語性】。「私もちゃんと分かってないから，調べてみるわ」「何かコロナウイルスのこと，少しイメージできてきたわ。ありがとう！　また聞きに来るわ！」と，青原さんはタブレットを持ってまた他の調べ学習に向かいました。

　青原さんがまさか私に聞きに来るとは思ってなくてびっくりしたけれど，役に立てたみたいでうれしかったです。青原さんのツッコミのおかげで，私も細胞について調べなきゃと気づけました。普段から好きで本を読んでいるけど，役に立ってよかったなあ。

◆富﨑先生の思い
　青原さんは，まず私に「文章が難しいから文章が理解できない」と相談してきました。子どもたち同士でグローバル型対話が起こるように，「石本さんやったら読めるんちゃう？」と，予備知識と読解力のある石本さんを紹介することで支援しました【支援性】。

②絵を描きながら新型コロナウイルスに迫る（西平さんの物語）

　私はパソコンがあまり得意じゃないから，コロナウイルスについて調べたことを，矢木さんと一緒に絵に描いてまとめることにしました。

コロナウイルスの表情と感染する過程のイラスト化

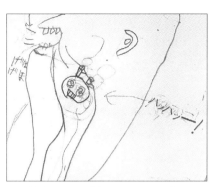

対話による最適解をイラストに表現

　まず，コロナウイルスの姿を，友だちから特徴を教えてもらいながら描きました。コロナウイルスは怖いから，さらに怖い顔にしてやろうっと，と描き込んでいると，矢木さんが「こいつの口に入ってやる！」とコロナウイルスにセリフをつけました。じゃあ，コロナウイルスが口に入るきっかけとして，マスクを忘れたということにして……と，矢木さんと盛り上がって漫画みたいにまとめていきました【物語性】。富﨑先生が，「なるほど，漫画みたいにまとめると，体の中の様子も見えるし，物語みたいで分かりやすいなあ。そういえば，コロナウイルスって体のどこで増えるん？」と聞かれました【関係性①】。私も矢木さんも答えは知りません。えっ分からん，と考えていると，矢木さんが「ウイルスって口から入ってくるんやろ。じゃあ次はどこに行くんやろ」と，絵の口から喉を指でなぞりながら言いました。そういえば喉って，風邪をひいたら痛くなるやん。ひらめいた私は，「コロナウイルスって喉で増えるから喉が痛くなるんとちゃうん」と矢木さんに提案してみると【関係性②】，「ああ，なるほど！」と納得しながら，喉にとげとげ（スパイク細胞）を引っかけているコロナウイルスを描き込んでくれました【道具性】。調べ学習を進めると，私たちの予想通り，コロナウイルスが喉で多く増えるという情報が見つかりました。ほらっ，私たちの描いた漫画が合っていた！　と矢木さんと喜びました。この漫画を，みんなに発表するときも使おうっと。

第3話 「新型コロナウイルスについて分かったことを教え合おう」 2時間程度

物語性：新型コロナウイルスの正体を，自分の学びと友だちとの対話によって紡いでいく物語

道具性：タブレット，画用紙，黒板（情報整理，共有），ホワイトボード（情報の共有，構造化）

身体性：子どもの気づきや調べた情報を紡げるように支援する身体

支援性：子どもの関係や対話をつなぐ支援

関係性：①ディベート型対話「他者（小さな弟妹）を想定した批判的なプレゼンの吟味」

②文化構築型会話「コロナウイルスモデル図の構築」

③グローバル型対話「コロナウイルスモデル図を通した，互いの知らない情報の批判的吟味」

①弟と妹にコロナの怖さを教えるために（氏里さんの物語）

私には幼稚園に通っている弟と妹がいます。弟と妹をコロナウイルスから守るために，まずは自分がコロナウイルスについて詳しくなれるように，勉強を始めました【物語性】。友だちと協力しながら調べて，コロナウイルスの姿がずいぶんと分かるようになってきました。学びをプレゼンテーションにまとめているとき，妻夫木さんが「調べたこと，ちょっと見せて」と声をか

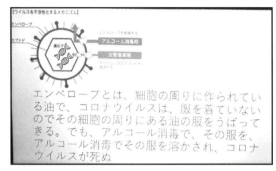

コロナウイルスの表情と感染する過程のイラスト化

けてきました。熱心に読んでくれていた妻夫木さんが「今教えてくれてるようなこと，低学年は分からへんのんとちゃうん」と，つぶやきました【関係性①】。ほんまや。学校では低学年に伝えるのを目標にしているし，私は弟と妹に教えたい。小さい子に伝えるためにはどうすればいいんだろう。そういえば，岡さんが「低学年に伝わりやすいように（学んだことを）劇にすればいいやん」と言っていたなあ。私一人で劇はできないから，紙芝居みたいにまとめたら分かりやすいかも。妻夫木さんに提案してみると「そのほうが絶対わかりやすい！」と好反応だったし，近くで私たちの話を聞いていた富﨑先生も「そんなことできるんか！　楽しみやな

【氏里さんがまとめたコロナウイルスの特徴】

❶コロナウイルスが
　細胞に侵入

❷コロナウイルスが
　細胞を攻撃

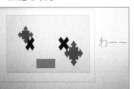

❸細胞が死ぬ

❹エンベロープを奪って
　次の細胞へ

❺嫌がるウイルスたち

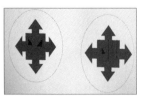

❻アルコール消毒でエンベロープ消失
　（感染不可に）

❼手は安全に

あ」と言ってくれた【支援性】ので，チャレンジしてみました。絵とセリフを使って，コロナウイルスの増え方と，アルコールによってコロナウイルスから身を守れることをストーリーにしてまとめました。

　友だちに発表したとき，富﨑先生が「このプレゼンを見て，参考になることがあった人」とみんなに聞きました【支援性】。「細胞やウイルスに顔があるから，何が苦手とか，ピンチとか，よく分かる！」「絵のほうが一目で分かりやすい。低学年に見せるのに向いてると思う」など，たくさんの友だちが認めてくれました。弟と妹に説明することに自信が持てました。

②コロナウイルスって，結局どんな姿？（方川さんの物語）

　私は，コロナウイルスの姿が気になってインターネットで調べてみましたが，写真ははっきりと姿が写っておらず，図も低学年に説明するのには難しすぎます。発表の時間に，クラスのみんなに相談することにしました【関係性①】。「低学年も分かりやすいコロナウイルスの絵が見つからへんねん」とクラスに呼びかけると，富﨑先生に「まず方川さんがイメージするコロナウイルスって，どんな感じか絵に描いてみて」と言われました【道具性】。写真だと，周りがブツブツの丸い形で……とホワイトボードに描いていたら，岡さんが「私も描く！」と横で描き始めました。岡さんの描くコロナウイルスはいっぱいいて，手をつないでる様子でし

ホワイトボードを介しての対話

た。「何で，岡さんの描いたコロナウイルスって手つないでるん？」と尋ねると【関係性③】，「コロナウイルスって1匹じゃなくて，めっちゃ数が多いらしいねん。それを描こうと思っててん」と説明してくれました。それを聞いた矢木さんは，「このウイルスの周りのとげとげって，人の体に入り込むためのものらしいで」と，頭に2本角のようなものをつけたウイルスを描き始めました。「この角って何なん？」と聞くと，「体の中に入ってくるための鍵」と答えました。なるほど，コロナウイルスは体中に鍵を持っているから人の体に入ってこれるんだ，と，私は絵を見ながら納得できました【物語性】。それを聞いていた青原さんが，「さっき石本さんから聞いてんけど，コロナウイルスって体の中に自分たちの設計図（RNA）を持ってるらしいで。それ，どう絵に描いたらええやろ」「絵にすると設計図はややこしいなあ」「ウイルスのおでこに貼ったらええんちゃうん」。たくさんの意見をまとめて青原さんが描いた絵が，私にもしっくりときました。みんなで勉強したことが詰まったこの姿が，低学年に説明するときに使いやすいし，私たちにとってのコロナウイルスでいいと思いました【関係性②】。

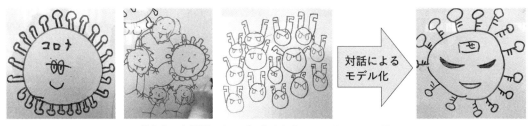

絵を介した対話からモデル化されたコロナウイルスの姿

◆富﨑先生の思い

　たとえばコロナウイルスや空気，化学変化のように，見えないものについて議論するときは絵やモデル図で可視化すると理解が深まります。教師の役割としては，「この手みたいなのは何？」「何でウイルスをいっぱい描いたの？」等，絵によって可視化された子どもの思考を読み取れるように支援することと考えます。

第4話 「低学年の友だちのために学びの成果を動画にしよう」　５時間程度

　物語性：低学年の子どもに心を寄せ，対話によって学びの成果を再構築する物語
　道具性：タブレット（動画撮影），ホワイトボード，黒板（学びの再構築先，劇の台本）
　身体性：子どもの意思や願いを汲み取り支援する身体
　支援性：子どもの学びを低学年向けの劇に表現するための支援（言語化，場面構成）
　関係性：①イントロダクション型会話「提案，学習内容の整理」
　　　　　②ディベート型対話「他者の視点を想像した動画のセリフや映像の吟味」
　　　　　③文化構築型会話「コロナ物語の感染モデルの構築」

①新型コロナウイルスが人体に感染する様子を劇にしよう（岡さんの物語）

　コロナウイルスの「特徴」，「被害」，被害を減らす「方法」についてみんなで勉強して，ず

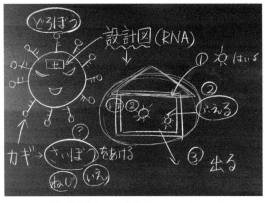

子どもが考えたコロナウイルスの感染モデル

いぶん分かるようになってきました。次は，みんなで勉強したことを劇にする計画です。
　富﨑先生は，まず「特徴」「被害」「方法」の３つの例を黒板に並べ，「３つの内容をどの順番で低学年に説明すれば分かりやすいかな」とクラスに尋ねました【関係性①】。「最後に安心したいから，防ぐ方法を最後にしよう」「最初にコロナウイルスの特徴が分かれば，後の２つの内容も分かりやすいんじゃないかな」と意見が出て，すんなりと特徴，被

害，方法の順番に劇を作ることになりました。

　次に，コロナウイルスの特徴をどのように劇にするのかを考えることになりました。どんな物語にしたらいいんだろう。登場人物は？　お話の内容は？　見当もつきません。しばらくクラスがガヤガヤしていると，富﨑先生が黒板にみんなで作ったコロナウイルスの絵を描き始めました【道具性】【支援性】。「このウイルスの周りについているのは，何？」と富﨑先生が聞くと，すぐに矢木さんが「鍵」と答えました。「何をするための鍵？」と先生が続けて聞くと，「細胞の中に入るための鍵」と石本さんが即答しました。すると，多田さんが思いついたように手を挙げました。「細胞に鍵を開けるドアがあるんやったら，細胞を家にしたらええんちゃうん」。富﨑先生は，ふむふむと言いながら黒板に家の絵を描いていきます。氏里さんも似たような絵の紙芝居を作っていたなあ。家の鍵を開けて入ってくる悪者……そうや！　私はひらめきました。「先生，コロナウイルスを泥棒にたとえたらお話にならへん？」と提案すると【関係性③】，クラスで「おおー」と声が上がりました。「じゃあ，泥棒が家に入ってきて，服盗んで出ていく，みたいな話にしたらええやん！」と青原さんが私の意見の続きを考えてくれて，みんなも賛成してくれています。弟が楽しんで見れる動画ができそう！　撮影がとっても楽しみになってきました【物語性】。

コロナウイルスの感染・増殖のストーリー

◆富﨑先生の回想
　「鍵」というイメージから家，泥棒，とコロナウイルスの持つ事実に矛盾のない物語が子どもたちによって紡がれていく様子が，本当にわくわくした瞬間でした。固定概念を持たず，自律的な子どもたちだからこそ創作できた設定だと思っています。

②低学年の友だちが分かる物語を撮影しよう（張村さんの物語）

　私は，以前長元さんが抱いていた「マスクをしていても，コロナに感染するの？」という疑問が気になり，主にマスクの役割について調べました【物語性】。同じグループの友だちと，「私（マスク）は体の小さいウイルスは防げません。だけど，ウイルスがたくさん入っている飛沫を防ぎます」というセリフをこの場面に作りました。そして，私自身がマスク役になることができました。いよいよ撮影の場面で，富﨑先生が黒板に場面の台本を書き，「このセリフでいい？」とみんなに聞きました。少し沈黙の後，「飛沫って言葉，難しくない？」と古田さ

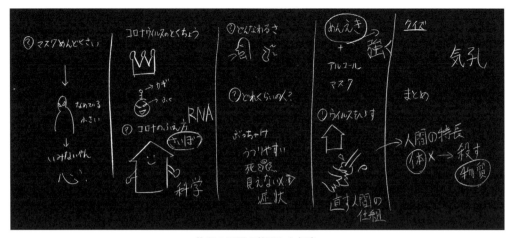

物語の展開を整理した板書

んがつぶやきました【関係性②】。私たちのグループでは普通に使っていた言葉だったので驚きました。「古田さんが飛沫という言葉が難しい，と。どう？」と富﨑先生が聞き返してきます【身体性】。私は正直難しいと思わないので，どうふるまっていいのか分かりません。見てみると，グループの友だちも首をひねっています。すると，「低学年の子が分からなあかんのんとちゃうん」と，多田さんが言ったときに「あぁ」と思わず声が漏れました。確かに。私たちが分かっても低学年の子に伝わらな意味ないやん，と納得しました【物語性】。「じゃあ，なんて言葉に言い換える？」と先生が聞くので【支援性】，「つばのかたまり……つば，でええんちゃうん」と私が提案すると，古田さんが「それやったらすぐ分かる！」とすっきりした様子でした。友だちに意見を言ってもらって，より納得できるセリフができました。

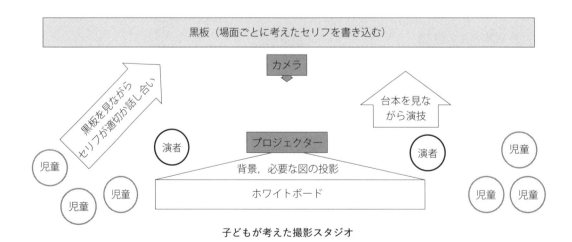

子どもが考えた撮影スタジオ

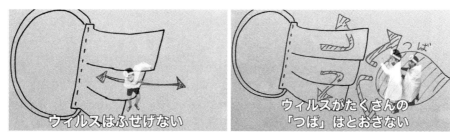

ウィルスはふせげない

ウィルスがたくさんの「つば」はとおさない

対話によって修正されたセリフの場面

③動画を作ってよかった！（青原さんの物語）

　時間をかけて，みんなとコロナについての動画を作り上げることができました。一度完成したと思った動画も，みんなでもう一回通して見ると，場面を付け足す意見が出てきたり……もうこれでいいや！　とみんなが言えるまでがんばりました【関係性②】。

　数日後，私たちの作った動画を見てくれた保健の先生が，「みんなが作った動画を放映して，3年生の努力を全校に伝えたいです」と提案してくれました。私たちの目的は低学年の子たちにコロナについて教えることだったけど，高学年の人にも見てもらえることになって，クラスは大盛り上がりでした。学校で動画が流されているときは，ドキドキしていました。隣の学級の人たちから笑い声が聞こえたり，拍手が聞こえたときはとてもうれしい気持ちでした。

　動画の放送が終わってから，他のクラスの先生たちが，低学年や高学年の友だちの様子を教えてくれました。低学年のクラスでは，「手洗いすると，ウイルスが100匹から1匹になるなんてすごい！」「コロナがどんな悪さをするのか分かって怖くなった」など，コロナの怖さと助かる方法が伝わっていた様子が分かりました。さらに，高学年では「薬がなくても，免疫細胞が体を守っていることを初めて知った」「マスクの意味がいまいち分からなかったのが，はっきりと知れてよかった」など，高学年でも知らないことを伝えることができたみたいでした。

　まずは私自身が手洗いやマスクの意味を分かっていなかったけど，この勉強をがんばったので，とりあえず大人に言われた通りするのではなく，自分で考えてコロナウイルスにかかるのを防げるようになったと思います【物語性】。

◆富﨑先生の思い

　いざ学びの成果が目に見える形になったら，他の教職員の方々もその活用に協力的になってくれました（今回は学校保健委員会での動画放映）。総合的な学習の時間で設けたテーマは，どこまでも探究していける内容であるものが多いですが，「他者の役に立つ形にまとめる」ことが学びのゴールとして設けやすかったです。成果物を他者に評価してもらうことで，達成感や自尊感情が高まってきました。

完成した動画の主な構成			
	❶マスクとか手洗いって意味あるの？	❷我々は小さいからマスクの隙間も通り抜ける！	❸じゃあマスクの意味ないやん！　いえ，後で理由を説明します

❹コロナウイルスの特徴を絵にしました！　油の服を着て，細胞に入る鍵を持っています（構造・役割を低学年に分かりやすい言葉に変換）	❺コロナウイルスは，人の体でしか増えないらしいけど，どうやって増えるの？	❻家に侵入する泥棒のモデルで感染・増殖のメカニズムを説明（本物語第4話①を参照）	❼じゃあ，増えたコロナウイルスはどんな悪さをするの？（コロナによる「被害の内容」の言い換え）

❽症状の説明（割合を低学年に伝えるために，80%→5人中4人と言い換える）	❾潜伏期間の説明（症状が2週間後にしか出ず，その間に感染が広がることを説明）	❿どれくらいの人がコロナにかかっているの？（「被害の規模」の言い換え）	⓫身近な大阪の感染者数と，世界中で流行していることを伝えるため世界の感染者数を紹介

⓬コロナの怖さ，まとめ①うつりやすい②死ぬこともある③見えない，気づかない④効く薬がまだない	⓭免疫細胞の登場「いつもみんなの体を菌やウイルスから守っているんだ」	⓮我々コロナウイルスは，「量」で勝負だ！（質から量への変換）	⓯免疫の助っ人その1，アルコール（服を脱がせて鍵を奪う，と感染モデルを意識して作文）

⓰免疫の助っ人その2，マスク（本物語第4話②を参照。動画場面❸の伏線を回収）	⓱そっか，体に入るウイルスの「量」を減らせばいいんや！	⓲そのために，なるべくお家で過ごしましょう（外出自粛の言い換え）	⓳こまめに手洗いをしましょう（手洗い15秒でウイルスが100分の1になる具体例を提示）

⓴休み時間のはじめに，手を洗うのはなぜ？（クイズ形式で，日頃の疑問について考え解決できるように）	㉑3択問題①ウイルスがボールにつく②鬼ごっこで触れてしまう③こまめに洗うと安全正解は……全部です！	㉓じゃあ免疫細胞さん，後はよろしく！任せておけ，免疫パンチ！	㉔いつもやってる対策を大切に，ウイルスの量を減らそう！（フィナーレ）

4 本物語を終えて

(1) 本物語のTAKT

T・A (他者・愛)

　本物語において想定している他者は，低学年の子ども（きょうだい関係を含む）である。3年生の子どもが，自分たちがコロナウイルスに対し他律であることに気づいた際，身近にいる低学年の子どもたちはさらに無自覚で他律なのに着目したことがそのきっかけとなった。

　この物語における愛は，低学年の子どもに対する愛が主軸となる。3年生は，学校や家庭で，機会の多少はあれど全員が低学年の生活と接している。ソーシャルディスタンスの確保やマスクの着用の様子などを見て，低学年の子どもを心配していることが本物語の冒頭部分でうかがえた。自分たちが学び，教えることで直接生命を守ることができる他者への愛が，自分事として学ぶ原動力になったと考える。

　コロナウイルスに関する情報は膨大かつ日々変化するものであったため，子どもが調べた情報に差異が生まれ，クラスメイトが異なる知識・見解を持つ「他者」となり得た。その他者と対話しながら情報を紡ぎ，最適解を見出していく過程で，学びの宛先である低学年だけではなくクラスメイトに対する愛が対話において重要となった。自分とは異質な情報や見解を他者の同意のもと紡ぎ，お互いの最適解として評価していくには，クラスメイトへの愛が不可欠である。低学年の子どもの安全を守るために，クラスメイトと心を寄せ合いながら対話し最適解を紡ぐ学びが，異なる文化や習慣を持つ他者に愛を持って接し，共に新しい価値を創り出していく力を育んだと考えている。

K・T (主な会話・対話)

グローバル型対話	ディベート型対話
・新型コロナウイルスについて知らないことを批判的に検証する ・新型コロナウイルスに関連する新たな知識を調べ，これまでに調査した資料と比較して批判的に検証する ・動画を視聴した子どもたちの意見を聞いて反省する	・低学年の子どもが分かるように，調べ学習中に獲得した共有知識を批判的に検討する ・作成した動画を見直し，低学年の子どもが分かりやすい内容になっているか評価する
イントロダクション型会話	文化構築型会話
・導入の「新型コロナウイルスについて知っていることと知らないことをまとめよう」と提案する ・新型コロナウイルスについて劇化する物語の大枠を提案する ・未知の言葉の正確な定義を紹介する ・学習内容の整理を行う	・学びのゴールとプロセスを設定する ・共有知識を確認し，新型コロナウイルスに感染するモデル図等を構築する ・調べ学習中において，共通の問題を確認する

(2) TAKT授業で育んだ子どもの姿

教科との関連

■国語科との関連
低学年に伝わりやすい簡単な言葉を選び，表現する

■算数科との関連
表やグラフを正確に読み取り，事実を把握する

■総合的な学習の時間としての学び
コロナウイルスに対して自律的に関わり，学びを宛先（低学年）の役に立つ形にまとめて伝える活動の中で，対話によってお互いの最適解を探り，他者への愛や関わり方，お互いを高める評価の大切さを学ぶ

■体育科（保健）との関連
自身の健康について考え，自律で管理する

■国語科との関連
聞き手，話し手として対話するための工夫について考える

TAKT授業で育んだ子どもの姿

　本物語を実践してから2年が経過した。TAKTの学びを，総合的な学習の時間を中心に1年に1単元は実施できるように心がけている。第2話①の石本さんと青原さんは現在5年生になった。**2年経った今でも，対話を必要とする学習になると2人はお互いの成果物を評価し合ったり，頻繁に情報交換をする様子**が見られる。普段は一緒に過ごしているわけではないが，**本物語で培った信頼は強固である**と実感している。また，同じく5年生になった岡さんは，グループで調べたことをクラスに発表し終わったとき，**「どんどん意見をちょうだい。そのほうが賢くなれるから」**と発言したのが強く印象に残っている。

　本物語で紡がれた学びを通して，まず子どもたちが大きく変容したのは**「評価」という営みの持つ価値**であると感じる。本物語を紡ぐ以前は，子どもたちの中で評価は主に教師からなされるものであり，**「正解か間違いか」**が価値基準の根底にあった。新型コロナウイルスという未曾有の危機も，教師が目前にいる学校内では「教師から提示されたルールを守れているか」という学校生活の域を飛び出ず，他律であったと考えられる。しかし，新型コロナウイルスについては，**「正解か間違いか」は大人ですら分か**らない。もちろん一人だけでは膨大な情報もまとめきれない。その環境下で必須となる対話によって最適解を探る過程で，子どもたちはお互いの個性を活用する形で人間関係を形成し，お互いを評価し，認め合っていった。**評価とは狭い価値観で自分の価値を値踏みされるものではなく，様々な他者と共に自分の価値を高めていけるものだ**，と子どもの中で「評価」の価値が変化した。TAKT授業を実践することで，他者への愛が育まれ，また自律的に考え，対話し，行動していける集団になったと実感している。

◆藤倉先生からのメッセージ

　本物語は，最初に我々がデザインし実行したTAKT授業です。この実践から我々は，子どもたちが自分自身の関心事として授業のテーマを受け止め，主体性をともなう問題意識を持ったとき，すばらしい能力を発揮することを学びました。他章の実践者も本物語に関する記録を知り，大いに勇気を得たものです。

　あらゆる社会情勢が先行き不透明であり，新型コロナウイルスによって自分たちや家族の命が奪われるかもしれないとみなが不安に思っていた時期に，本実践を行いました。他者の命を救いたいという「誰のために」「何のために」学習を行うのかが明確になると，子どもたちは我々の想定をはるかに上回る能力を発揮し，動画作成にいそしみました。我々は，この子どもたちの会話／対話を側面から指導しましたが，子どもたちの活動を手続き的に指示することはほとんどありませんでした。

　本動画を見た6年生は，「3年生に負けた」と正直な感想を述べていました。このレベルの動画を創るにはどれだけの能力を発揮しなければならないかが分かる高学年だからこそのつぶやきでしょう。

　実際の動画を観ていただけないのが残念ですが，物語の記録から，3年生でも，視聴者となる他者の視点を想定した言語表現・身体表現を自律的に組織し，誰が観ても理解できる作品を制作できたことを読み取っていただければと思います。

　TAKT授業初の物語。子どもたちが積極的に対話に向き合う美しい姿は，私たちが向かっていくべき実践の目標を示す太陽や月のように見え，次の実践を進める推進力となりました。

◆田島先生からのメッセージ

　教育に関する我々の理論的構想を固める中で実施していただいた授業で，TAKT授業のモデル実践といえます。「新型コロナウイルスの感染からどのように身を守るのか」という，当時は専門家も明快に答えることができなかった問いについて，子どもたちは互いに異質な他者となり，対話を通じて考察を深めていきました。また「低学年の子どもたちを危険なコロナウイルスから助けたい」という切実な思いを学びの目標に設定したことで，学びそのものへの真剣度が高まりました。会話を通じて共有した知識を，他者の立場に立って言い換えたり，分かりやすい演技という身体的パフォーマンスに変換したりするという高度な知的操作をともなう対話が多く展開されたのは，この必然性をともなう学習目標の設定が大きく影響したように思います。

　また低学年の視点から批判的な意見を行う想定他者であるクラスメイトとのきずなも，「他者のためによりよい動画を創りたい」という達成困難な課題に共に取り組むことによって深まっていったように思います。その意味で子どもたちの愛情とは，厳しい批判を交わすうえでの前提条件になると同時に，その他者との対話を通じても育つものなのだと改めて認識しました。

◆武元先生からのメッセージ

　明確な治療法がなかった新型コロナウイルスの蔓延は，当時，実社会に大きな影響を与えました。行政ですら政策のあり方が右往左往した当時，多くの民間企業でもそ

の対応に苦慮しました。不明確な根拠に基づくルールの徹底に従わねばならなかった子どもたちの不安は，とても大きかったのではないでしょうか。

　しかし富﨑学級の子どもたちは，低学年という他者の命を救いたいという公益を目指し，その状況において最善と思われる対処法を自ら調べ，他者を意識した対話を交わしながら発表資料を作成しました。しかも低学年が受け入れやすい表現方法として，演劇仕立てで発表し，それを動画配信するというアイデアまで子どもたち自らが提案したという事実には，驚きを隠せません。教科書や資料をしっかりと読み込んだ子ども，低学年の子どものお世話をして彼らの事情に詳しい子ども，身体の仕組みに詳しい子ども。多様な関心を持つ子どもたちが一つのチームとなり，宛先である他者のために尽くそうとした成果がこの動画だったのだと思います。

　文字通り「正解」の存在しなかった，VUCAそのものだったコロナ状況において，対話を主体的に駆使できた子どもたちの活動は，不安定な時代を生きる他の子どもたちにとっても，また大人たちにとっても，生きる指針を示すモデルであるように思います。この時代においてもなお長期的に業績を上げ続けている組織においても同様に，様々な関心を持つメンバーの特性を考え，それぞれのよさや強みを組み合わせ，一つのチームとしてまとめ上げて成果を出すリーダーシップが重視されます。本授業で実現した多様な関心を持つ子どもたちの活動は，このチームビルディングに該当するものであり，まさにVUCA時代における実社会を生きるための基盤的能力を養うものといえます。

4章

空気物語
大阪市立東田辺小学校　第4学年25名（令和3年9月〜令和3年11月）

真田順平

❶ あらすじ

　4年生の黒井さんは去年の理科学習でお兄ちゃんのいる6年生を招待し，自分たちの学習したことを伝える「**音博物館**」という大きなプロジェクトを成功させ，「お兄ちゃんの友だちなどにほめられてうれしかった」と家でも話していました。その気持ちもあり，理科がとっても大好きな黒井さんは今回，新しく「**空気**」を学ぶことになりました。最初にふくろや空気鉄砲で遊び，閉じ込めた空気に力を加えたとき，空気の大きな力を感じ驚きました。そこで，音博物館のうれしかったときのことを思い出し，今回も空気で誰かを喜ばせたいと考えました。先生とみんなと相談して，空気の性質を使った遊び道具を創って誰かに喜んでもらおうということになりましたが，誰を呼ぶかは後で決めることにしました。

　喜んでもらうためにも，音のときと同じように，自分たちで閉じ込めた空気の性質を学習する計画を先生に手伝ってもらいながら立てました。いろいろな道具を自由に使って友だちと学んでいけるのは楽しいということを，音博物館で知っていたので，どんどん学びが広がっていきました。そして，みんな「空気」のことを，親しみを込めて，「**空気さん**」と呼ぶようになりました。自分たちでここまで学んできた「空気さん」を去年のように誰かに伝えたいと思った黒井さんたち。みんな真剣に考え，それぞれの想いがあり，伝える相手を誰にするかなかなか決まりませんでしたが，**ある方法**によって全員が納得して決まりました。それはどんな方法なのでしょうか？　決まった誰かのために今，「**空気ランド**」が始まります。これまでの子どもの学びが丸々詰まった「**空気物語**」を，ぜひお楽しみください！

全7話（34時間程度）

第1話「空気さんって何だろう？」　6時間程度

第2話「空気さんと力の勝負」　6時間程度

第3話「空気の知識を役立てたい」　1時間

第4話「水さん，力を加えるとあなたはどうなるの？」　2時間程度

---

② 本物語のファーストデザイン

　本校は，大阪市でも有名な商店街が地域にあり，人懐っこい子どもが多く，1学年2クラスの学校である。子どもたちは3年生のときに，音の学習をせずに卒業する6年生のために，音に関する様々な実験道具を作成・展示して解説もつけた音博物館を創り，招待するという他者のために学ぶ経験をした。そのおかげで自分の学びは他の人の役に立つということを実感的にイメージできる子どもが増えてきている。しかし，「友と共に学びをデザインしていく」構想を立てることに困難さがある。批判的意見を受け入れにくい子が多く，まだ対話し合えるような関係にまでは成熟していない。本物語では，「他者のことを本気で考え，他者のために批判的意見を言い合える（対話する）ことで，お互いがよりよくなるような関係を築かせたい」と願い，理科の「とじこめた空気や水」をメインコンセプトとして物語を始めようと考えた。理科では「体積や圧し返す力の変化に着目して，それらと圧し返す力とを関係づけて，体積の変化や力の流れを可視化できるようにする」ことがねらいである。注射器や空気鉄砲をツールとして思考を広げていくのかなと考え，物語の最後には「参観で保護者に新聞にして発表する」ことをデザインしていた。だからこそ他の教科で，新聞ならば国語，何か作るならば図画工作が使えそうだと考え，子どもたちに聞きながら物語を紡ごうとしていた。

③ 物語

第1話 「空気さんって何だろう？」 6時間程度

> 物語性：空気物語の始まり
>
> 道具性：①風船，ふくろ　②黒板，アート的思考　③空気ブック　④タブレットを用
> 　　　　いたアート的思考
>
> 身体性：ふくろを通して空気と触れ合い，実感を持って空気の世界に入った
>
> 支援性：①黒板をゆだねる
>
> 　　　　②子どもの様子を見取り，学習デザインを共に決める
>
> 　　　　③子どもの空気との概念が「空気に力を加える」という意味言語ではなく，
> 　　　　　「乗る」という操作言語であると見取り，それを次の学習デザインに活かす

> 関係性：①友と共に思考を広げるイントロダクション型会話
> 　　　　②空気さんのことを知りつつある文化構築型会話

①空気ソファー編

　音博物館を経験し，自分の学びが他の人の役に立つという想いが生まれた3年生が終わり，4年生になった黒井です。どの授業も好きだけど，自分の考えをみんなの役に立てることができる理科が好きなんだよな。「今日から新しい学習だよね！ 先生！ どんなこと一緒にやっていくの!?」と真田先生に聞きました。他のみんなも楽しみな様子です。そこで，真田先生に「今お家にソファーがなくて困っていて，安く作れるソファーを見つけたんだけれど，一緒に作ってみない？」と言われました。真田先生が困っているんだったら，助けてあげようと思い，「そら先生のために僕たちが作ってあげるわ！」と

風船ソファーの活動

言いました。クラスのみんなもやる気満々で，風船を使ったソファーづくりが始まりました【道具性①】【身体性】。

　そしてチャイムがすぐに鳴ったと感じました。もっとやりたかったなと思って作ったソファーに座っていると，北さんがひらめいたように「そうか，次は空気の勉強か!!!」と叫びました。僕はハッとしてソファーから飛び起き，「なるほど，これが空気の勉強の入り口か。めっちゃ楽しみになってきたわ！」と口から自然に言葉が出ました。

②イメージマップ編

　「今までの理科で，単元のはじめにはイメージマップを書いて自分の知っていること，知らないことを明らかにしてから学習していくことが多かった！」この空気でも僕たちで書いていくと【支援性①】【道具性②】，「意外と僕たちって空気のこと知らない？」ということに気がつきました【関係性①】。

　曲本さんの「空気物語の始まりだ！」との呼びかけを皮切りに，みんな「物語」と聞いてワクワクし始めました【物語性】。言い始めた曲本さんも自分の考えが思わぬ形で使われて驚く半面，何とも言えぬうれしそうな顔。すると，中田さんが「でも物語やったら主人公いるんちゃう？」と言ってくれ，主人公の空気さんを描いてみようとなりました。そして，僕たちはこの空気物語で学んだことを「空気ブック」【道具性③】というオリジナルのノートに書いていくことにしました。

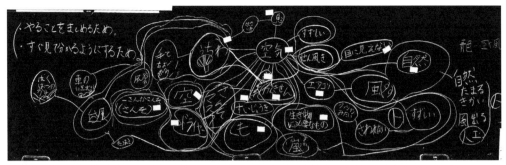

「空気」のイメージマップ

全員の「空気さん」

③ふくろ編

　空気物語が始まったことはとても楽しみだけれど，空気について知らないことがたくさん
で，どうしていいか分からない。そんな様子を見た真田先生から「とりあえず，空気のことを
もっと知っていこうか！　手始めに大きなふくろを使って空気と触れ合ってみる？」と提案が
ありました【支援性②】。真田先生にそう言ってもらえてよかったです。タブレットを持って

ふくろを使った活動

講堂に移動して活動が始まり，空気ってはね返す力が
強いなと感じ，空気を絵で描きました【道具性④】。
この後にはもっと大きなふくろでやってみました。空
気は圧し返す力がとっても強かったです。空気ブック
にその様子を描いてみました。金子さんは前よりも空
気さんの顔を険しく描いていました。他の子の描いた
のを見ても空気さんを強いものとして描いている子が
多く，空気がだんだんと見えるようになってきたみた
いです。水本さんはそこに矢印で空気さんの力の強さ
を描いていて僕も参考にしようと思いました【関係性
②】【支援性③】。

ふくろに乗ったときの空気さんを可視化

第2話　「空気さんと力の勝負」　6時間程度

物語性：空気さんと力の関係を紡いでいく

道具性：①空気鉄砲　②アート的思考，名前カード

身体性：①みんなで黒板を創る

②道具をさわりながら思考する，注射器を使って実感を持って空気に力を加える

支援性：①活動時に子どもの活動に意味を見つけられるよう視点を明確にする

②空気に「力」を加えるというイメージが見えてきたことを見取る。全員で黒板を創ることで，「その人の考え」を保障する。子どもの存在を認める（アセスメント）

③道具と場所をゆだねる

④注射器に入れた道具にしか注目していなかったので，それを見取り「空気の変化」を思考できるように行ったり来たりできる時間をゆだねる

関係性：①付箋を見て，さらに思考が深まる文化構築型会話

②友だちと空気鉄砲の力の流れを批判的に見直すためのディベート型対話

③見に来る先生たち（他者）への分かりやすさを目指したグローバル型対話

①空気鉄砲編

空気のことをたくさんやったけれど，まだまだ空気のことを知りたいなと思っていると，真田先生が「みんなが描いた空気さんの顔を見ていると，空気の世界が少し見えるようになってきたのかな？　閉じ込めた空気さんに力を加えて遊ぶ道具（空気鉄砲）があるけれど，もっと空気さんのことを知るために使ってみる？」と言いました【道具性①】。まだまだ空気さんのことを知りたかった僕たちは，すぐに空気鉄砲を使った活動を始めました。見つけたことや考えたこと，してみたいことを付箋に書き，貼りました【支援性①】。自分の発見が友だちの役に立てばいいな。僕は友だちの意見を参考に（アセスメント）して，たくさんいろいろなこと

空気鉄砲の活動。付箋で自分の考えを可視化

をやってみました【関係性①】【支援性②】。

たくさん活動をした後に，みんなで「手の力が空気に伝わり，前の玉を飛ばすまで」を黒板で考えました。お互いの力の働きについての考えを参考にし合いながら，みんなで黒板を創りました。みんなで黒板を創る新体験は，新鮮でとても頭を使いました【身体性①】。真田先生も僕たちと一緒になって考えてくれたことがうれしかったです【関係性②】。そして，「空気」は手の力を宿すものなのだなということが見えてきました【物語性】。

じゃあ空気は力を宿す役割だとすると，空気の代わりに「もっと力を伝えやすい」ものを予想して，水や紙，バネ，木などを入れてやってみました。でも，空気がやっぱり一番飛び，空気さんのすごさを実感しました。空気ってバネみたいに伸びたり縮んだりすることが見えてきたけれど，「空気って見えないから，実際に本当にそうなっているのか分からないよな」と思いました。みんなと「このことを目に見えるようにしてみよう！」と決め，次の学習の見通しができました。

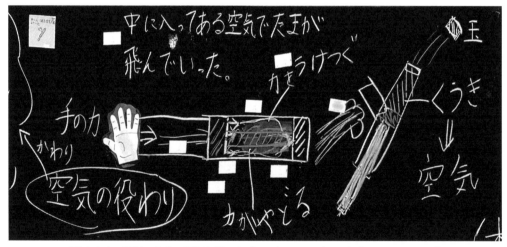

「空気と力の関係」を共に黒板を創った（□の部分は子どもの名前のネームカード）

②空気の性質を目に見えるようにする編

スポンジや発泡スチロール，醤油入れの容器など，注射器や空気鉄砲の中に入れるものがたくさん理科室にあり【支援性③】，実験が始まりました。僕はいろいろなものをさわりに行き，いろいろ試すうちに，自分の手はものに直接触れていないのに，ものの姿が変わることなんてあるんだと驚きました【身体性②】。

注射器に発泡スチロールを入れている場面

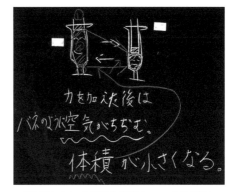
「体積」という概念を獲得しつつある場面。
アート的思考と文字的思考を使っている

　谷口さん，西山さんと実験をしていると，校長先生が話している声に気がつきました。僕は「校長先生だったらどの道具で見せると喜んでくれるかな。発泡スチロールを使おうかな」と考え，2人に言いましたが，「1個だけでは分かりにくいな」と言われました【関係性③】。どうしたものかと困っていると西山さんが「え，じゃあさ，発泡スチロールを小さくして粒みたいにして注射器の中に入れるのはどうかな？」と提案してくれました。その考えがとても参考になり，「それなら1個よりとても分かりやすくなりそうだ！　ありがとう！　一緒に先生のところに見せに行こうよ！」と言い，一緒に見せに行きました。2人のおかげで困っていたことが解決して，校長先生にも喜んでもらえてうれしかったです。もっといろいろな人にこの空気のおもしろさを知ってもらいたいな。

　次の時間に分かってきたことをみんなで黒板に書いていきました。僕の空気さんと力の関係の絵の描き方を真似してもらえてうれしく思いました。今までは「真似された，盗るなよ」と思っていたけれど，「真似される」のはよいから参考にされていることだと分かった。たとえ一人でも参考にしてくれる人がいたら心が温かくなる！（真田：自己効力感を持ち始める）空気さんと力の関係を絵で描き，言葉でまとめてみました。みんなのおかげで，「体積」という言葉のイメージが見えてきた。空気さんっておもしろいな【支援性④】。

第3話 「空気の知識を役立てたい」　1時間

> 物語性：空気ランド開催決定！　招待する人は誰にしよう？
>
> 道具性：黒板
>
> 身体性：おもちゃランドや音博物館で招待した人に喜んでもらった経験を思い出す
>
> 支援性：①知識が増えることで，新しい世界が見えてくることを可視化
>
> 　　　　②学習のデザイン，ゴール，他者の選択をゆだねる
>
> 関係性：①クラス内でゴールや他者を決める際の文化構築型会話
>
> 　　　　②学習のデザインを決める際のディベート型対話

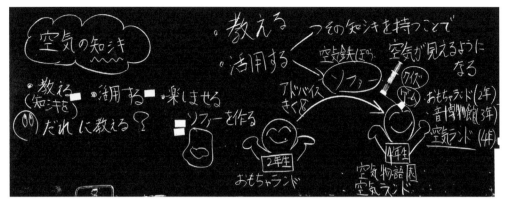

ゴールを決める際に共に創った黒板

　空気のことについてイメージがふくらんできました。真田先生が「今日はゴールどうするか決めない？」と聞いてきた。「これだけやっているのだから，この空気の知識，自分のものだけにするのはもったいないな」と思い，それを北さんたちと話していました。そして，ゴールを決めたいなと考えました。みんなも「教えたい！」「活用したい！」「空気のソファーみたいに楽しませたい！」と次々に言い合い，自分たちの学びを誰かに役立ててもらい，喜んでもらいたいという想いがあるみたいです。

　真田先生がそこで，「教えたり，活用したりしてもらうことで，知識が増え，空気の世界が広がりそう？」と聞いてきました。確かに僕が好きなアニメの話をするとき，その世界のことを新しく広げてほしいという想いがあるなと思っていると，平林さんが「今までには考えたことのなかった空気のことが勉強すればするほど，感じてきて，これも空気に関するものだと見つけることができるようになってきた！　見える世界が広がってきた！」と言いました。周りの子も平林さんの意見が参考になったようで，うなずいています。アニメの話と空気のことがつながって，そういえば僕も空気の世界を知って，すぐに空気のことを探してしまうことに気がつきました。これが新しい世界を知るってことなのか【支援性①】【道具性】！　「ならさ，それを音博物館みたいにランドにして招待しようよ！　そうだ，空気ランドだ！」とアイデアがどんどん出てきました【関係性①】【身体性】【物語性】。

　そして「じゃあ，誰に教える？」となったとき，僕は３年生のとき，音博物館で６年生のお兄ちゃんを招待して，音のことを知ってもらい喜んでもらえたのがうれしかった経験を思い出し，「先生！　音博物館みたいな感じのを開いて，違う学年を招待したい!!!」と大きい声で言いました。西山さんも「音博物館で喜んでもらえてうれしかったから，確かにまたやりたいよね！」と言ってくれましたが，**クラスの全員，招待したい学年が違う**ということを知りました。どうすれば決まるのかなと困っていると，畠本さんから「まだ，もう少しこの注射器を使って勉強したいな。たとえば注射器に水を入れるのをやりたいな。その後に誰を呼ぶか考えたらどうかな？」という提案がされました。今日は空気ランドというゴールを決めるのにとても頭を使って疲れていて，みんなの考えがまとまらなさそう。時間をおいて，ゆっくり自分の

考えをまとめようとなり，僕たちは畠本さんの考えをもらい，その後に決めようということになりました【支援性②】。

　でも，一つだけ大事なことを言い忘れていたので言っておかないと！　「ただ，音博物館みたいに1組，2組とお互いのクラスでよりよい空気ランドを創るためにも隣のクラスとのリハーサルはしたい！　音博物館のときもリハーサルをしたから自分たちだけでは分からないことが分かったし，お互いがよりよくなりたい！」と言わせてもらいました。これだけは譲れません【関係性②】。すると，みんなも僕が必死に言ったからか微笑んでくれ，僕の考えを使うことにしようとなりました。さあ，次は水さんと力の関係をやっていこう！

◆真田先生の想い

　私が想定していたゴールとはかけ離れたゴールが出てきました。ただ遊んでもらうだけでなく，空気の世界を他の誰かに知ってもらいたいという想いが子どもの中にあったと思います。葛藤もありましたが，子どもたちが本気で対話して，ゴールを決めた瞬間を見せてもらい，もっと成長している子どもの姿を見てみたいと思うようになりました。自己決定がここまでできるようになってきていることに感動しています。次，「他者はどうするのかな？」子どもたちに任せてみよう。

第4話 「水さん，力を加えるとあなたはどうなるの？」　2時間程度

　「空気ではすきまがあったから圧すと縮むことのできるスペース，空きの場所があったの！　でも水ではそれがないから空気とは違ってまったく小さくならない！　無理に圧せない！」と発見しました。でも空気がちょっと入っていたら，圧せそうかも!?　次はそれをやってみたい！

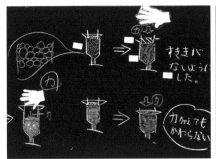

アート的思考を使って黒板に可視化

第5話 「空気さんと水さんの共同生活に力を加えるとどうなるの？」　2時間程度

　実験をして黒板に絵を描き，水本さんが「水さんは全然苦しそうじゃないな，めっちゃ笑っている！　空気さんは反対にめちゃくちゃ苦しそうな顔している！」と絵から分かることを

言ってくれました。「そらそうやろ，だって水には力が影響していないから圧されてるの分からんよ！」と付け足すと，みんなも納得している様子でした。手の力を加えると，空気のところは小さくなるけれど，水のところは変わらないことが分かったよ！　さあもうこれで今疑問に思っていることはだいたいできたから，次はいよいよ空気ランドのことを決めていきたい！とてもワクワクです，さあ時間がないから早く準備に取りかかろう！　でも誰を招待するか決まっていないぞ。今回は音博物館のときみたいに時間がないからどうしよう。

第6話 「空気ランド準備　空気さんあなたのことを知って役立ててもらいたいな」 15時間程度

①選挙編

> 物語性：選挙による他者決定の物語
>
> 道具性：思考の道具としての選挙
>
> 身体性：時間をかけて他者の質を考えた選挙活動
>
> 支援性：①他者の決め方を共に考える
> 　　　　②選挙活動に必要な時間をゆだねる
>
> 関係性：①他者を決めるためのディベート型対話（「お家の人」から他者がどんどん変わっていきました）
> 　　　　②同じクラスの友だちを他者として，その他者に投票してもらうためにはどうしたらいいのかを考え，党内で想定他者になるディベート型対話
> 　　　　③違う党とアドバイスをし合うグローバル型対話

　さあここで，空気ランドに誰を招待すれば，空気の世界を広げて納得してもらえるかをみんなで考えることになりました。話し合い（対話）が始まりました。「参観もあるし，お家の人に見てもらうのはどうかな？」とお家の人を呼びたがる中田さん。それに対し，金子さんがうなずきながら「確かにお家の人だと私たちがやったことを教えてあげると喜んでもらえそうだね」と中田さんの意見に対して賛成のような意見を言いました。僕はそうは思わず，「でも，音博物館のときの6年生とは違って，お家の人は小学校とかで今までに空気のこと勉強してるんでしょ？」と前の音博物館の経験を思い出して，「お家の人を呼んでも，新しい知識や新しい世界にならないので，意味が弱いので嫌だな。それよりも参考になる学年のほうがいい」と思いました。北さんが「それだったら空気を勉強していない学年のほうがためになると思うなー」と言いました【関係性①】。それに対して西山さんは「確かに音博物館のときも音を勉強していない6年生だったもんね！」と僕たちの考えに追加してくれ，するとみんなで「それだったら今年理科が始まって，4年生の理科でこの空気のことを勉強する前に空気の世界って

おもしろくて役に立つものだと知ってもらえそうな3年生はどうかな？（**認知面での活用をしてもらおうと思っている**）」「2年生は？　2年生は去年コロナがあっておもちゃランドや他のこと何も招待されたことないのじゃない？　それって，かわいそうだな。さらにこの後2年生がおもちゃランドづくりをするときの参考にもなるよ！（**認知面だけでなく，情意面の理由も考え始め，どうにかしてこの学年を楽しませたいという愛であふれている**）　空気の世界を知ってもらえるし，来年の理科を楽しみにしてもらえると一石二鳥だ！」「1年生でも喜んでもらえそうだよね！　しかも僕の妹がいるから教えてあげたいな（**これもまた情意面**）。1年生は学校の中のことをよく知らないと言われることが多いから，理科のこの空気の世界についてだけでもよく知ってもらいたい（**学校に対する未熟さを保障しようとしている**）」「いやいや，どうせだったらレベルの高い6年生にしようよ！（**自分たちの課題レベルを上げる認知面を考え始めた**）　それと卒業前の思い出にもしてほしいな」と話し合って（**対話**）いましたが，いっこうに決まらず，困りました【関係性①】。

　それを見た真田先生が「決められそう？」と聞いてきました。僕は「決めることができないなら肝心の空気ランドを準備する時間がなくなるよ」と焦り始めました。他の子が「多数決とかにする？」と言いましたが，それではそれぞれの学年を選んだ理由が分かりません。理由を考えて納得をして決めたいです。迷っていると，真田先生が「そういえばさ，前の日曜日選挙やっていたよね。あれ何しているのか知ってる？」とヒントを出してくれました【支援性①】。日曜日に選挙があったことを思い出しました。なんで突然そんな話をするのだろう？と疑問に思いました。すると，中田さんが「あれはそれぞれの意見を聞いて，国の代表では誰がいいかを投票で決めているんだよ！」と選挙について話をしてくれました。「それって結局多数決と同じじゃない？」と疑問に思い，もう少し詳しく選挙の意味を考えました。すると真田先生が「最後は多数決にもなるのだけれど，投票してもらえるように，その間に自分の考えを広めるためのいろいろな活動をすることができるよ！」と説明をもう少し付け加えてくれました【関係性①】。「あ！　私に1票を！　と車に乗りながらアピールしている人いた！」「ポスターには自分の考えを書いていたな！」とみんな次々に思い出したことを言い合っています。言われてみれば，意外と知っていました。北さんから「じゃあさ，僕たちもどの学年がいいか理由を説明して，お互いに聞き合い賛成意見や反対意見に耳を傾けて，選挙で招待する人を決めようよ!!」と大きな提案がされました。確かに！　それはおもしろそうだ！　意見をお互い述べて，自分たちの一番納得できるところに落とすことができそうだ！　そうしよう！　と思い，周りを見ると，みんなも大賛成でした【関係性①】。投票する日を考えて，選挙活動の始まりだ！【道具性】　僕たちが「選挙」をするなんて夢にも思わなかったです。真田先生が僕たちに考えるきっかけをくれて助かった【支援性①】。

　「4年生のこのクラスの友だちを説得して票を入れてもらうには？」と考えながら，いよいよ選挙活動が始まり，みんなが動き始めました。実際の選挙のように自分が支持する党を設立しました。一番人数の多い「2年生党」，代表は北さんです。そして次に多い「3年生党」，代

教室に貼られている宣伝ポスター

表は原野さんです。あと2つあり，沼津さんが代表の「6年生党」と谷口さんが代表の「1年生党」です。僕は1年生党に入っていました。しかし，それぞれの党に属していない子どもが3人いました。水本さんと畠本さんと新本さんです。この3人はどこの党にも入らず，中立の立場としてみんなに意見を公平に言ってくれていました。

　まず僕たちは人の目につくことが効果的だと考え，宣伝のポスターを創り始めました。はじめは文字だけで書いていましたが，「説明したいことを書いた字だけじゃ，このクラスの人を納得させることができるかな？」と疑問に思い，他の班の書いているポスターを見てみました。すると，曲本さんたちは絵や漫画を描いたりしていて，沼津さんたちは他の人が目を引かれるようなポスターにしていました。それを見て，人が納得をするには相応の苦労が必要になるのかと思い，ポスター以外にも宣伝活動を行うことにしました。「1年生に投票お願いします！　名前」としか書いていなかったところ，中立班が「1年生に投票お願いします！　の言葉だけだと理由がないから，なんでその党に投票しないといけないか分からないよ。私たちの党に投票すると1年生にとってどう役に立つのか，どう喜ばれるかを書かないといけないんじゃないかな」と鋭く言ってくれました【関係性③】。はじめは「え，なんでそんな強く言われるの？」とムッとしそうになりましたが，僕たちのことを考えてくれて言っているのが分かり，それを聞いて，ポスターの内容を変え始めました。僕たちだけに教えてくれたらよかったのにという想いもありましたが，紙に書いて党ごとに回って行ってあげているのを見て，公平で自分のところだけに言われるよりはいいなと思いました。中立班の3人のおかげで内容がどんどんよくなっていきました。そしてそれぞれの党の中でどうやって宣伝していくかを考えていました【関係性②】。僕たちはとにかく耳に残るように「1年生党をお願いします！」と言い続けました。真田先生はすることがなく，手持ちぶさたのようだったので少しかわいそうかなと思い，投票箱と投票用紙を作る役をしてもらうようにお願いしました。

　さあ，いよいよ選挙活動もあと少しで終わります。そんなときに2年生党から，みんなに自

分たちの強い想いを伝え，説得するためにスピーチをしたいから，全員が聞ける時間を取ってほしいと真田先生にお願いしていました。まずい！　僕たちのところもしないと！　と焦りました。そしてスピーチの時間になりました。北さんのスピーチです。

> 　僕たちは2年生党です。よろしくお願いします！　まず，2年生を選んだ理由です。今の3年生は1回僕たちがおもちゃランドに招待しました。そして，1年生は今年2年生におもちゃランドを開いてもらいます。しかし！　2年生はおもちゃランドに招待され楽しませてもらった経験がないのです！　人から親切にしてもらうことの楽しさや人に親切にすることのうれしさを知らないままです。1年生党，3年生党に投票してしまった場合，どちらの学年も2回招待されることになります。そしてその場合，2年生を1回も招待することができないのです！　それでは2年生がかわいそうではありませんか!!!　2年生にも1回，招待され人に大切にされる経験をしてもらって，空気の楽しさ，空気の世界を理科が始まる前の「今」体験しておいてもらいたい！そして2年生が1年生に開催するおもちゃランドづくりに役立ててもらいましょう！どうか，投票よろしくお願いします!!!

　終わったとき，全員が拍手をしていました。すごすぎる，理由も伝え方もとても納得できます。思いやりがあるのがすごいと思いました。その後に僕たちひかれていました。スピーチの練習を自分たちの党のメンバーでしていた2年生党代表の北さん。それに自分たちの考えを知っている2年生党のメンバー以外の中立班にもスピーチを聴いてもらい積極的にアドバイスをもらっていました【関係性③】。やはり，僕たちとはレベルが違いました。北さんも「アドバイスを言ってくれてありがとう。自分たちだけだと分からなかった」と批判的なアドバイス（意見）にも感謝の言葉を言っていました。その後いよいよ投票日がやってきます。

○投票場面

　真田先生が作った投票用紙と投票箱を見て，「先生，これ本物やん！」とビックリしました。「先生も僕たちの気持ちを分かってくれている」と思い，うれしくなりました。投票用紙に記入するとき，誰も言葉を発しませんでした。僕も黙って書きました。書けた人から票を入れに来ました。北さんは祈っていました。さあ，ではドキドキの開票です。投票の結果……。

　「2年生党当選です!!!」拍手が鳴りやみません。僕も納得です。他の子は悔しそうな顔をしているのかなと思い，見てみたのですが，**全員が**どこか納得した表情

選挙での投票場面

をしていました。本来ならば，自分の属している党に入れたら自分の党が勝つ可能性が高くなるのにとも思いましたが，そうはしませんでした。みんなすごいです。一番納得できる心を動かす理由が2年生党にあったからと思いました。みんなも同じだと思うな。そして，「2年生党おめでとう！ 2年生党なら一番納得できるよ！ よしみんなでがんばろう！【物語性】【身体性】さあ準備の時間がなくなるから，みんなで空気ランドの準備を始めよう！」と言いました。さあ，次はいよいよ空気ランドの具体的な中身の準備編へと突入です。

◆真田先生の想い

　今回はコロナ禍の中で誰が説明相手となる他者として適切か，喜びが大きいのかなどを子ども同士の対話によって決めたことが，一番の見どころです。私自身，子どもたちが選挙で決めたいと言ったときは，焦りに焦りました。ファーストデザインの段階では，まったく想定していなかったし，子どもたちの真意が読めなかったので，どうしようか迷ったのですが，子どものやる気に満ちあふれた目を見て，「やってみよう！」と信頼することにしました。TAKTを通して，いろいろな状況の中で最適な解を求め，みんな納得し，たくさんの人が幸せになることを考えることができる子どもに育ちつつあると喜ぶ私であると同時に，私も子どもに成長させてもらったこと，子どもを信頼することの大切さを学びました。最終的には2年生になりましたが，どの学年に対する理由も素敵なものでした。そんな中，2年生が選ばれた理由は「コロナウイルスのせいで行うことのできなかった」ことを後ろ向きに捉えるのではなく，「私たちがどうにかしてあげたい！」という人間の情にあふれた東田辺小学校の子どもだったからだと思います。これが本当の情・思いやりではないでしょうか。

②準備編

物語性：空気ランド準備
道具性：①コーナーの一覧，学びの足跡　②理科室の道具
身体性：音博物館で準備した経験を思い出す
支援性：子どもが自分でこれからの時間をデザインできる状況を創る
関係性：①2年生という他者のために，どんなコーナーを創ればいいか，そして準備をするのにどれくらいの時間がいるかをディベート型対話
　　　　②コーナーを創る際の他者の視点を意識したディベート型対話

　さあ，いよいよ今日から準備だ！【物語性】でも時間がないから，しっかりこれからの予定を立てておかないと準備不足で当日を迎えてしまわないかな？　と不安になり，それをみんなに伝えたところ，みんなもそういう想いだったので安心しました。コーナーを創るだけだと，

遊んで終わりになってしまわないかなと不安になり，理科として，空気のどんなすごさを伝えようかなとみんなで考えました。空気の「強さ，すごさ」を知ってもらうためのコーナーや，空気に力を加えるのを実感してもらうためのコーナー（体感），注射器を使って，圧し縮めたときの空気の様子を知ってもらうコーナーにしよう！　ができ，これなら2年生が単なる空気を「空気さんの世界」として見ることができるようになる！　楽しみだ！　そして空気ランドまでやることを自分たちでデザインしようということになりました。リハーサルや準備時間，体

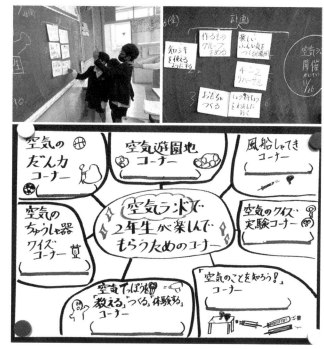

空気ランドの各コーナーを可視化

育館の飾りつけ，2年生の招待をいつにするかみんなで黒板を使って意見を出し合い，決めました【関係性①】。真田先生は何も言わず，僕たちが必死になっているのを頼もしそうにニコニコ笑って見ていて，僕たちに任せてくれました【支援性】。去年の音博物館のときは1日準備に使って最後ギリギリだったからな。どれくらいの時間が使えるのか少し分かってきて，それを考えながら音博物館の経験を活かしてコーナーを創っていきました【身体性】。また，真田先生と一緒にこれまで学んだことの掲示物を創っていたから，何を学んだか思い出せるな。何

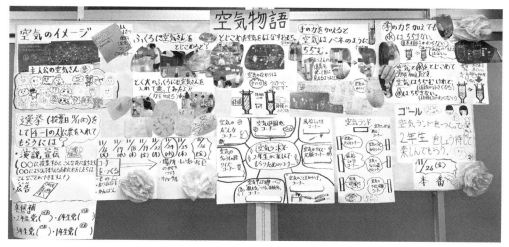

これまでの学びをマップ化しておくことで，これが思考するための道具になり，新たな考えが生まれてくる

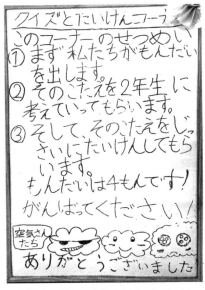

相談し，書き換え後のホワイトボード

日も前のことなんて僕は覚えておけないから見えるようにしておいてよかった。こんなにも今まで学んできたのが分かってなんだかうれしいな【道具性①】。

理科室をまるごと使っての準備が始まりました【道具性②】。僕たちは「空気のことを知ろう！」コーナーです。目に見えない空気さんの働きを知ってもらうけれど，僕たちが学んだみたいにすると，2年生には難しいから困るな。どうすれば2年生が楽しんで空気のことを知れるか，理科室で何が使えそうかなとものをさわりながら考えてみよう。

「空気鉄砲を使って，その中に木やバネを入れてやってもらい，空気と比べてもらうのはどうかな？」「結局は空気さんが一番すごいことを知ってもらおうよ！」「そのための射的とかだと楽しめそうだよね！」とグループの友だちと話し，何となくやることが見えてきました。そこから準備をしていると金子さんたちがホワイトボードを使ってコーナーの説明を書いているのを発見しました。「それ何に使うん？」と聞いてみると，「音博物館のときと同じようにコーナーの説明を口で言うだけでなく，ホワイトボードに書いてあげると分かりやすいと思うから」と言われ，僕たちも真似をしようと思いましたが，金子さんたちのグループのホワイトボードには，漢字が多いなと思い，「僕たちはこの漢字全部勉強したし読めるけれど，2年生は読めるんかな？」と相談してみました。金子さんと同じグループの岡山さんが「確かにそうだね，2年生だと問題も実験も漢字が分からないよね。分からない漢字があると，それだけで楽しい気持ちが薄くなるかもしれないね。よし，できるだけひらがなだけで書いて，他は読み仮名を書いとこう！　教えてくれてありがとう！」と喜んでいるようでした【関係性②】。

僕はいろいろなグループの友だちが何をしているのかずっと気になっていて，各グループを回ってみました。そこで，金子さんたちのグループと上村さんたちのグループが話をしているのが聞こえました。どうやら，どちらも注射器を使うみたいで，内容が似ているのではないかと言っています。内容がかぶっていると飽きるかもしれないから，いろいろな経験をしてもらうために似ていても，内容はかぶらないようにしようと話をしています（対話）【関係性②】。それを聞いて，僕たちのグループと似ているグループがあるのを知っていたので，すぐに住岡さんたちの「風船しゃてき」グループに相談に行きました。このような話し合い（対話）をしながら，並行していろいろとコーナーの準備を進めていき，いよいよリハーサルの日になりました。隣のクラスに見てもらうの緊張するけれど，がんばろう！

◆真田先生の想い

　ただゴールで，「〜ランドのような」ものを開ければいいということではないです。「空気ランドを開く」という裏には「目には見えない空気さんの働きのことを知ってもらいたい」という考えがあります。しかし，2年生にとっては難しいから，空気ランドとして知ってもらおうということです。そのために，空気の性質を分かりやすく各コーナーで体験してもらうということです。メタ的に，今までの学びをマップ化し，可視化して思考の道具にできるようにするのが私の大きな仕事の一つでした。これを使い，子どもたちは主体的に学びを広げていくことができました。ホワイトボードをひらがなで書いた子どもたちが5年生になり，委員会の仕事でも，「低学年が見て分かるようにするためにひらがなを使う」と言っているのを見て，空気ランドづくりでの他者への視点や思いやりを持っているのだなと感じました。

③リハーサル編

物語性：空気ランドリハーサル

道具性：コーナーごとの道具

身体性：リハーサルを通して，「分かったつもり」が露見

支援性：子どもが自分でこれからの時間をデザインできる状況

関係性：2年生のために，隣のクラスの友だち（想定他者）とよりよくなるために意
　　　　見を交わすグローバル型対話

　2年生に開く空気ランド本番まで約1週間ともう残された時間は少なく，僕たちのグループはまだまだ未完成で焦っています。そして，今できているところまででのリハーサルが始まりました【物語性】。各コーナーでの体験に，思っていたよりも時間がかかり，想像と違うところばかりです。自分たちがコーナーを創る際にはすんなりいけていたことも，いざ隣のクラスの人（想定他者）にやってもらうと，案外ドタバタしてできないことが分かりました。4年生でこれだと2年生の場合どうなるんだ!?　と思うことがたくさん出てきて，振り返るきっかけになりました。空気鉄砲づくりのコーナーを体験している隣のクラスの友だちは，思っていたよりも時間がなくて，空気鉄砲を作るだけで終わってしまいました。こう言っていました。「この空気鉄砲を2年生に作ってもらってから遊ぶの？　時間足りるかな？　私たちでも作るだけで終わってしまったのだから，2年生だと特に作り終わらないんじゃないかな？」そこに隣のクラスの村木さんもそれに続いて「そうそう，2年生だと遊ぶ時間が多いほうがうれしい気がするな」と言っていました【関係性】。その意見を聞いて，曲本さんは「確かにそうだな，僕たちだけで試したときは時間足りたんだよ！　僕たちはあらかじめこの作り方やイメージがあるからね。でも知らない人がやるとこうなるのか」と言い，自分を振り返りました。それ

隣のクラスでのリハーサル

に続き，中田さんが「本当は全部入れたかったけれど無理なのか。じゃあさ，全部を作ってもらうのではなくて，僕たちができるところはあらかじめ準備しておこうよ！　一番2年生が楽しめそうな風船を選んでペットボトルにつけるところはやってもらおうよ！　それなら今日の感じを見ていても間に合いそうだよ！」と言い，2年生にとって楽しめるところを最低限残し，他の部分を省略することになりました【道具性】。それを見た僕は「あ，他の人からこうして意見をもらえるから，もっといいものができるんだな【関係性】。そしてまだまだこれだと2年生を招待できない」と思い【身体性】，僕も自分たちのコーナーの意見をもらえるためにがんばろうと他の人に意見を聞きに行きました。このリハーサルがあってよかった【支援性】。いきなり2年生にやってもらうと失敗して申し訳ないところだったよ。

④最終調整編

　リハーサルを終え，修正を加えるのと同時進行で，招待する準備や，司会，看板づくり，場所の飾りつけの準備が進んでいきました。僕は自分のコーナーの準備と招待しに行く練習があり，ドタバタでした。休み時間も使って練習をして，2年生のもとへ招待しに行きました。本当に緊張して足が震えたけれど，みんなの代表だからがんばれたし，楽しみにしてもらってる

2年生を招待する場面

みたいだからいっそうがんばらないといけないと思いました。そして自分たちのコーナーの準備ができた人は，暇になるのではなくて，看板や飾りつけなどをしてくれました。僕たちのコーナーはまだ終わっていなかったので，他の人たちが協力して場所の準備をしてくれてとても助かりました。そしていよいよ本番の日になりました。

◆真田先生の想い

　隣のクラスの想定他者との対話で，どのグループも「今の自分のコーナーにはもっとよりよくできるところがある」と気づきました。他の人に言ってもらわなければ，分からなかった部分が浮き彫りになりました。しかし，嫌がる様子の子はおらず，むしろモチベーションが上がっていました。

　2年生のところに招待に行く黒井さんたちには何度も聞いてほしいと言われました。また，2年生だけでなく，職員室に行き，学校にいる先生たちにも来てほしいとお願いしに行きました。他の先生たちも微笑んでその様子を見ていてくれました。

第7話「2年生楽しんで！　私たち×空気が創り出す空気ランド」　2時間

物語性：空気ランド開幕
身体性：2年生の様子を見て，自分たちの学びに価値を見出す
関係性：2年生という他者に対して，説明内容を理解し，コーナーを楽しんでもらう
　　　　ためのグローバル型対話

　空気ランド当日，僕は緊張しすぎて昨日寝れず，今日も朝からそのことしか頭にありません。真田先生は「2年生のために，それほど多くの時間を君たちが費やしてがんばってきたから，そう思うのは当然だよ。それはいい緊張だよ！」と励ましてくれ，安心しました。いよいよ始まりました。

　2年生がワクワクしながら入場してきました。それを迎えてあげる4年生たち。そして，司会の沼津さんたちの挨拶，説明を終え，空気ランド開幕です【物語性】。

　2年生も4年生もワクワクが止まらない様子で，僕たちのやったことがこんなにも人を笑顔にするかと感じました。コーナーに初めて2年生が来たとき，僕たちの説明で少し分かりにくそうな顔をしました。「空気鉄砲」「力を加える」という言葉が通じていないのかと感じ，空気鉄砲を見せながらどんな役割かの説明を加えていきました【関係性】。また，「力を加える」を2年生のために「手で圧す」という言葉に変えました。そのとき，同じ4年生に言う口調ではなくて，2年生のためにやさしい言葉を使いました。すると，顔が変わり分かってもらえた様子でした。「自分が想定していた2年生への説明のやり方でもまだ難しいのか」と思い，「説明の仕方が2年生にとって難しいから，

空気ランドの看板

2年生に楽しんでもらっている場面

変えれるところは変えていかないといけないよ」とグループのメンバーにも伝えました。2年生のそれぞれの子によって，「うん？」となるところは違うみたいで，それをフォローするのが大変でした。リハーサルでは，2年生の視点にはなるけれど，あくまでも4年生だから，本番で変更するところがたくさんありました。しかし，リハーサルをして直しておいてよかったというところもたくさんありました【関係性】。そして，必死になってやった空気ランドが終わりました。今日まであんなにも時間がかかったけれど，楽しい時間は一瞬で，すぐに終わりの時間が来てしまいました。さみしかったけれど，2年生の笑顔が見れて，お礼を言ってもらって大満足です【身体性】。

　真田先生から感想を聞かれて，みんなは「無事できてほっとしたよ」「2年生のことをたくさん考えて，時間をかけてよかった！」「人に何かを伝えるのって楽しいな！」という「やってよかった」ということを言っていました。そして最後，拍手で終えました。何週間かたち，2年生がおもちゃランドを無事に終えた後，わざわざ僕たち4年生に対して，「空気っておもしろいな，4年生でやるのが楽しみだ！」「看板や飾りつけはおもちゃランドをつくるときの参考にできました！」「4年生に招待してもらえたおかげで，私たち2年生が1年生のために開いたおもちゃランドを無事終えることができました」のような感想を言ってくれました。参考になってよかったと思いました。

◆真田先生の想い

　2年生という他者が来て，この言い方では分かってもらうことができないと思った子どもたちは徐々にやり方や伝え方を変化させていきました。そして2年生が笑顔になっていく様子を見てさらに楽しそうにしていました。2年生から後日呼ばれて，おもちゃランドが無事成功し，4年生のおかげだと，お礼を言われたときはとてもうれしそうな表情をしていました。私自身もようやく終わったという安堵感でいっぱいでした。

112

④ 本物語を終えて

（1）本物語でのTAKTについて

T・A（他者・愛）

　本物語においてはじめに想定していた他者は，参観がある時期だから保護者であり，本物語開始時には決まっていなかった。子どもたちはすでに知識を持っているであろう保護者では納得せず，子どもたちと相談し，時間をかけ，空気ランドに招待する人として一番いい人は誰かを考えた。今回は「選挙」という内容説明と決め方が提案され，それによって他者が2年生と決まった。空気物語が紡がれる中で，「クラスの友だち」「リハーサルのときの隣のクラスの友だち」でお互いが想定他者となり，お互いや他者の学びのために会話や対話をしていた。「空気ランドを見に来た先生」を他者としても設定していた。

　そして，この物語における愛は，2つある。一つは**共に学ぶクラス内の友だち**に対する愛があり，もう一つは他者として子どもたちが決めた**2年生**への愛がある。それだけでなく，1年生や3年生，6年生への愛があることも選挙で明らかになった。

　友だちへの愛は，共に4年間過ごしてきて，その中で「自分の学びが参考になるとうれしい」という想いを持つ子どもが何人かいると考えている。たとえば，黒板をゆだねて自分たちで学びを創っていく際に，発表した子どもや黒板に表現した子どもの存在を保障するため「○○さんの考え，役に立った，使えそう？」と問う。使えそうな子どもに挙手をしてもらい，あなたの考えは役に立ったよと可視化する。このように子どもたちに友だちの意見をアセスメントしてもらい，参考になった，役に立てそうなど可視化することで友だちへの愛が表現されると考える。自分一人では思いつかなかった考えを，「取り入れるよ」と意思表示を媒介とすることで愛が育った。役に立つとはどういうことかを追求していくことで，アセスメントできる能力が育った。

　もう一つ，子どもと共に決めた他者である「2年生」へは，「2年生はおもちゃランドの経験をしていないのにもかかわらず，1年生のためにおもちゃランドを開く，その際，空気ランドを参考にしてもらいたい」「今の2年生はおもちゃランドなど何も招待されていないからかわいそうだ」という情意的な想い（非認知的スキル）があった。そして，「3年生から始まる理科っておもしろそうだ，空気っていろいろなおもしろさがある」という想い（認知的スキル）を2年生に持ってもらいたいと考えていた。空気ランドを経験した2年生の変容と反応を子どもが捉え有用感を持てることで自分と2年生へのさらなる愛を感じることができたと考える。

K・T（主な会話・対話）

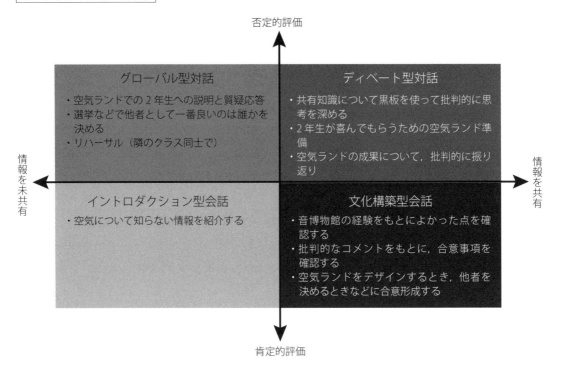

否定的評価

グローバル型対話
・空気ランドでの2年生への説明と質疑応答
・選挙などで他者として一番良いのは誰かを決める
・リハーサル（隣のクラス同士で）

ディベート型対話
・共有知識について黒板を使って批判的に思考を深める
・2年生が喜んでもらうための空気ランド準備
・空気ランドの成果について，批判的に振り返り

情報を未共有 ← → 情報を共有

イントロダクション型会話
・空気について知らない情報を紹介する

文化構築型会話
・音博物館の経験をもとによかった点を確認する
・批判的なコメントをもとに，合意事項を確認する
・空気ランドをデザインするとき，他者を決めるときなどに合意形成する

肯定的評価

（2）TAKT授業で育んだ子どもの姿

教科との関連

■道徳科との関連
2年生に温かい心で接する
2年生が安心できる言葉を使う

■国語科との関連
2年生が分かりやすいように，コーナーの説明や考えを書く

■理科としての学び
閉じ込めた空気の性質を学び，空気を視る世界が広がり，その世界を他者に知って役立ててもらうためには，どのようなことをすればよいかを考え，学ぶ

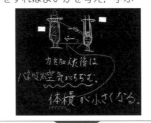

■社会科との関連
招待する人を決めるための「選挙」について学ぶ

■図画工作科との関連
コーナーを創ったり，会場の飾りつけをしたりする

TAKT授業で育んだ子どもの姿

　本物語の1年前の「音博物館」のときは，どちらかといえば，自分の考えが真似されたり，否定的な意見を言われたりすると嫌がる子どもの方が多かった。そこから空気ランドを経て，自分の考えが使われた，否定的な意見を言われたおかげで自分の学びになったと感じるようになっている。

　この後にまた違う単元「生き物の1年間」で，サクラやウメについて調べて，まとめたことを巻物にして，自分たちの学校の図書室に置き，児童や先生に見て参考にしてもらうというTAKT授業を行い，学年の最後に**「自分と一緒に相手も賢くなることができるのが嬉しい」**と思う人どれくらいの人いるかな？と問うと，全員が手を挙げた（学年の開始時にも問いましたが，そのときは2，3人だった）。「自分の学びが他の人の役に立ち，それが嬉しいという想い」や，そのためには「他の人に批判的な意見をもらうことが不可欠だという想い」が育まれたと思われる。年間2本のTAKT授業をすることで子どもたちの姿が大きく変わってきた。

　変わったのは子どもだけでなく，私自身も変わった。新任1年目で，クラスを持ち，**「音博物館」をする前は，指示や命令の言葉が多く，子どもに何かをゆだねることは怖くてできなかった。**しかし，TAKT授業でゆだねたときに見せてくれる子どもの姿を見て，衝撃を受けた。**先が見えないからこそとても不安になるが，子どもたちがとてもいい顔をし，次第に変わってきた。**

　5年生になったこの子どもたちは授業や，授業以外の場面でも自己決定することが多くなり，他者のことをより考えるようになった。自分たちの学びが他者の役に立つことを経験しているこの子どもたちは早くまた，大きなプロジェクトをして，他者の役に立ちたいと言っている。**先生は教える存在ではなく，先生も共に学んでくれる1人だとも言われた。**家からウメの花を持ってきたり，学んだことについて小説を書いたりするなど，TAKT授業をすることで，自分が学んだことをさらに深く，そして視点を広げるようになった。学び続ける子どもが育ったのかもしれない。自分たちでデザインする力がつき，それによって他者が喜んでもらえるという喜びを知り，明らかに違う顔つきになった子どもたち，OECDが提唱している概念を見てこれからの時代を生きる子どもたちにとってTAKT授業で育まれた力が必要なものだと感じた。

◆藤倉先生からのメッセージ

　この物語は授業の物語であるとともに，担任教員の成長物語でもあります。藤倉が初めて授業指導に入ったのは担任の真田氏が新任1年目の秋でした。本授業を担当したのは，2年目になります。教員として成長したと実感します。

　TAKT授業を始める前の担任の授業は，典型的な工業生産モデル型であり，何事にも指示や命令が横行していました。そのため子どもの中の何人かは，授業中にもかかわらず勝手に本を読んだりうつ伏せになっていたりしており，学級崩壊の危険を感じる状況でした。私がTAKT授業の実施を担任に勧めたのは，このような学級の運営を改善させるという目論見もありました。

　しかしTAKT授業を始めると，みるみる子どもの姿が変わってきました。授業中の意思判断をゆだねられた子どもたちは，積極的に学習に向き合い始めたのです。他者のために役に立つことをするという，学びの「誰のために」「何のために」が明確になった子どもは，俄然，燃えだしました。

　そして担任も変わり始めました。子どもの声に真摯に耳を傾ける先生になったので
す。主体的に学び始めた子どもたちは，特段の指示・命令をしなくても，自分たちだ
けで学習を進めていく。このような環境では，教師は彼らの活動に伴走し，彼らが
困ったときに助言や実験モデルを示したりするファシリテーターとなります。こう書
けば簡単なことであるように思えますが，実際は，授業の展開を子どもたちにゆだね
た教員は，かなりの不安と闘わねばならないのです。子どもたちを真に信頼できるよ
うになったからこそ，実現できたことでしょう。

◆田島先生からのメッセージ

　本授業の見どころはたくさんあるのですが，説明を行う宛先である「他者」の設定
を，子どもたち自身のプレゼンテーションで決めるという動きが，特にユニークな特
徴といえます。対話の特性を決める重要な要素である他者の設定が，選挙という知的
な対話プロセスを通じてなされたことは，本授業の開発当初は想定していなかった創
発的な現象でした。また「他者のために学習成果を役立てたい」という利他的な動機
づけを子どもたちは本源的に持っていて，その思いを自発的に発揮する場面として対
話と会話が展開していたことも印象的です。子どもたちのこのような創発性を受け止
める授業設計を行うことは，教員にとって相当なストレスがかかることと思いますが
が，真田先生は，子どもたち自身が対話を展開できる場をしっかりと見守られまし
た。

◆武元先生からのメッセージ

　私たち実社会の最前線で働くビジネスパーソンにとっても，自分たちのサービスや
商品のよさを顧客に向けてプレゼンする場合，相手の目線を予想しながらその内容を
変更していきます。顧客Aと顧客Bにとって，その商材がもたらし得るメリットは，
必ずしも一致するものではありません。それぞれの立場に合わせた説明の仕方を変更
するのは当然のことです。さらに，活動を続けていく中で宛先が変わるということ
も，特に課題が創発的なものである場合は頻発します。その変更に柔軟に対応できる
対話能力も，実は重要です。しかしそれは，存外に難しい課題でもあり，すべての社
員が自在に対処できているとはいえません。
　しかし本授業の子どもたちは，自分たちの対話相手である他者を自分たちで決める
という作業を通じて，本来はかなり困難な課題に主体的に取り組みました。しかもそ
れぞれの他者の立場（対話を行うことによる相手のメリット）を書き出し，いかに相手
に役立ててもらえるかという視点についてじっくりと話し合い，選挙で吟味するとい
う高度な活動を行っていたことに改めて驚きました。また選挙で自分たちの主張が選
ばれなかった子どもたちも，自分たちの説明の宛先を修正し，改めてプレゼン内容を

吟味できたという点は，非常に創発的だったと考えます。

　説明する内容だけではなく，その宛先に意識を集中して討議するという経験はいうまでもなく，VUCA状況になりつつある実社会において重要なものです。21世紀における学校は，本授業のように，教科書の内容も参照しながら，様々な利害が絡む実社会の人々の実状を意識し，彼らとの連携を目指した学習者の対話を促進するアリーナとして機能するべきなのだと思います。

5章

水物語
大阪市立本田小学校　第4学年31名（令和4年5月～令和4年7月）

近藤聖也

■1 あらすじ

　勉強が苦手な僕。授業は座って自分のためだけに勉強していたらよかったのに。今年はどうやら今までと違うようだ。

　僕は大阪の街中に住んでいる小学4年生。家ではいつも兄弟喧嘩をしているけど，学校では猫をかぶってちょっと大人しくしている。だって勉強がよく分からないから，目立たないようにしとかないとね。近藤先生の理科の授業が始まったんだけど，なんだか今までと違っている。問いを立て，自分たちでその問いを解決するために，学んでいくらしい。一つよく分からないのが，誰かのために勉強をしていくってこと。勉強は自分のためにするものじゃないのかな？

　今勉強しているのは水物語。学んだことを水の博物館にして，多くの友だちに役立ててもらうらしいけど，普通に教科書に書いてある内容を黒板で教えてくれたらいいのになって正直に思う。そんなことしたことないし，よく分からない。だからとりあえずは，できる子に任せて僕は黙っておこう。しばらくして黙っている僕たちを見かねたのか，先生が水物語を中断して，「プールに何時間目に入りたいか」って聞いてくる。どうやら，科学的に調べたことをもとに，体育主任の和太先生へプールに入る時間を提案するみたいだ。僕は1時間目がいいな。だって眠たいから。でも，どうやら気温や水温が関係しているらしい。すると，鈴木さんと黒木さんが「僕たちだけ，自分に都合のいい時間をお願いするのはなんだか勝手な感じがするから，新1年生が安心してプールに入ることができる時間を調べて，お願いするのはどうだろうか」と言いだした。どうせ無理だよ。そんなふうに思っていたのに，みんなはどんどん動き始めた。友だちと協力しながら，お願いの手紙を書いている。それで，どんなふうに書いているのかなとのぞきに行ってみた。うん，これはおもしろい。僕たちだってこんなふうに「何かを変えようとすること，動かそうとすること」ができるんだ。ぱっと何かの扉が開いた感じがした。

　僕たちはその後，水物語へと戻り，水物語博物館を作ることになった。いったい誰のために，何のために僕たちは勉強をしているんだろう。

全8話（40時間程度）

第1話「体の中の水はどこから来たの？」　2時間程度

第2話「自然界の水は無限ループ」　2時間程度

第3話「運動場に降ってきた雨水の行方」　5時間程度

第4話「浄水場と科学館に社会見学」　8時間程度

第5話「プールは何時間目に入りたい？」　9時間程度

第6話「水物語博物館へ」　8時間程度

第7話「本当にそれでいいの？」　4時間程度

第8話「水物語博物館」　2時間

❷ 本物語のファーストデザイン

　誰かのために学んだ経験や，みんなで考えを創発するような経験がほとんどない子どもたち。普段の授業でも，自分の考えをノートに書く場面では，正しい答えを求めて何も書けなくなることが多く，指導者が正解を示してくれるのを待っている。だからこそ，TAKT授業を通して自分の考えや学びが，人に影響を与えられることを知り，その喜びを感じられるような授業にしていきたいと考えている。ただ，子どもたちの動機になり得る他者は誰なのか。従来の学校教育の枠組みでは，そのような視点で学力を捉えることは稀であり誰を他者に設定することが重要なのかのイメージが持てていない。それはきっと子どもたちも同じだと思う。だからこそ，はじめの段階で他者を明確に設定することはせず，子どもたちと考えていきたい。他者が決まっていないので，どんな形で表現するのかも未定のままスタートする。本物語において大切にしたいことは，クラスメイトを有能な他者として子ども同士が意識し，影響を与え合うこと。自分の考えが友だちの発言によって更新され，再構築されていくことや，自分の考えが友だちの考えの参考となり，影響を与えることの喜びを感じること。そのために，「○○さんの意見が参考になった人？」と全体へ返す場面を保障していきたい。そして，最後には宛先としての他者を意識しながら，他者を想定し友だちと対話を重ねられるようにしていきたい。

③ 物語

第1話 「体の中の水はどこから来たの？」　2時間程度

①物語の始まり　水さんと出合い，水がどこから来たのかについて考える

> 物語性：水さんと出合い，自分の命と水さんとのつながりを感じる物語

道具性：①アート的思考　②移動できる短冊

身体性：授業を子どもたちにゆだねていくために，黒板の前から距離をとり，黒板を
　　　　子どもに譲る

支援性：それぞれの考えをつなぎながら，黒板に可視化する

関係性：文化構築型会話「水は，僕たちの生活の中のどこに隠れていて，どこから来
　　　　るのか」

体の中の水はどこから来たの？

　今にも雨が降りだしそうな月曜日，近藤先生が黒板の真ん中に人の絵を描き始めた【道具性
①】。なんだろうと思っていると，「人の体のどれくらいが水でできているか知っていますか？」
と問いかけられる。すると，鈴木さんが「60パーセントから70パーセントくらいだ」と答え
る。鈴木さんは本当に賢い。何でもよく知っていて，すぐに答えが出てくる。困ったときは鈴
木さんだ。僕はというと勉強はあまり好きじゃない。分からないことも多くて，ボーッとし
ちゃうことが多いんだ。先生が「水がなかったらどうなるの？」と聞くので，それは死んじゃ
うんじゃないのかなと考えていると，伊藤さんが「死んじゃうんじゃないかな」と僕が考えて
いたことと同じことを答えてくれた。伊藤さんも理科が得意。同じ考えに少し安心した。「生
きるために必要な水は，どこから来たのだろう？」また先生に問いかけられる【物語性】。そ
ら水道でしょ，と思っていると，鈴木さんが「浄水場から来ます」と言う。浄水場？　何だそ
れは。けど，鈴木さんが言うことだし，たぶんそうなんだろうな。僕は分からないから黙って
おこう。

　しばらくすると先生が「みんなが水について調べてみたいことは何かある？　ある人は，黒
板に書きにおいで」と言いだした【支援性】。いったい先生は何を言っているのだろう。黒板
に書きに行く？　先生が書くのではなくて？　どうしろと言うんだまったく。すると，鈴木さ
んと伊藤さんが動きだした。やっぱり2人はすごいんだよな。前に行って黒板に書き始める。
だけど，少し不安そう。そんな姿を見ていると，黒木さんも動きだした。先生は僕たちの後ろ
から眺めている【身体性】。「絵を描いてもいいんだよ」と先生が言うけど，3人とも何を描い
ていいのか分からない顔をしている。だけど，どこか楽しそう。いつもは先生が書いている黒

板に僕たちが書いているんだから。

　3人の姿を見て他の友だちも書き始めた。みるみるうちに，黒板はいっぱいになる。はじめは「水はどこから来るのか」について書いている友だちが多かったけど，そのうちに，山，海，川や雲の話になっていった【関係性】。確かに海や川は水があるもんな。雲から雨が降るから水と関係しそうだし。いつも疑問に思っていたけど，雲ってなんで白っぽい雲と黒っぽい雲があるんだろう。おもしろくなってきたから，僕も書いてみようかな。そう思っているとチャイムが鳴った。

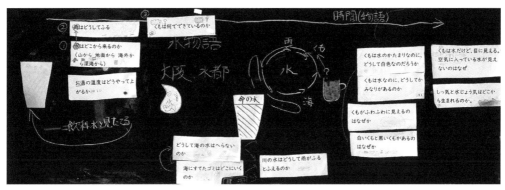

調べてみたいことを仲間分けして学ぶ順番を考える

②調べてみたいことを仲間分けして学ぶ順番を考える

　前回の授業で黒板に書いた問いを先生が印刷してくれた【道具性②】。「どの問題とどの問題を近くに貼ればいいだろうか」と先生が聞いている。近くに貼る？　近いとか遠いとか関係あるの？　と考えていると，鈴木さんと井田さんが出てきて，黒板に貼りだした。鈴木さんと井田さんが何だか相談をしている。何を話しているのか聞いてみると「これは雲の話だよね」「海と川も近いね」「水はどこから来るのか問題もあるね」と話し合っている。すると井田さんが「湿気とか水蒸気って雲と関係するんだっけ」とみんなに問いかける。それに反応して何人かの友だちが黒板の前に集まってきた。「これは雲グループだよね」と言う友だちの声が聞こえる。先生はどれとどれが仲間なのかを聞いていたんだな。黒板全体を見ていると，鈴木さんが「これは水物語だな」とぼそっと言った。

　仲間分けが終わると先生が「この後どんなふうに授業を進めていきたい？」と聞いてきた。みんなで黒板を見ながらどれから先に勉強していきたいのかを考えた。

◆近藤先生の思い

　先生の権威の象徴である黒板を子どもたちに渡すこと。それが今回の学びのメッセージになればいいなと思い，黒板を子どもたちに渡す授業にした。今後の活動につながりそうな水の循環に関することばにはアセスメントしながら，価値づけをしていく。た

> だ，黒板に表出された子どもたちの問いを線でつなぎながら仲間分けをしようと考え
> たが，情報量が多すぎて断念。次の日に短冊にした紙で仲間分けをすることにした。

第2話 「自然界の水は無限ループ」 2時間程度

　班に分かれて「水はどこから来るのか」について調べる時間が始まった。はっきりいって何をしたらいいのか分からない。班になって，調べ始めるけど，どうしたらいいのかも見当がつかない。教科書どおりに授業を進めてくれないのかな。不安な気持ちがあふれてくる。すると，鈴木さんが大きなホワイトボードを持ってきた。「水は浄水場から来るんだよ」と言いながら，ホワイトボードに浄水場から水が来る流れを描いていく。だけど僕は蚊帳の外。鈴木さんがなんだか説明をしてくれるけど，難しすぎてよく分からない。僕がぼーっとしているから鈴木さんもなんだかイライラしている感じ。

　周りを見てみると，伊藤さんの班はどんどん進んでいる。楽しそうに調べているし，いろんなことを書き出していっている。調べれば調べるだけ次の疑問が湧いてきている感じ。何でなんだろう，なんかすごいな。

　「綿と氷はありますか？」黒木さんが先生に話しかける。どうやら綿と氷で雲から雨が降っている様子を再現したいみたいだ。先生が「綿と氷を使って，何を確かめたいの？」と聞いている。すると「え？　綿と氷を使ったら雲から雨が降ったみたいになるでしょ。それをしてみたい」と。「綿と氷の雲を作ったらどんなことが分かりそう？」と続けて先生が質問をした。すると，「何を確かめたいかは正直分からないや。とりあえず雲を作ってみたいなと思って」と言っていた。

　しばらくして，先生は，2班が水の循環についてまとめた紙を貼った。2班の友だちが説明をし始めた。「水は無限ループになっていて，雨から地面に落ちた水は川から海へ，海から雲になって，また雨になる」という言葉だけでなく，図もあったので僕にもよく分かった。

　この循環の紙を見ながら，先生が「隣の家庭科室で，水物語博物館をしてみないか？」と

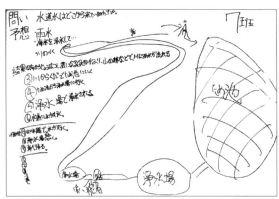

浄水場から来る水

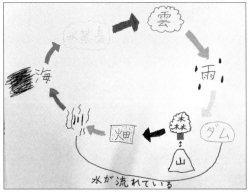

水の循環

言った。ん？　水物語博物館？　続けて「自分たちが学んできたことを他の人の役に立つように，水物語博物館にしたらどうだろうかと思ったのだけど，やってみないか？」と言う。僕たちは顔を見合わせた。伊藤さんや鈴木さんは乗り気の様子。他の子は，イメージが湧いていない感じ。なんだか反応が薄い。僕はというと，どうせ博物館なんてできないよと思っていた。

◆近藤先生の葛藤

　　知識がある程度入ってから思考は進んでいくと考え，調べ学習から始めることにした。だけど，調べていきたいという動機を持っている班とそうでない班の差は大きい様子。「どうしていいのかが分からない」という勉強への不安が足を止めているように感じた。もっと積極的に知識を与え，思考が前に進んでいけるようにしたらよかったが，どうしても，自分たちでやってほしいという願いが前面に出てしまい，よき伴走者になれなかった。2班の学習が進み，水の循環についての画用紙を見たときに博物館がひらめいた。みんなに提案してみるけれど，思っていた以上に反応は薄い。僕たちには関係ないという雰囲気。

第3話　「運動場に降ってきた雨水の行方」　5時間程度

物語性：運動場の赤旗（使用禁止マーク）を取る責任を担う物語
道具性：①アート的思考　②黒板
身体性：自分なりの方法で水さんと出合っていけるように見守る
支援性：子どもの行為にアセスメントし価値づけをしていく
関係性：文化構築型会話「運動場に降ってきた雨水の行方はどうなるのか」

　五月雨の降る月曜日，先生が「運動場の赤旗（赤旗が立っているときは運動場を使用できない）を取るタイミングをみんなで決めてみないか？」と聞いてくる【物語性】。それって先生がすることじゃないの？　僕たちが決めていいの？　なんてことを思っていると，伊藤さんが一番に「やってみたい」と反応をした。雨水の行方の学習をして，その知識を使って，運動場を使っていいのかまだダメなのかの判断を僕たちがするというのだ。いつもだったら，先生が判断していることを僕たちがするんだ。777人の全校児童が休み時間に運動場で遊べるのか，体育ができるのかの責任が出てくる。そんなこと僕たちにできるんだろうか。僕は半信半疑だった。そんなことできるわけがないと不安に思う僕と，ちょっとおもしろそうだなと思う僕がいた。

　どんなことが分かれば，赤旗が取れるのかをみんなで考えた。「運動場のどんな場所が水溜まりになりやすいのか」が分かれば判断できるんじゃないかということになり，雨が降った後の運動場を見に行くことになった。

運動場で雨水の行方を各々の方法で観察している

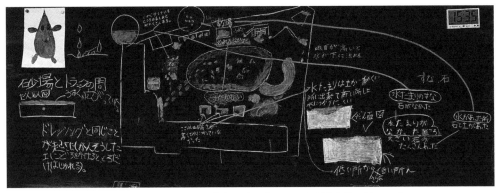

運動場で見つけたことを黒板に出し合い，つながりを見つけていく

　雨が降った後の運動場の予想をみんなで描いて【道具性①】，長靴を履いて雨の降る運動場へ行った。「わー！　にゅるにゅるや！」雨の日の運動場になんか行ったことがなかったから，にゅるにゅるの運動場に驚いた。「鉄棒の下はやっぱり水溜まりになってる！」だけど，運動場の真ん中も水溜まりになってるんだ。知らなかった。端のほうだけだと思っていた。

　工藤さんと笹さんが，手で地面をさわっている【身体性】。何をしてるのかなと思ってのぞきに行くと，砂をさわっていた。何となく真似してみると，やっぱりにゅるっとしていた。だけど，笹さんの手にはザラザラの砂がある。いったいこれは何だろう。笹さんが「水溜まりがあるところと，水溜まりがないところの砂だよ」と教えてくれた。へぇ～そうなんだ，と思ったけど，よく分からなかった。

　教室に帰ると，黒板に運動場で見つけたことを描いていった【道具性②】【関係性】。だんだんと黒板に書くことにも慣れてきたのか，黒板の前は人だかり。今日は僕も書きに行ってみよう。僕は，鉄棒の下と滑り台の下の水溜まりを描いた。隣では工藤さんが絵だけでなく，「ベタベタしているところは足跡がたくさんある」と言葉で書いていた。それを先生が見て「なるほど。絵に言葉を付け足すと分かりやすいんだね」とみんなに投げかけた【支援性】。すると，どんどん言葉も集まってきた。鈴木さんはというと，断面図なるものを描いて説明していた。そうやって地面を見る方法があるんだな，と驚いた。

◆**近藤先生の四苦八苦**

　第2話での博物館への反応が薄かったことから，小さな成功体験を積んでいくことが大切だと考え，水の循環という大きなサイクルから水の染み込み方だけを抜き出して，みんなで勉強を進めていくことにした。あまりに大きな枠組みを持て余しているように感じたからだ。大人の権限を子どもに譲渡するという文化がなかったこともあり，半信半疑だった。学ぶ責任を生み出そうと考えたが，やはり反応は薄い。結局，実際に赤旗を取るところまで進まなかった。

第4話 「浄水場と科学館に社会見学」　8時間程度

　支援性：自分たちで何が大切なのかを決められるように待つ

　関係性：ディベート型対話「誰のために何のために何を」

　僕たちは水物語博物館を作る予定だ。だけど，博物館といっても，何をどうしたらいいのか分からない。そこで，先生が柴島浄水場と大阪市立科学館に連れて行ってくれた。

　柴島浄水場では，一通り浄水施設についての説明を受けてから，濾過の実験をした。濾過の実験では，職員が「水の匂いをかいでみてください」と言うので，濾過前の濁った水の匂いをかいでみる。「くさっ！」なんという匂いだろうか。生臭くて，なんともいえない匂い。実際に少しずつ濾過装置に水を入れていくと，水が綺麗になっていく。砂だけでこんなに綺麗になるんだな。だけど，水はまだ臭い。その後，活性炭で濾過すると臭いも消えた。驚いて顔を見合わせていると，谷川さんが「僕たちの博物館でもこうやって実験器具を作ってやってもらうといいよね」と提案してくれた。

　科学館では，それぞれの体験コーナーにパネルがあった。自分たちが体験したことが科学的に説明されていた。これも博物館で使えそうだ。

　学校に戻り，自分たちの水物語博物館にどんな要素があったらいいのか，誰のために何のために進めていくのかを話し合った【関係性】。水物語の学習が始まったときに，先生が「誰かの役に立つってうれしくないか？」と聞いてきたけど，いまいちピンとこなかった。勉強って自分のためにするものだと思っていたし，そもそもやれと言われるからするものだと思ってた。それなのにいつも先生は「どうしたい？」と聞いてくる【支援性】。どうしたらいいのかを教えてくれたらいいのにって思うから，返事

柴島浄水場で濾過の実験体験

に困る。僕たちは誰に見に来てほしいのかな。3年生，4年生，6年生，お家の人，いろんな意見が出てきたけど，多数決をとってみると4年生が多かった。ちなみに僕も4年生に手を挙げた。なぜかって？　それは，4年生が同級生だし一番無難だと思ったから。他の学年に向けてするのはちょっと怖いよね。僕たちが誰かに何かを伝えられるとは本気では思っていなかったからさ。

第5話 「プールは何時間目に入りたい？」 9時間程度

> 物語性：気温と僕たちの生活
> 道具性：友だちのノート
> 支援性：子どもたちのよいところをつなげる
> 関係性：①グローバル型対話「曇りの日は気温を測らなくていいのだろうか」
> 　　　　②グローバル型対話「和太先生への手紙を書くうえでの話し合い」
> 　　　　③ディベート型対話「実験していない和太先生へ何を伝えたらいいのだろうか」

　水物語が滞っている僕たちを見て，先生が「少し水物語から離れて，新しい勉強をしようか」と言ってきた【物語性】。そして「プールに入るのなら何時間目がいい？」と聞いてくる。僕は朝が苦手で眠いから1時間目に入って目を覚ましたいなと思って1時間目に手を挙げた。他の友だちはというと3時間目が多かった。理由としては，気温が上がって暖かいことと，時間的余裕があるから着替えや給食に困らないからだ。

　「体育主任の和太先生にお願いしてみる？」と先生が聞いてきたけど，鈴木さんが「僕たちだけ，僕たちに都合のいい時間をお願いするのはなんだか自分勝手な気がするんだよな」と言った。確かにそうだなと思いながら話を聞いていると，「じゃあ1年生のプールの時間を提案するのはどうだろうか」と黒木さんが言った。その提案は，みんなが納得した感じがした。そこで僕たちは1年生の安全を守るために，1年生が最も安全にプールに入ることができるのは何時間目なのかを調べて，和太先生にお願いの文を書くことになった。僕たちが時間割について意見するなんてことは今までしたことがないし，本当に意見してもいいのかな，という不安もあった。だけど，和太先生はいつも体育を教えてくれている先生だし，聞いてくれるかもしれないなと少し期待した。

　それぞれの班で計画を立てながら，僕たちの班は1時間ごとの気温と水温の変化を測っていくことになった。板東さんの班は，30分ごとに調べたほうがいいんじゃないかって言っているけど，僕たちは授業のことを考えて1時間おきに測ることにした。1時間だと変化が大きすぎるのかな。30分のほうがいいのだろうか。なんて不安にもなったけど，とりあえず一回やってみるしかないのかな。

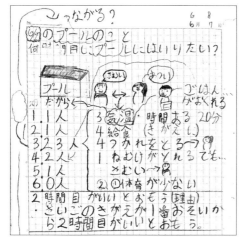

プールに入るなら何時間目がいい？

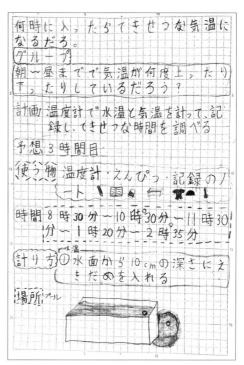

実験ノート

　気温を観察し始めて2日目の朝，みんな気温と水温を測りに行こうとしない。先生が「今日は測らないのか」と僕たちに聞いてくる【関係性①】。みんなが何で測ろうとしないのかが僕にはよく分からなかった。だけど，みんなが行かないから僕も行かない。すると，鈴木さんが「今日は曇っているから，測る必要がないから行かなくていいと思う」と言う。えー！　そういうことだったのかと思いながら聞いていると，黒木さんが「それって本当なの？」と怪訝な顔をする。すると鈴木さんが説明し始めるけど，僕にはちょっと難しくてよく分からない。先生が黒板に雲を描いた。「どういうことか黒板を使って説明してくれる？」と言うので，前に出て鈴木さんが説明をし始める。どうやら太陽の光が雲に邪魔されて下まで届かないから気温が変わらないという話らしい。気温や水温を変化させている犯人は太陽だってことだ【関係性①】。

　そこで「曇りの日は，気温があまり変わらないのだろうか？」という問いで曇りの日の気温と水温の変化も測っていった。みんなで役割分担をした。気温を測る人，水温を測る人，記録をとる人と分けていって，僕はサポート役になった。

　集めた結果を算数で習った折れ線グラフに直して，その結果をもとに，体育主任の和太先生へのお願い文を書いていく【関係性②】。はじめは何を書いていいのか全然分からなかったけど，友だちのお願い文で素敵なものを先生が紹介してくれるから，少しずつ真似をしながら書いていった【道具性】【支援性】。だけど，書きながら「本当にこれでちゃんと和太先生に伝わるかな」と不安になる。だから「これ読んでアドバイスください」って先生に読んでもらっ

た。すると「結局，熱中症って何度からが危険なの？」と質問された。僕は答えられない。「ありがとうございます」と曖昧に返事だけをしてその場から離れた。理科の得意な伊藤さんに聞きに行くけど，伊藤さんも分からないみたい。そこにいた他の友だちもみんな答えられない。「俺たち熱中症について分かってないよな」と顔を見合わせる。「ありがとう。俺たちが分かってないことが分かったわ」。みんなが僕に「ありがとう」と言ってくれた【関係性②】。僕は，教えてもらいに行っただけなのに。僕の質問が役に立つなんて驚きだった。他にも，気温を調べた結果の日数が足りないことも明らかになった。だから，お願いの手紙を書いているはずなのに，みんなパソコンで熱中症について調べたり，気象庁のホームページで気温について調べたりし始めた。書いていくことで，これじゃあ和太先生に伝わらないぞと気がついた。人にお願いの手紙を書いて説得するのって難しい。だって和太先生は実験もしていないし，どうやって時間割を決めているのかも分からないから。だけど，どんな情報があったら和太先生が納得してくれるのか，どんなふうに書いたら自分たちが学んできたことが伝わるのかを考えるようになった【関係性③】。

　時間が進んでいく中で，書いたお願いの手紙を友だち同士で自然にチェックし始めた。僕もいろんな人に読んでもらってアドバイスをもらった。僕だってアドバイスした。自分一人の力じゃこんなに書けなかっただろうな。友だちの文章や考えを参考にしながら書いていくだけで，自分ではできなかったことができるようになるんだって本当に驚いた。クラスで一番早く書き終えたのは菅野さんだった。みんなで菅野さんの手紙を読みながら，自分のためだけの勉強とは違う楽しさを感じるようになった。

和太先生へのお願い文

　手紙を書き終えて，和太先生に届けた。すると，後日，和太先生から返事のお手紙が届いた。

> 　お手紙，ありがとう。4年4組のみなさん，お手紙ありがとうございます。学びをインプットするだけでなく1年生の健康や安全のためにアウトプットする学びの質とその姿勢，読み手が分かりやすいグラフの作成，とても素晴らしいものだと感じました。さて，本題の1年生のプールの入水時間についてですが，みなさんが提案されているように気温，水温ともに適温時に1年生が入水できるように来年度の時間割を作成したいと思います。しかし，様々な要因があり，みなさんの提案通りにいかないことも事実としてあることも知っておいてほしいと思います。最後に，理科の学習内容を通じ，知識だけでなく学ぶことの楽しさや喜びを感じたことだと思います。これからも学びに対する情熱をもち，更なる成長を願っています。　　　　　和太先生より

　和太先生が教室で読んでくれた。読み終わるとどこからか拍手が起きたんだ。あったかい時間だったな。何だか不思議な気分。僕も，手紙を何度も読み返した。「来年の1年生はみんなのおかげで安心してプールに入れるかもね」と近藤先生が言う。僕たちすごいな。素直に思う。来年の1年生の時間割が楽しみだな。

> **◆近藤先生の気づき**
> 　「名前も顔も知らない他者」ではなく，日ごろから授業でお世話になっている「親近感のある先生」が他者になることで，子どもたちの心に一気に火がついたようだった。子どもたちの口からは「和太先生だったら」という言葉が多く聞かれるようになり，他者を意識した学習に取り組めるようになってきた。

第6話 「水物語博物館へ」　8時間程度

> 物語性：成功体験が水物語を3年生と結びつける
> 関係性：①グローバル型対話「誰を何のために招待するのか」
> 　　　　②ディベート型対話「聞き手の立場に立って発表資料を再検討する」

　いよいよ「水物語博物館」へ向けて，本格的に動きだした。「結局，誰を博物館に招待したい？」と先生が聞いてきたとき，僕は3年生がいいんじゃないかと思った。だから「3年生がいいと思う」と言ってみた。すると「なんで3年生がいいの？」と鈴木さんから質問が入る【関係性①】。僕が困っていると，黒木さんが「同じことを学んでいる4年生に伝えるよりいいんじゃないの」と助け舟を出してくれた。伊藤さんは「お家の人でもいいと思うな」と意見を

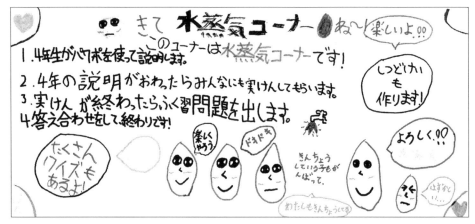

水蒸気コーナーのポスター

出してくれて，結局，3年生，4年生の他のクラスかお家の人の3つから選ぶことになった。決めあぐねていた僕たちに先生が「水物語博物館に招待してどんなことを伝えられたらいいだろうか？」と聞いてきた。僕たちは，何を伝えられるかな。水の循環に関する知識？　すると，黒木さんが「理科ってこんなに楽しいんだよって伝えたい」と言った。「あー確かに」僕は思わず声に出してしまった。すると鈴木さんは「理科の学び方も伝えられるんじゃないかな」と提案している。なるほどな。それは考えてなかった。結局，理科の楽しさや理科の学び方を伝えるために水物語博物館をすることになった。その後，また誰を招待するのかの話し合いになったが，みんなの気持ちは同じ方向を向きだしていた。最後は伊藤さんの「楽しさとか学び方だったら，3年生がいいのだろうな」という一言で3年生を招待することになった。すると，鈴木さんが「本当に3年生に理科の楽しさが伝わったのか後でアンケート取ろうよ」と提案してくれた。その後は，アンケートを作る役割，全体の司会や1時間のスケジュールなどを考えていった【物語性】。

　いよいよ班でブースを作っていく。そのために，自分たちは，水の循環のどの部分を伝えたいのかを班で考えて意見を出していった。何だろう。今までは博物館なんてどうせできないだろうと思っていたのに，和太先生へのお願いの手紙を書いてからは，自分たちでもできるんじゃないかと思うようになった。今までは，何となくやっていたけど，今は早くやってみたいと感じている。

　僕たちは「空気中に水はあるのか」「もしあるのなら空気中の水を取り出すことはできるのか」についてのブースを作ることになった。つまり「水蒸気ブース」。今まで理科は苦手だし，班のメンバーである鈴木さんに頼りきりだった。だけど，3年生にこんな姿を見せたくないなと思うと，自然と真剣になっていった。

　水蒸気の体験コーナーって何ができるだろう。班で話し合ってもいい案が出てこない。インターネットで調べていると，湿度計をセロハンで作れることが分かった。だから，セロハンを用意してもらって，簡単な湿度計を作ろうとしたけど，何度やってもうまくいかない。作って

は壊して，できてもいまいちよく分からない。だって湿度って何なのかよく分からないからさ。

　「ぼく，セロハンで何をしているのかいまいちよく分からない」と鈴木さんに正直に言ってみる。鈴木さんは丁寧に説明をしてくれたけど，やっぱり分からない。周りの友だちの顔を見てみても僕と同じようによく分かってないような感じ。今までだったら，にこにこしながら分かったふりをしていたと思う。だけど，分かったふりをしてここにいるだけじゃ，それじゃあダメなんだ。「やっぱり分からないや。僕が分からないってことは3年生にも分からない子が出てくるんじゃないのかな」勇気を出して伝えてみた【関係性②】。すると，隣で聞いていた北野さんが「確かに3年生には難しいよね。空気中に水蒸気があるでしょ？　その水蒸気の量を測る装置なんだって」と説明してくれた。「それとセロハンはどう関係してるの？」と聞いてみると「うーん。そうやってインターネットに書いてあったからさ。正直私もよく分かってないや」。鈴木さんもうなずいている。みんなもよく分かってなかったんだ。伝えたいことが伝わってうれしくなった。

　そこから，僕たちは湿度計の代わりに空気中の水を取り出す実験を考えていくことになった。僕の発言でみんなの学びの方向が変わった。しばらくして，水蒸気を水に変えて取り出す実験をすることになった。これは簡単。だけど，分かりやすいしちょうどいいな。だんだんと方向性が見えてきたから，班の中で，本番に向けての役割分担を行った。鈴木さんがパワーポイント，小澤さんは台本，大原さんは当日の動き，僕はポスターを北野さんと一緒に作ることになった。必死にポスターを作っていると，あっという間に時間は過ぎた。

第7話 「本当にそれでいいの？」 4時間程度

> 関係性：ディベート型対話「自分たちの発表をよりよくするために」

　いよいよ本番に向けてのクラス内発表の日。2班の発表がすごい。水物語の全容もよく分かるし，本当に3年生を想定して作られているのがよく分かる。発表のスピードや声の大きさもちょうどいい。それでも，他の友だちは「体験コーナーとパワーポイントの発表内容がもっとつながったほうがいいんじゃないの」とか批判的な意見も出ていた。みんなでよりよくしていこうと考えているんだな。僕は，アドバイスみたいなことは言えなかった。だけど，他の班のすごいところはよく分かった【関係性】。

　僕たちは7班だったから最後の発表。発表はどんどん進み，いよいよ僕たちの番。一生懸命練習したけど，やっぱり緊張して小さな声になってしまった。友だちからは「それだけだと，3年生はコップから水が染み出たように感じるんじゃないかな」とか「水蒸気についての説明のタイミングが，問いより前に来るのはネタバレになるんじゃないの」とか，いろんな批判をもらうことができた【関係性】。

　そこからは本番に向けて，クラス内発表で気づいたことやもらった意見から，修正をしてい

く時間。僕は小澤さんが書いてくれた台本を必死に練習した。3年生に伝わる声の速さと大きさで緊張せずに発表できるように。4年生としてかっこいい姿を見せたかったから。

第8話 「水物語博物館」 2時間

いよいよ本番。1回目の班が来たときには，時間が足らなかった。あんなに練習したのに。どうするか，班のメンバーで相談しながら説明の部分を少し削った。2回目，3回目と説明していくうちにだんだん慣れてきて，3年生の顔を見る余裕も出てきた。みんな目をキラキラさせながら聞いてくれる。そして，あっという間に1時間が終わり，最後にアンケートに答えてもらった。今までにはない達成感だ。なんていうか，正直にホッとしている。

3年生を招待しての水物語博物館

物語完成後の子どもの声（原文のママ）

- 初めは理科ができなくて，頼ってばかりいたけど，発表の日が近くなってきた時は，3年生にこんな普通な自分を見せたくなかったから，だんだん真剣になってきて，台本の練習を一生懸命して3年生に発表できたからうれしかったです。

- 水物語をしてきて，最初は全然どうしたらいいのか分からなくて，でも先生からヒントをもらってどんどんできるようになったけど，まだむずかしいところもあった。みんなの前で発表の時，発表が終わってから誰からかアドバイスをもらって，自分もそうすれば良くなると思った。もうそろそろ3年生が来るというときに台本を読むのをがんばった。

- 最初は雲が水でできていることを知ってびっくりしたけど，実験をして雲が水でできていた理由がよくわかった。他の班の実験やパワーポイントを見て，「雲はどうやってできているのか」など色々知ったし，すごくわかりやすかった。みんな3年生に見てもらうために努力していた。3年生に見てもらった時に，真剣に興味を持ってみてくれた。理科は努力してがんばって，人と人をつなぐすごいものだと思った。

- 一番初めは4人で何をしていいのか分からなくて，3年生を招待しようというのが決まってから，だいたい分かり始めて，装置を作って失敗しての繰り返しで，先生がサポートしてくれてやっとできるようになりました。役割も決めてパワポもポスターも台本も実験道具もできて，砂利，泥，砂で実験をやって成功して3年生に発表することができました。違う班から砂をもらったり，先生にもサポートしてもらったりしてすごくうれしかったです。こういうのはわかると楽しかったしおもしろかったです。

●水物語で学んだことは，自分で問いを立てて，予想をして，答えを出すことを学んで，次からの理科にもその力を生かしていきたい。中でも，特にうれしかったところは，自分たちだけの問いを立て，それの答えを出せたときの達成感が一番うれしかったです。次に一番むずかしかったところは，どうやったら3年生にもわかってもらえるのか，どうしたら分かりやすいのかを考えるところです。実験道具はどっちの方がやりやすいのか考えた。あと，パワーポイントを作るのがとてもむずかしく，家で帰って宿題が終わった後に30分くらいパワーポイントを作る時間の中で，考えながら作っていて，その間に確認や誤字がないかを確認していた。いざ本番となると，とても緊張して焦っていた。心の中では，うまくできるかなと考えていた。そして，自分の班に3年生が来るとドキドキしていた。

3年生へ実施したアンケートの結果

理科の楽しさは伝わりましたか？

伝わった	まあまあ伝わった	あまり伝わらなかった	伝わらなった
23人	9人	1人	0人

役に立つと思いましたか？

役に立つ	まあまあ役に立つ	あまり役に立たない	役に立たない
26人	6人	1人	0人

4 本物語を終えて

（1）本物語でのTAKT

T・A（他者・愛）

　本物語において学びの宛先としての他者は3年生となった。誰を宛先にすることが，子どもたちの学びを促進させていくのかのイメージが持てなかった私は，物語が始まる前に宛先を決めずに子どもたちとの対話を通して考えていくことにした。自分たちの学びを他者に届け影響を与えていくということにイメージの持てない子どもたちは，物語の当初は他者を設定することに抵抗を感じていたようだった。私からの問いかけに対しても「4年生の他のクラスでいい」という，誰にどんな影響を与えられるだろうかという思考ではなく，一番無難な相手は誰かという思考で考えているようだった。そこで，他者に影響を与え，他者から影響を受け，自分たちの学びが創発されたり，感謝されたりする経験を学級の中で積んでいく必要を感じていた。そのため，授業の中で子どもの発言に対して「○○さんの意見が参考になった人」と全体に返し，手を挙げる機会を作りながら，自分の学びや発言が他者に対してポジティブな影響を与えていることを可視化し，クラスメイトに対し影響を与え感謝されるという小さな成功体験を積んでいくことを大切にした。つまり，最も身近な他者であるクラスメイトを大切にすることか

らスタートした。

　子どもたちの顔が上がってきたように感じたのは，第5話「プールは何時間目に入りたい？」であった。普段から体育の授業で教えてもらっている和太先生が学びの宛先である他者になったことで，学習のイメージが湧きやすかったのだろう。伝えなければならない他者でなく，伝えたい他者に出会えたとき，子どもたちは自らの学びをメタ認知するようになった。

　この物語で育った愛は3つある。一つは一緒に学ぶ友だちへの愛であり，もう一つは和太先生への愛，最後に，他者として設定した3年生への愛である。

　友だちへの愛は，「自分の考えが友だちに影響を与えた経験」「友だちの意見で自分の考えが再構築されていった経験」「自分の不得手が役に立つ経験から自己効力感を生み出し」「役割分担の中で自己有用感が満たされた経験」などから育まれていった。子どもたちは友だちの多様なキャラクターを受け入れながら，受け入れてもらいながら，自分なりの形で友だちに影響を与え，影響を与えられることを通して，自分だけへの愛から友だちへの愛へと学びの世界を広げていった。多様な学びの方法が，得手不得手を超え，クラスメイトをつなげ，学びを媒介としながら対等につながり愛を育んでいく。

　和太先生への愛は，今までの関係性の中で育まれてきた愛を確認しながら，和太先生にも伝わる文章を書こうと想像していくことで育まれた愛である。子どもたちは和太先生の考えに影響を与え得ることにワクワクしながら，和太先生と過ごした今までの豊富な物語を想起していくことで，愛を育んでいった。

　最後に3年生への愛だが，学んだことを伝えるための道具性としての顔の見えない他者ではなく，自分たちが学んだ理科の楽しさや学び方を伝えたいという愛を土台とした存在論としての影響を与えられる他者である。だからこそ，アンケートを通して子どもたち自身が，その愛が伝わったのかを確認したかったのだろう。

K・T（主な会話・対話）

グローバル型対話	ディベート型対話
・「曇りの日は気温を測らなくていいのだろうか」 ・「和太先生への手紙を書くうえでの話し合い」 ・「誰を何のために招待するのか」 ・「自分たちの発表をより良くするために」	・「誰のために何のために何を」 ・「実験していない和太先生へ何を伝えたらいいのだろうか」 ・「聞き手の立場に立って発表資料を再検討する」
イントロダクション型会話	文化構築型会話
	・「水は僕たちの生活の中のどこに隠れていてどこから来るのか」 ・「運動場に降ってきた雨水の行方はどうなるのか」

(2) TAKT授業で育んだ子どもの姿と教師の発見

教科との関連

総合的な学習の時間

■算数科との関連
折れ線グラフ

■国語科との関連
お願いの手紙を書く

■理科としての学び
雨水の行方と地面の様子や天気の様子の学習を通して，教科世界から実世界につながりを持ち，学びを広げていく。その学びの過程や宛先に他者がいて，自分たちの学びを支え合えるような関係性や価値観を育てていきたい。また，他者から得る感謝の言葉や表情から，人のために学んでいける人を育てたい

■社会科との関連
浄水場

■図画工作科との関連
ポスターづくり

TAKT授業で育んだ子どもの姿

　「どうせ僕は」と，少し斜めに授業を眺めていた子どもが，「僕にだってできることはある」とグループの中で自分らしさを表現し，この子どもの立場だからこそできることを探し行動するようになったのはとても印象的だった。子どもたち同士や教師との対話を通じて展開するTAKT授業の場合，「どこにどうやって向かうのか」その答えを厳密な意味で知っている人は存在しない。もちろん先生も含めてである。そんな授業の中で，子どもたちは，自然の事物・現象や他者と関わり合いを持ちながら，その状況に応じて思考を巡らせていく。だからこそ，学びの物語は子どもたちの人数分の物語があり，成長の姿もまた同様である。一概に，こう育むことができたと表現することは困難だが，本物語の中心人物の「僕」は，その後の理科の学習でもそれまでは書くことがなかったような文章量で自分の考えを表現することができるようになった。自分の考えに価値があるのだということを体感的に学ぶことができたのだろう。

◆藤倉先生からのメッセージ

　本記録は水についての物語でもあるが，主人公として設定した「僕」の成長物語でもあります。彼は言う，「勉強なんて自分のためにする，僕はそう信じていた」と。

　先生が出題した課題を，指示された通りに行う。そうすることで，テストには対応できます。先生にほめてもらえるし，親からご褒美ももらえます。自分の利益のために大人の指示に従い，学習を続けてきたこの「僕」は，工業生産モデル型教育の影響を受けた，典型的な現代社会の申し子といえるでしょう。

　本章は，このような受け身の姿勢で，自分のためだけに勉強をしてきた「僕」が，友だちとの会話／対話を通し，自分にも他者の役に立てるという自覚に至る心の成長

を克明に記録する物語になっています。

　グループ全体の作業に対して行った自分の意見に対し，仲間からお礼を言われてうれしかった。そのことを，身体的リアリティーをともない学んでいく。このような原体験が，他者を助けるために勉強を行うという子どもたちの原動力になるのでしょう。学ぶ苦しさを感受しつつも，自分のためだけではなく，他者のためにがんばるという「僕」の学習観の変化は，実際に子どもたちの支援に入った我々が，授業に参加した子どもたちにおいて達成されたと体感した成長のモデルになっています。

　また子どもがなかなか自主的な学びに動きださないとき，それを見極め，方向転換を促そうと働きかける担任の勇気も読み取っていただければと思います。子どもの思想世界を十分に把握しないまま，計画通りに学習を進めていくという従来型の授業とは異なる教員の対話的なリーダーシップを，TAKT授業では追求しました。

◆田島先生からのメッセージ

　本章の主人公は勉強が苦手で，さらに勉強することが他の人のためになるとは考えていない，さらに少し授業を否定的に見ている子どもでした。しかし彼はその批判的視点を活かし，「その説明は分からない」とクラスメイトに指摘し，班のメンバーに異化をもたらす対話を展開するという役割を果たしていました。「僕の質問が役に立つなんて驚きだった」というコメントが，とても印象的でした。実際，「分からない」と意見を表明できることは，メッセージの宛先である体育の和太先生や3年生の子どもたちという他者とのグローバル型対話を成立させるために大切な要素でした。実践報告を読み，子どもたちは互いに他者として安心して批判を展開することで，自分たちの学びが深まり，さらに社会的ネットワークとして広がって他者のためになることを実感しました。国際比較において，日本人は自己肯定感が低いといわれます。しかし本授業のように，新たな作品づくりを行ううえで様々な形で互いの役に立つという対話経験を経ることができれば，多くの子どもたちが手づかみ感のある自己肯定感を得ることができるのではないかと感じました。

◆武元先生からのメッセージ

　何のために勉強をするのか。実践現場で活躍するビジネスパーソンでも，案外，この根本的な問いへの答えを持っていない人は多いかもしれません。

　本物語の主人公は，自分のためだけに勉強するという私益を意識した目的から，みながよりよい仕事を達成できるために勉強するという公益を意識した目的へと，学習の意義づけが変化していきました。そして体育主任の和太先生に働きかけ，低学年の子どもたちのために，実際に社会を動かすという成果を実感することもできました。

　実社会において，実はこの公益を意識できるビジネスパーソンは貴重な存在であ

り，また実際，組織において高く評価されます。TAKT授業においては他者への「愛
（信頼感）」が重視されますが，まさにこの愛に向けた学びの活動こそ，社会における
公益を意識するきっかけになるものと考えます。

　様々な利害が絡み，また進化のスピードも速い実社会において，どのような状況に
おいても通用し得る安定した正解は存在しないといっても過言ではないかもしれませ
ん。しかし相手のために役立ちたいという目的意識そのものは，この社会がどのよう
な変化をこうむったとしても，常に必要とされるものといえます。他者のために役立
つからこそ，厳しい否定的評価をもありがたいものとして受け入れ，異質な活動履歴
を背景とするメンバーの視点の間をヤジロベエのように揺れ動きながら，対話的に指
針を決める。こうしたミドルアップダウン型リーダーを養成するならば，学校は，
VUCA時代を乗り切らなければならない日本社会を支える重要な学びの場となるで
しょう。

6章

私たちの体と道具の物語

大阪市立味原小学校　第４学年21名（令和4年6月～令和4年7月）

岩本哲也

1 あらすじ

　ドアノブを見れば，あなたはどうしますか？　おそらくドアノブを手でひねって回すことでしょう。では，ドアに凹んだ取っ手が付いていればどうしますか？　その凹みに指を入れて横に引くことでしょう。身の回りは様々な道具であふれています。すべての道具に説明書があるわけではありません。しかしながら，「ドアノブを見れば手でひねって回す」「コップの取っ手を見れば人差し指を入れてつかむ」「ヘルメットを見れば頭にかぶる」というように私たちは道具を上手に使いこなします。いったいどうしてこのようなことができるのでしょうか？　それは，私たちの「体の機能と構造」（以後，「体」）を上手に活用することができるように，道具が作られているからです。この物語は，「私たちの体と道具」との関係を探究していくお話です。

　私たちの体と道具との密接な関係を自覚している人は少ないように思います。子どもたちは，自分の体から道具を見つめたり，道具から自分の体を見つめたりすることを通して，すべての道具が私たちの体と密接に関係があることに気づきました。そのことに気づいたとき，「『おもしろい世界』を発見した！」と目を輝かせて言いました。そして，「自分が気づいた『おもしろい世界』を誰かに伝えたい！　みんなにも知ってもらいたい！」と口々に発言しました。ここでは，子どもたちから芽生えた，そんな熱い想いによって展開された「物語」を紹介します。

全4話（16時間程度）
第1話「おもしろい世界発見！」　4時間程度
第2話「調べてまとめて，発表の準備」　2時間程度
第3話「発表の練習」　6時間程度
第4話「6年生に発表，ふり返り」　4時間程度

---

❷ 本物語のファーストデザイン

　本物語のデザインを考えるにあたって，ヴィゴツキーの理論をもとに「主体」「道具」「対象」「他者」を右図のように配置し，本物語におけるそれぞれの意味や関係について考えることにした。

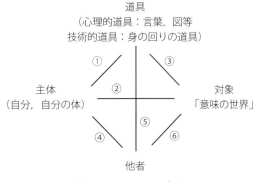

道具
（心理的道具：言葉，図等
技術的道具：身の回りの道具）

主体
（自分，自分の体）

対象
「意味の世界」

他者

本物語のファーストデザイン

　本物語における「主体」は自分であり，自分の体のことを示す。「道具」として，言葉，図といった「心理的道具」と，コップやドアノブ等の身の回りの道具といった「技術的道具」に整理して考えた。ここでの「対象」は，身の回りの道具が持つ「意味の世界」とした。「意味の世界」とは，道具のサイズや形状，色，材質等が，その道具自体の扱い方を説明しているという考え方（アフォーダンス理論：佐々木，2015）のことを指す。

　そこで，本物語は，主体である「自分の体」と道具である「身の回りの道具」との相互作用（図の①部分）を探究することで，すべての身の回りの道具は私たちの体の機能と構造に適合している，人間の特性を助けているといった「意味の世界」を捉えることを主なねらいとした。具体的に，コップという「道具」は持ちやすい形，飲みやすい形をしていて，手や腕，口や顎などの機能と構造に合っているといった「意味の世界」を持っている。自分の体とコップとのつながりを調べる（図①）ことで，自分の体からコップを見つめ直したり（図①から③を通るルート），コップから自分の体を見つめたりして（図①から②を通るルート），対象である「意味の世界」を子どもたちに発見してほしいと考えた。また，自分の体とコップとのつながりを調べ（図①），言葉や図といった心理的道具を扱いながら，学習を進める（図①から③を通るルート）ことで，新たな「意味の世界」が見えてくると考える。さらに，「主体」「道具」「対象」にTAKT授業の要素である「他者」を加える。そのことによって図④⑤⑥が可能となり，主体となる「自分」と「他者」双方にとって有益な学びとなるとともに，「意味の世界」がより深まるものと考える。

　「他者」を加えることで，「非認知能力」の育成も期待できる。非認知能力とは，テストなどでの数値化が難しい内面的な能力を指す。具体的には，自己肯定感，学習意欲，粘り強くがんばる力，協調性，思いやり，失敗から学ぶ力，創造力などといった能力があげられる。小学校学習指導要領での「育成すべき資質・能力の三つの柱」などでも「非認知能力」の育成の重要性は示されている。「他者」を設定，意識することで，「自分の学びを○○さん（他者）のために役立たせたい」「〜すれば，もっと（内容を）分かってもらえるのではないかな」など，非

認知能力を発揮する姿が見られると考える。

3 物語

第1話 「おもしろい世界発見！」 4時間程度

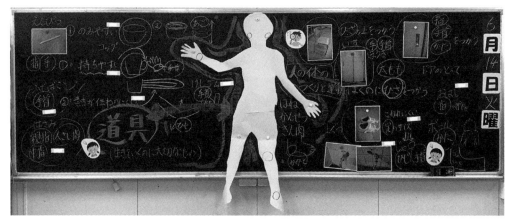

自分の体と道具との関係について気づいたことをもとに，子どもと先生でデザインした黒板

物語性：発見した「おもしろい世界」を誰かに伝えよう，「学びの地図」の作成
道具性：取っ手が長く厚みのあるコップ，大きすぎて足のサイズに合っていない上靴
身体性：子どもの気づきを引き出す身ぶり手ぶり
支援性：子どもの気づきを黒板に記録，子どもの思考のペースに合った授業展開，メタ認知を促す掲示物
関係性：イントロダクション型会話「自分の体と身近な道具が関係している例を学級全体で紹介」

　私は向井結衣，みんなの前で発表することがあまり得意ではない，好きではない4年生です。昨日，岩本先生がコップでお茶を飲んでいるとき，「コップの形はうまくできているな」【身体性】と思ったそうです。私は何のことを言っているのかよく分かりませんでした。続けて，先生は「もしコップがこんな形（次ページ上左）をしていたら，どう？」【道具性】と言いました。「おもしろい！　そんな形のコップあるわけないよ」「取っ手が長すぎて，持ちにくいし，飲みにくい」「分厚すぎて，飲みにくい」「重すぎるよ」など，みんな口々に勢いよく，言いました【関係性】。私もそう思います。そして，先生は「そうだよね。コップは人の体にちょうどいい形をしているよね。コップはすごい！」【身体性】と言いましたが，私はまだ先生が何を伝えたいのかピンときませんでした。「もし上靴がこんな形をしていたら，どう？」と，先生が言い，変な形の上靴（次ページ上右）を紹介しました【道具性】。「なるほど！　先生が言うよう

に，身の回りの道具はすべて私たちの体にぴったり合うようにうまく作られているわ」と思いました。すると，植野さんが「椅子もそうだよ」，嶋田さんが「帽子も！」と言い，みんなも口々に気づいたことを言いました【関係性】。先生がみんなの気づきを黒板に書きました（前ページの板書）【支援性】。他の道具も，も

取っ手が長く，厚みのあるコップ

先生が作った靴を履いて歩いてみる様子

しかしたらすべての道具が，私たちの体と関係しているのかもしれないと思いました。

　そう考えると，身の回りの道具と自分の体との関係を見つけることが，とてもおもしろくなりました。そのとき，先生が「今，みんなが気づいたことって，誰かに伝えてみない？」【物語性】と言いました。植野さんが「私たちが見つけたこの『おもしろい世界』をこのクラスのメンバーだけで知っているのは，もったいないよ。この授業の内容を知らない人，全員に伝えたい」と言い，私は「確かに，そうだな」と思いました。誰に伝えるか，意見を出し合いましたが，なかなか決まりませんでした。そこで，先生が「今，決めなくてもいいよ。みんなで，もう少し『おもしろい世界』を味わってから，誰に伝えるか話し合おう」【支援性】と言ってくれたので，私は安心しました。

　そして，これからの計画をみんなで話し合いました。先生が「すばらしい『学びの地図』ができたね。こんな感じにして（『今日はココ➡』のカードを付けて），今，みんなの学習がどこに位置しているか分かるようにしておくね」【支援性】と言いました。みんなの考えが示された「学びの地図」【物語性】を見ると，ワクワクしてきて，私はこの後の学習がとても楽しみになりました。

子どもたちが作った「学びの地図」

◆岩本先生の驚きと手ごたえ

「取っ手が長く，厚みのあるコップ」や「大きすぎて足のサイズに合っていない上靴」等の準備物との出合いをきっかけに，身の回りの道具と自分の体との関係を見つけることができ，本物語での主なねらいである「意味の世界」を捉えることができたように思います。本物語を構成していくうえで，まさに「道具性」の視点がポイントだったように思います。

進捗状況（第1話を終えて）

また，「もしかすると身の回りのすべての道具が私たちの体と関係しているのでは!?」と気づき，自分の体と道具がもつ「意味の世界」を子どもたちが「おもしろい世界」と発言したことに驚きました。さらに，「自分たちが見つけた『おもしろい世界』をこの授業を受けていない全員に伝えたい」という子どものピュアな心に感動しました。第1話で，子どもたちは他者を具体的に設定するかと思いましたが，決まりませんでした。しかし，私は焦りません。なぜなら，「『おもしろい世界』を全員に伝えたい」という発言から，「この物語は必ずおもしろい展開になる」と思ったからです。

第2話 「調べてまとめて，発表の準備」　2時間程度

物語性：発見した「おもしろい世界」を誰かに伝えよう

道具性：タブレット（一人1台），骨格模型，図書資料

身体性：子どものアイデアを引き出す身ぶり手ぶり

支援性：タブレット操作の支援，メタ認知を促す掲示物（「学びの地図」に「今日はココ➡」カードを付ける）

関係性：グローバル型対話「スライドを作ってプレゼンする相手を決めよう」

私は，「自分の体」と「蛇口」の関係について調べることにしました。友だちも自分の興味がある道具について，タブレットや骨格模型や本で調べていました【道具性】【支援性】。ある程度みんなが調べたころに，先生がみんなに「誰に『おもしろい世界』を伝えたくなったかな？」「この学びを誰に役立てたい？」【物語性】と聞きました。「年下の子」「大人」「お年寄り」「外国の人」「味原小学校の子どもたち」「お家の人」等の意見が出ました。重村さんが「すでに，体について学習している人に伝えたほうが，なるほどと思ってくれるんじゃないかな」と

言い（非認知能力〔創造力〕を発揮し），和田さ
んが「じゃあ，学校の中で一番いろいろ知って
いる6年生に発表するのはどう？」と提案（非
認知能力〔協調性や創造力〕を発揮）しました。
私も含め，みんな賛成しました【関係性】。そ
して，先生が「どうやって6年生に伝える？
劇にする？　本にまとめる？」【身体性】と言い
ました。私は勇気を出して，「スライドにまと
めて，プレゼンするのが一番それぞれの思いが
表現でき，分かりやすいと思います」と提案

調べたことを各自でスライドにまとめる様子

（非認知能力〔創造力〕を発揮）しました。すると，みんなが賛成してくれました【関係性】。意
見を言ったことで，みんなの役に立てた気がして，うれしかったです（非認知能力〔自己肯定
感や自信〕が高まる姿）。

◆岩本先生の驚きと不安

　まさか他者を「6年生」にする
とは思いませんでした。学校の中
で一番いろいろ知っている6年生
に発表しようというチャレンジに
驚きました！「他者を誰に設定す
るか」「他者にどのように伝える
か」の話し合いは，情意的な意見
の応酬で，非認知能力を発揮した
り，高めたりする姿ばかりでした。
子どもたちは「本気で」おもしろ

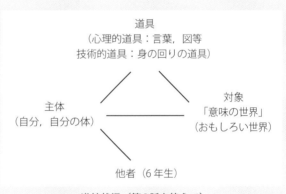

進捗状況（第2話を終えて）

い世界を伝え，自分たちの学びを人の役に立てたいと思っているんだなと感じまし
た。その心意気に感心しました。まさに，非認知能力の向上が認知能力の発達を促し
ていることを実感した場面でした。

　一方で，6年生に「おもしろい世界」が伝わるのかという不安もありました。子ど
もたちは，タブレットを用いて，どのようなプレゼンテーションをするのでしょう
か。不安でもあり，楽しみでもありました。また，6年生の担任の先生の協力は必須
と考え，TAKT授業についてと，ここまでの物語を6年生の担任に伝え，共有しまし
た。

第3話 「発表の練習」 6時間程度

> 物語性：発見した「おもしろい世界」を6年生に伝えよう
>
> 道具性：タブレット（一人1台），付箋，大型テレビ
>
> 身体性：子どものアイデアを引き出す身ぶり手ぶり
>
> 支援性：一つの発表を取り上げ，全員で確認，アドバイスをしながら，発表のモデルをみんなで作る
>
> メタ認知を促す掲示物（「学びの地図」に「今日はココ⇒」カードを付ける）
>
> 関係性：①ディベート型対話「6年生への発表を想定して，学級全体や班内で練習しよう」
>
> ②イントロダクション型会話「自分の体と身近な道具が関係している例を学級全体で紹介しよう」

　6年生に発表する前に，どのように練習するか話し合いました。みんなの前で発表して，アドバイスを出し合うことになりました。植野さんが「たくさんのアドバイスがほしいので，気づいたことを付箋に書いて，発表者に渡すのはどう？」と言いました。重村さんが「国語の学習で，その方法でたくさんアドバイスをもらえてよかったから，賛成です」と言い，みんなも賛成しました。

　私は，「自分の体と蛇口」の関係について発表しました。「蛇口について，分かった」「もう少し大きな声で発表したほうがいいと思う」「スライドが分かりにくかったので，分かりやすくしたほうがいいと思う」等，発表の内容や仕方について書かれた付箋【道具性】をたくさんもらいました【関係性①】。付箋をたくさんもらったことはうれしかったです。けれど，発表の内容をどうすれば分かりやすくなるのか，どのような発表の仕方がよいのか，詳しいアドバイスがなくて，困りました。みんなだったら，どのような発表の内容や仕方にするか，そこが知りたかったです。この後，誰に相談しようかな……。

6年生を想定して発表し，6年生になったつもりで
発表を聞く様子

　みんなの発表が終わり【関係性②】，やっぱりすべての道具が，私たちの体と関係があると分かったような気がしました（「分かったつもり」になってきました）。すると，先生が「もっと詳しくアドバイスがほしい人はいますか？」【支援性】と言いました。これはチャンスと思い，私はすぐに手を挙げました。もう一度みんなの前で発表し，一枚ずつスライド【道具性】を大型テレビ【道具性】に映して確認しました。重村さんが「実際に蛇

口を手でひねっている写真を入れたほうが分かりやすいと思う」と言い，続けて嶋田さんが「手に骨や関節，筋肉を書き込んだらどうかな」と言いました【関係性①】。先生は手で蛇口をにぎってひねる動きをしながら【身体性】，「実際に，どこの関節を使っているのかな？」と手を見つめて言いました。私はみんなのアドバイスを聞き，思いつきました。「①蛇口をにぎる前」「②蛇口をにぎっているとき」「③蛇口をひねっているとき」の3つの場面にスライドを分けよう。そして，重村さんや嶋田さんが言ってくれたように，手の写真を撮り，骨や関節，筋肉を書き入れることにしました。手には15個も関節があり，蛇口をにぎるときには15個の関節のうち13個も動かしていることを再確認しました。手には多くの関節があり，蛇口をにぎるときには，その多くの関節を無意識に使っていることに改めて気づきました。また，写真を撮るために何度も手で蛇口をにぎって動かしていると，「手と蛇口」の「おもしろい世界」が見えてきました。蛇口は，にぎりやすい形をしているだけでなく，ちょっとひねるだけで回るように，持ち手が長い棒になっていることを見つけたのです。「自分の体と蛇口」の関係がはっきり見えてきました。さっきまでは，「分かったつもり」になっていたと気づきました。「分かったつもり」から「分かった」に近づくことができて，とてもうれしかったです。6年生にも，多くの関節を動かして蛇口をひねっていることに気づき，驚いてもらいたいと思い，スライドの内容をみんなに相談しました。和田さんが「クイズにしたらどう？」と言いました

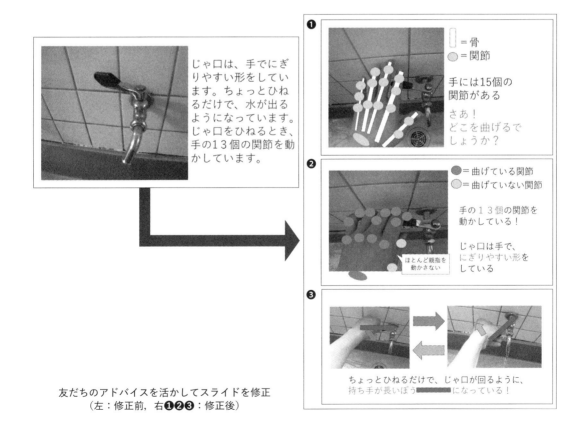

友だちのアドバイスを活かしてスライドを修正
（左：修正前，右❶❷❸：修正後）

【関係性①】。「なるほど！　クイズにして，動かしている関節の場所や数を予想してもらおう。予想を答えてもらってから，正解を発表しよう」と思いました。そのほうが，「手と蛇口」の関係について，より意識してもらえると思います。みんなのアドバイスのおかげで，スライドも発表の仕方もパワーアップすることができました（前ページの図を参照）。みんなありがとう。

　6年生に発表する日が近づくにつれ，<u>友だちも「分かったつもり」の状態であることに気づいてきたようでした</u>。私たちは，不安でした。しかし，もう一度，一人ずつ発表するのは時間がかかります。そこで，話し合い，それぞれが質問したり納得したりしやすいように「5班（各班約4人）に分かれて練習，修正しよう」ということになりました。先生が「班はどうやって分けますか？」【身体性】と言いました。嶋田さんが「発表の上手な子と苦手な子が混ざっているほうがいいと思います」，和田さんが「各班にリーダーがいるといいな」と言い，みんなも賛成しました。各班に分かれて，発表の練習をし，修正を重ねました【関係性①】。自分たちから出た考えの中からいろいろ決めることができるようにしてくれる先生に，感謝です。自分たちで決めたので，責任も感じます。がんばって練習しようと思います。

◆岩本先生の反省と喜び

　付箋での交流で，修正がうまくいくと思っていました。友だちから付箋をもらったときは，子どもたちの表情はうれしそうでしたが，もらった付箋を読むと表情がどんどん曇っていくのが分かりました。どのように修正すればよいかが付箋に示されていないため，子どもたちは困っていると感じました。単に肯定や批判するだけでの交流は，物足り

進捗状況（第3話を終えて）

ないと子どもたちは実感したことでしょう。反省です。

　ここでは，まず，一つの発表を取り上げ，全員で確認，アドバイスしながら，モデルとなるものをみんなで作り上げていくことが大切だと思いました。「道具を実際に使っている写真を用いる」「自分の体に骨や関節，筋肉を書き込む」「読みやすいように，字の大きさや色を変えたり，改行したりする」等の観点が子どもたちから出ました。子どもたちから出た観点を全体で共有したうえで，発表の練習をし，アドバイスし合うとよかったです。

　友だちが本番で上手に説明できるように批判する姿，新たな観点での友だちからの批判を吟味し，受け入れる姿が多く見られました。学級内で，他者への感謝と信頼感が醸成されていることに喜びを感じました。

第4話 「6年生に発表，ふり返り」4時間程度

> 物語性：発見した「おもしろい世界」を6年生に伝えよう，もっと感想を伝えたい
>
> 道具性：タブレット（一人1台），メモを取るノート，感想を書く用紙
>
> 身体性：子どもの考えを引き出す身ぶり手ぶり，感想の読み聞かせ
>
> 支援性：子どもの考えを黒板に記録，発表内容の価値づけや称賛
>
> 関係性：①グローバル型対話「6年生を迎えて発表する形式を考えよう」「6年生に向け発表し質問に答えよう」「感想文の交換で交流しよう」
>
> 　　　　②イントロダクション型会話「新しい知識を教えてもらって楽しい・ためになる思いを抱く」

　6年生を迎えて，どのような形式で発表するか話し合うことになりました【関係性①】。植野さんは，「4年生は自分の机の前に立ち，6年生は見たい発表を自由に見るのはどうかな（お店形式案）」と言いました。私は，6年生の前で発表するのは不安なので，「個人で発表するけれど，自分の近くに練習してきた班のメンバーがいるほうが安心できていいな」と言いました。すると，和田さんが「向井さんの意見に付け足しで，6年生も5班に分かれてもらって，ローテーション（約10分×5グループ＝50分）で発表を聞いてもらおう（ローテーション案）」と言いました。先生が「う〜ん。どっちも長所と短所があるよね」【身体性】と言い，みんなで2つの案の長所と短所を出し合いました【支援性】。「お店形式にすると，自分（6年生）が見たい発表をじっくり見ることができるし，○時までと時間を区切ることができる。けれど，発表する機会が多い子と少ない子が出てきてしまう」「ローテーションにすると，発表のときも班のメンバーで助け合うことができるし，発表回数が全員同じ。けれど，各班の発表時間はばらばらで，全員の発表が終わるのに時間がかかる」等の意見が出ました。それぞれの長所と短所を比べ，全員で話し合った結果，「ローテーション案」に決まりました【関係性①】。

　いよいよ6年生に発表する日が来ました。かなり緊張しましたが，近くには一緒に練習してきた班のメンバーがいるので，少し安心です。目の前の6年生に「おもしろい世界」が伝わるように，一生懸命に説明しました【物語性】。ローテーションで発表したので，私たちは合計5回発表しました。どの発表のときも6年生は，ノート【道具性】にメモを取る等，内容を真剣に聞いてくれました。私たちが何を伝えようとしているのか，必死に考えながら聞いてくれて，とてもうれしかったです。私の発表のときに，「向井さんの言う通り，蛇口をひねるときにはこんなにたくさんの関節を動かしている。知らなかった」「今まで，蛇口が自分の体に合うように作られているなんて考えもしなかった。自分の体と道具がこんなにも関係しているなんて知らなかった。教えてくれてありがとう」等，たくさんうれしい言葉を言ってくれました【関係性②】。アドバイスもたくさんもらいました。2回目の説明をしたとき，6年生に「スライドが見えにくかったから，できるだけ私たちのほうに向けながら話してほしいな」と言われ

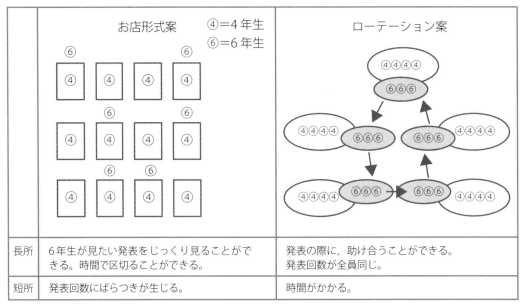

	お店形式案 ④=4年生 ⑥=6年生	ローテーション案
長所	6年生が見たい発表をじっくり見ることができる。時間で区切ることができる。	発表の際に，助け合うことができる。発表回数が全員同じ。
短所	発表回数にばらつきが生じる。	時間がかかる。

子どもたちが考えた発表形態の案とそれぞれの長所・短所

6年生に発表する様子（左：タブレットの向きを意識しながら説明する4年生
中央：必死にメモを取りながら聞く6年生　　　右：実物を触りながら，説明を聞く6年生）

ました。「本当だ！　説明することで必死になってしまい，画面の向きを意識していなかった。次は気をつけよう」と思い，3回目からは画面を6年生に向けてから説明するようにしました【関係性①】。また，「難しい言葉を使って説明していたけれど，本当にその意味が分かっているのかなと思いました。もう少し簡単に説明してもいいんじゃないかな」というアドバイスもくれました。私は，アドバイスをくれた6年生に感謝しています。「分かったつもり」で説明している部分もあったので，これからは気をつけたいと思います【関係性①】。嶋田さんや植野さんは，6年生のアドバイスを受けて，次の発表からは実物をさわってもらいながら，道具と体との関係を説明するようにしていました【関係性①】。なるほどと思いました。合計5回発表することができたので，自信もつき，どんどん上手に発表できるようになったと思います。この学習をするまでは，みんなの前で発表することが得意ではない，好きではない私でしたが，今では発表することが好きになりました。この学習で，自分が知っていることを人に伝え，その人の役に立てた喜びを知ったからだと思います。「新しい自分」を発見でき，とてもうれしいです。

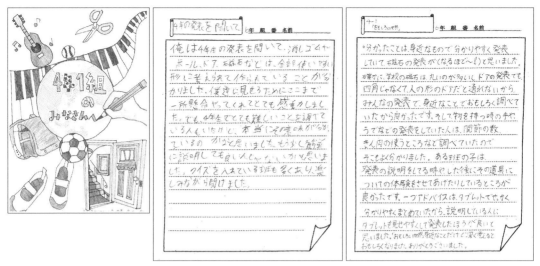

4年生に向けた6年生の感想（左：4年生が紹介した道具が描かれた表紙　中央・右：4年生の発表を聞いた感想）

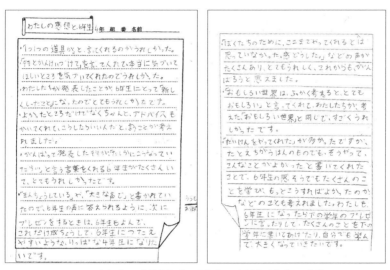

6年生の感想を知り，6年生に向けた4年生の感想

　後日，6年生が私たち4年生の発表を聞いた感想【道具性】【関係性①】を書いて，届けてくれました【物語性】。素敵な表紙も作って，本にして持ってきてくれました。6年生の感想を読んだ後，重村さんが「自分たちも感想を書いて，6年生に読んでもらいたい」【物語性】と言いました。みんな大賛成です。先生から，私たちの書いた感想を6年生が聞いたとき，どういう反応だったかを聞かせてもいました【身体性】。「なんか僕たちは，4年生に対して，とってもよいことをしたんだね」「ちょっと感想を書いたり，アドバイスしたりしただけなのに，こんなに喜んでもらえてうれしい」「今度は4年生のためになんかできないかな」「2学期に，4年生のためになる発表を私たちがしよう」と言っていたそうです。心がとても温かくなりました。6年生との距離が近づいたように思います。私もあんな6年生になりたいです。

◆岩本先生の回想

　発表後の達成感に満ちた子どもたちの表情が忘れられません。とても緊張したことでしょう。その中で，修正を行い，さらによりよい発表を目指す姿に4年生の大きな成長を感じました。子どもたちは，「6年生に分かるように発表できた自分」「自分の学びを人の役に立てることができた自分」といった「新しい自分」を発見できたことを喜

道具
（心理的道具：言葉，図等
技術的道具：身の回りの道具）

主体
（自分，自分の体）

対象
「意味の世界」
（おもしろい世界）

他者（6年生）

進捗状況（第4話を終えて）

びました。そこには，できるようになった自分に対しての「愛」があるように思います。これからも「自分探しの旅」を楽しんでもらえるように，子どもたちを支援していきます。

　4年生の成長（「新しい自分」の発見）に大きく関わったのは，相手の努力を認め，良いところを十分に評価したうえで，相手の将来の発展のために問題点を指摘した6年生です。ここまで的確に批判できる聞き手の他者（6年生）がいたことで，4年生は緊張するのと同時に，発表の見直しができました。温かな批判的関係の構築を見ることができ，うれしく思いました。6年生の担任にも感謝します。

　そして，第4話では，上の図のように，すべての関係が充実し（線が太くなり）ました。

4 本物語を終えて

(1) 本物語でのTAKT

T・A（他者・愛）

　発見した「おもしろい世界（自分の体の仕組みと身近な道具との関係）」を調べていく中で，誰に伝えるか，どのように伝えるかを子どもたちで決めるようにした。子ども主体の学びが成立するように教師が支援し，子ども自身が物語を作っていく。それが，本内容を「本物語」とする所以である。物語をどう展開したいかを子どもたちが決定するため，子どもの実態によって「他者」が変わる。誰を他者にするかについて，味原小学校の4年生からは，当初，「年下の子どもたち」「お年寄り」「外国の人たち」「味原小学校の子どもたち」「この学習をしたことがない人たち」といった意見が出た。すぐに他者を決定するのは難しいと思い，子どもたちが「おもしろい世界」を堪能してから（ある程度調べてから），再度，他者を誰にするか話し合っ

た。本物語では，すでに体について学習し，学校の中で一番いろいろ知っている「味原小学校の6年生」を他者（真性の他者）とすることとなった。「6年生にうまく伝えることができるかな。不安だな」「6年生への発表に向けて，リハーサルがしたい」という意見があった。そして，「学級の4年生」を他者（想定の他者）として，6年生への発表前に学級内で練習することになった。

　4年生と6年生の双方に「愛」があった。発表までに，4年生には「6年生に知ってもらいたい」「6年生の役に立ちたい」という愛がある。発表後，6年生には「教えてくれた4年生に感謝を伝えたい」「発表してくれた4年生の役に立ちたい」，4年生には「6年生からもらったアドバイスを今後に活かしたい」「教えてくれてありがとう」といった発言や感想が見られた。また，学級内にも「愛」があった。「本番（6年生への発表）までに，○○さんの発表がもっとよくなってほしい」「○○さんの役に立ちたい」「アドバイス（批判）してくれて，ありがとう」「うまく伝えることができたのは，○○さんのアドバイス（批判）のおかげだ」などの発言や記述が見られた。

K・T（主な会話・対話）

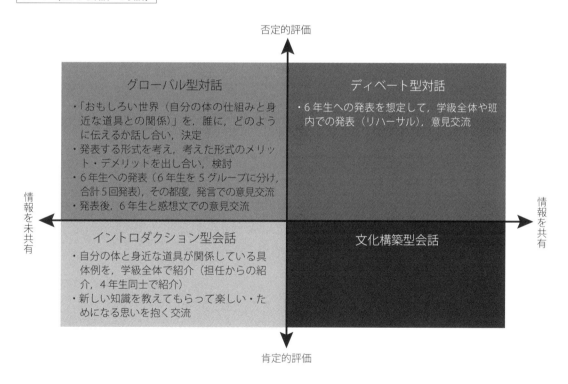

（2）TAKT授業で育んだ子どもの姿と教師の発見

教科との関連

■総合的な学習の時間との関連
タブレットPCを活用して発表
する

■国語科との関連
考えを整理して文章で表現する

■理科としての学び
骨や筋肉のつくりと働きに着目
して，それらを関係づけて，人
や他の動物の体のつくりと運動
との関わりを調べる活動を通し
て，それらについての理解を図
り，観察，実験などに関する技
能を身につけるとともに，主に
既習の内容や生活経験をもとに，
根拠のある予想や仮説を発想す
る力や生命を尊重する態度，主
体的に問題解決しようとする態
度を育む

■道徳科との関連
「生命の尊さ」について学習する

TAKT授業で育んだ子どもの姿

　本物語を終えた子どもたちは，他の学習においても「〜したらどうかな」「もっとこうしてみよう」等，
主体的に試行錯誤し，互いに批判したり批判を受け入れたりしながら問題解決するようになっている。
他者との対話によって学びがより深まることを実感したからだろう。その姿は，本学級が批判と信頼の
構築が同時に成り立つ共同体へと成長した証と捉えられる。このことは，「もたれ合い」「馴れ合い」の
集団とはまったく異なる，世界につながる共同体となり得るものである。

　TAKT授業を通して，私自身は様々な発見をした。特に，体に染み付いている「IRE連鎖」からの脱却
が難しかった。無意識のうちに，答えをすぐに言ってしまったり，効率的に学ぶ学習計画を立ててしまっ
たりした。コロナ禍で様々な活動に制限がかかったことで，無意識のうちに「IRE連鎖」をしてしまっ
ている自分もいた。残念ながら，私自身の中に，「工業生産モデル」の考え方があるのだろう。ゆえに，
効率的でなく，子どもと共に行ったり来たりしながら「物語」を作ることが，非常に不安であり，難しかっ
た。しかし，様々な活動に制限があるコロナ禍でも，本物語（TAKT授業）で子どもたちが劇的に成長
する姿を目の当たりにしたことは，私にとって大きな財産である。子どもたちに教師として成長させて
もらった。これからも，TAKT授業を行いながら，自分を少しずつ変えていきたい。

《引用・参考文献》

エンゲストローム，Y．山住勝広（訳）（2020）．拡張による学習 完訳増補版：発達研究への活動理論からのアプ
　ローチ　新曜社．
ギブソン，J. J．古崎敬・古崎愛子・辻敬一郎・村瀬旻（訳）（1986）．生態学的視覚論：ヒトの知覚世界を探る
　サイエンス社．
野原博人・森本信也（2022）．理科教育の新しいパラダイム　晃洋書房．
佐々木正人（2015）．新版 アフォーダンス　岩波書店．
Zhou, K.（2016）Non-cognitive skills: definitions, measurement and malleability. Paper commissioned for the Global Education
　Monitoring Report 2016, *Education for people and planet: Creating sustainable futures for all*, Chapter 13: 242-253.

◆**藤倉先生からのメッセージ**

　本物語は，自分たちよりも高学年である6年生を聞き手に設定し，この他者に「身体の仕組みと道具」という新しい世界について伝えたい，知ってほしいという人間的優しさが発露した実践です。

　それを実現したのは，アート的思考を活用した会話や対話です。身体の仕組みは自分たちの体の中のことであり，その働きも表面的にしか見えません。指の動き一つとっても，道具を使うときにどのような仕組みとその働きが機能しているのか，我々は直接，目にすることはできません。

　指が自然に動く仕組みについて，子どもたち自身が表現するアート的要素を入れることで，彼らが対話の中で扱う言葉がよりいっそう活きることになりました。まず，これらの表現を通じて仲間の間での会話を通じた共通認識が構築されました。また他者の視点を想定した批判的意見に対しても，具体的に可視化されたアート的表現を介したおかげで対話がしやすくなりました。聞き手の批判が話し手に対する人格攻撃ではなく，あくまでも説明内容についての解釈の差異や表現方法への疑問に対するものであることが互いに明瞭となり，対話における心理的コストも下がったようでした。

◆**田島先生からのメッセージ**

　著名なギブソンのアフォーダンス理論を思わせる，人の身体の構造と道具との関係について考える興味深い授業です。この内容を学び，またその成果を発表する他者を決める主導権を握るのは子どもたちでした。自分たちで発表する他者を6年生と決め，発表形式まで子どもたち自身が自己決定したのです。発表会の準備を行う過程で子どもたちは，6年生の視点を意識して批判的に資料を検討し，自分たちの認識が「分かったつもり」であることを実感しました。しかしその解釈の一面性の自覚は，さらなる対話を生み，他者に向けた多面的な物語へと発展していきました。最後に，6年生との「冊子」を介した相互交流も興味深いですね。6年生は4年生の発表に対する感謝とともに，かなり手厳しい批判も行っていました。私が拝見した中では，「難しいことを調べている人もいたけれど，本当にその意味が分かっているのかなと思いました」と，4年生の説明がいまだ「分かったつもり」になっていることを指摘する感想もありました。しかしかえって4年生はそれらのコメントを喜び，次の学習機会に向けた動機づけを高めていたようです。

　また本授業後，通常の授業の中でも批判的な評価を交わしながら自分たちの学習内容を深める対話が多く見られるようになったことは，TAKT授業の意義を示す重要な報告だと思います。TAKT授業の真のねらいは，一過性のイベントではなく，岩本先生が書かれたように「もたれ合い」「馴れ合い」ではない，他者との緊張感ある対話関係を温かな信頼感を持って育み，普段の学級生活に活かすことだと考えているから

です。そのような関係性が普段の授業においても展開されたという事実に対し，TAKT授業に託した私たちの願いが結実したという意味で，うれしく思いました。

◆武元先生からのメッセージ

　今回の授業では（おそらく他の授業も同様に），最後の発表会を経てもなお，聞き手に完全に理解してもらうという目的に達しなかったという見方ができるのかもしれません。聞き手の6年生から，内容をあまり理解できなかった部分があったと，感想文で指摘を受けたからです。

　しかし実社会での対話も，特に複雑で重要なテーマについて話し合う場合，やはり同じようなプロセスをたどります。どれだけ手を尽くしてプレゼンの準備をしても，自分たちの話を顧客や関係者に，完全に理解してもらえるような状況は，実はあまり想定できません。それより大切なことは「自分たちが大事だと思っていること／考えていること」を誠心誠意，伝え続けることです。精一杯の思いで対話を続ければ，きっと，その思いは伝わると私たちは信じて仕事をしています。実は情報発信においては，「相手とつながりたい」というメッセージになることが大事であり，その意味では「私たちの思いはいつか伝わればよい」というくらいの構えでいればよいと考えています。

　その意味では，6年生からの感想文では4年生の発表に対する否定的評価とともに，たくさんの感謝の言葉も書かれていたことは，すばらしかったと思います。まさにこの「相手とつながりたい」という4年生の子どもたちの思いが，相手に伝わったのだと思います。さらにこの6年生のコメントに対する4年生の熱い思いを6年生に伝えられたことは，話し手と聞き手の，対話を通じた絆を深めることになったでしょう。それぞれの意見を冊子にして交換された実践は，実社会の視点から見て意義深いものといえます。

　話し手と聞き手が，「分かる」「分からない」という極の間で知的なゆれ動きを感じながら，共によりよい説明を構築しようとする活動としての対話。その活動に終わりはないのかもしれませんが，「やってよかった」という余韻を子どもたちの心に残して授業そのものは終わりにできたことは，VUCA状況の感覚をポジティブな経験として味わえる実践になっていたように思いました。

7章

電気とわたしの物語

能美市立粟生小学校　第6学年27名（令和3年10月〜令和4年3月）

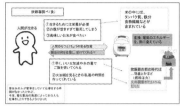

粟生義紀

🔲 あらすじ

　私は，テレビでも，ニュースでも，お母さんも，みんなが言っている「省エネ」「節電」「温暖化」を意識してこれまでも生きてきました。今では，これまでの私にあったこれらの意識は，心のこもっていない「ただのスローガン」だったなと思っています。

　この物語は，「省エネ」「節電」「温暖化」を「自分のこととして本当に大事だ」と思い直し，それでも，自分の暮らしを見つめる中で，「できるものなのか」という「やりたい」「やれない」「やらない」という思いの間をみんなで揺れ動いた物語です。

　私たちは電気と自分たちの深い関わりを詳しく知るほどに「省けるエネルギーはどこにあるのか」「省く暮らしは可能か」の間で迷い始めました。これらをクラスでお互いに発表していく中で，答えはないけれど，ここまでの自分たちの知識を役立てたいとも思い，「知識を使ってもらえそうな相手」を自分たちで設定し，さらに詳しく調べていこうと話し合いました。さて，私たちが設定した相手は，誰だと思いますか？

全5話（17時間程度）
第1話「暮らしをささえる電気を見直そう」　4時間程度
第2話「電気は人間のどんな機能に働いているのかな」　4時間程度
第3話「電気さんの一生を追いかけよう」　4時間程度
第4話「みんなに伝えたいこと，みんなから受け取ったこと」　2時間程度
第5話「家族に伝えるメッセージをとろう」　3時間程度

🔲 本物語のファーストデザイン

　本校は石川県の能美市にあり，付近に流れる手取川の恵みを受ける場所に位置する。近くには農村風景が広がり，豊かな自然のもと，「粟生獅子舞」や「久谷焼」といった伝統工芸など

も多く存在し，積極的な地域の介入により，心豊かに学びを育んでいるところに特徴がある。穏やかな地域文化や地域の人々の温かい心に支えられ，本学級の子どもたちも，自由な発想で学びを展開する姿や，仲間と協力して活動する姿が多く見られる。

　本物語では，第6学年理科としての，『電気の量や働きに着目してそれらを多面的に調べる活動を通して，発電や蓄電，電気の変換および，電気の性質や働きを利用した道具が身の回りにあることを理解する。また，これらの活動に他者と関わり合いながら，主により妥当な考えをつくり出す力や主体的に問題解決しようとする態度を育成する』ことを中心目標とする。

　この目標の中，子どもたちの節電や，電気を使わざるを得ない自分たちの生活において，「電気は当たり前にあるのではなく」「電気をエネルギーとして捉え」「そのエネルギーは熱・光・運動・磁力に変換することでうまく使用し」「効率的に無駄なく使う必要があり」「無限にあるものではない」ことを自覚し，これからも電気と共に歩むことの大切さを感じてほしいと考えた。そのために，子どもの発する「省エネしよう」や「節電する」ということばが，生活とかけ離れたスローガンではなく，私たちは本当にできるのか，何の意味があるのかを考えながら探究していく活動ができないかと考えた。

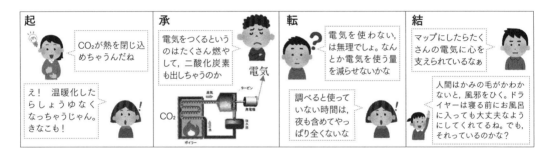

３ 物語

第1話 「暮らしをささえる電気を見直そう」 4時間程度

> 　物語性：電気と私との関わりを捉え直す物語
> 　道具性：黒板，温暖化・温室効果に関する資料，移動可能な付箋
> 　身体性：①電気を「生きることとの関わり」として語る子どもに聞き入る教師の身体
> 　　　　　②互いを有用な他者として，批判的な問いや意見を表現し合える学び手の身体
> 　支援性：①それぞれの思いを引き出した黒板の可視化
> 　　　　　②生活のエピソードをつなぐ促進者
> 　関係性：①イントロダクション型会話「温暖化って？」
> 　　　　　②文化構築型会話「電気をこんなに使う私たち」

①物語の始まり──温暖化と二酸化炭素，生きるための電気を生み出してきた歴史を知る

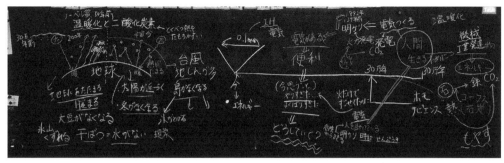

温暖化や電気の歴史的な視点などのつながりを考えている板書

　私のクラスでは，気になるニュースの画像や記事を写真に撮って送信し，朝学習にみんなで見合う時間があります。「どんな記事を載せようかな」と，最近，よく新聞を見るようになりました。また，みんながどんな記事に興味を持っているのかを知ることも楽しみになり，「沢田さんらしいな」「鏑木さん，そういうのに興味があるんだ」と，友だちの新しい面に出会えることも楽しみにしています。

　ある日，粟生先生が，その記事の一つから，今年のノーベル物理学賞の話

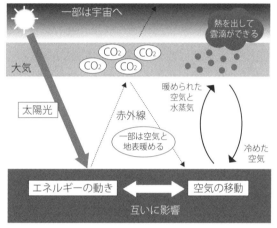

温暖化と二酸化炭素の説明に使用した図
（NHK「ノーベル賞ってなんでえらいの??　2021」
を元に作成）

をしてくれました【支援性①】。それは，空気中の二酸化炭素と温暖化がどう関係しているのかといった話でした【関係性①】。私は前から温暖化の話は聞いたことがあり，「温暖化しないようにしたい」と思っていました。なので，車を運転する年になったら，二酸化炭素を出さない車に乗ろうという思いは持っています。

　続けて，先生が「温暖化にはならないほうがいいの？」と聞くと，みんなが「ならないほうがいい」と言うので，私はみんなと同じことを考えているんだなと思いました。けれどその後，先生が「温暖化になったら，生活の何が変わるの？」と聞いてきました【支援性②】。何人かが手を挙げているけれど，私は生活が変わるということをあまり考えずに「温暖化しないようにしたい」と言っていたことに気づきました。でも，必死に考えました。「そうだ，暑くなるから，氷が溶けるんだったな」と思ったとき，隣の席の時任さんが「氷が溶けて地面が減る」と言いました。続けて「冬がなくなるんじゃない？」「地震が増えるって聞いたことがあるよ」などの意見をみんなが言っていました。先生もみんなも私も，続けて，自分たちの生活

で困ることを考えながら，資料を調べました【身体性①】。

　すると，鏑木さんが「先生，大豆がなくなる」と言いました。粟生先生は，「べつに大豆がなくなっても困らないでしょ」なんてこと言うから，みんなで大豆がなくなると何がなくなるのかを先生に説明しました【身体性①】。大豆は醤油，あげ，豆腐，みそと様々なものに変化させて，私たちの生活の中にあります。みんなが，「え，味が塩ばかりになるのか」「みそ汁好きなのに」と惜しみだします。私も目玉焼きは醤油派という話を今朝，薄井さんとしていたのを思い出しました。3歳の妹は節分の豆まきが大好きです。私が大人になったとき，子どもに豆まきをさせてあげられないのかと思うと悲しくなりました。時任さんのお父さんはビールが好きで，枝豆と冷ややっこがあればいつも上機嫌。沢田さんは「うちのじいちゃん農家なんやけど」と悲しそう。いよいよ自分たちの生活と関わっている『温暖化』にひそむ危険が見えてきました。私は，10年後くらいの車選びからではだめだなと思い，二酸化炭素を出さない取り組みについてさらに知りたいなと思いました。

　沢田さんが調べた資料により，発電に使う石炭など化石燃料の燃焼が関係していることが分かりました。温暖化，二酸化炭素の増加には，電気を使った暮らしがとても関係していたのです。粟生先生が，いつごろから電気が生まれ，電気を使ってどんなことができるようになってきたのかを話してくれました【支援性②】。私たちは電気を使っていろいろなことをしています。

　沢田さんは言います「いろいろ便利だからってやりすぎたんだよ」。鏑木さんも続きます「生きるためにいろいろ生み出してくれたから，今の生活ができているんだけれど，欲張りすぎたのかな」。先生が言います「どうしようもないし，醤油，あきらめよっと」。私も含めたみんなが言いました「それはいやだ!!」

　なんとかできないのか，どうしていけるか，これから考えたいと思いました【物語性】。

②自分たちがどれくらい電気を使っているのか，どれほど電気に支えられているのかを，調べて，まとめる

　この日，私たちは，揺れていました。温暖化を自分たちで進めたくはない。じゃあ，電気を使うのはやめられるのかと……。

　鏑木さんが「温暖化にはしたくないけど，電気を使わないなんてできない」「それでも，減らすことはできそうかな」と言い，私はなるほど，いい案だなと思いました。すると先生が，「みんなは電気を使うことを減らそうとしているんだね。この電気っていろんな製品で使ってるでしょ。たとえば暖房って，衣食住とか心や身体でいうと，生きることの何を支えていることだと思う？」【支援性②】と聞いてきました。私は「住だと思います」と答えました。同じ気持ちだという人とは別に，佐々木さんは，「身体ともいえると思います。だって，寒いと風邪をひいちゃうでしょ」と言ったので，私は「なるほどな」と思いました【関係性②】。このような話し合いから，私たちは，グループごとに「減らせる電気はあるのか」について自分たちの暮らしを振り返る調査を行い，生活の中での電気を何に使っているか，そして，それは生き

ることにどう関わっているのかを調べてみようと決めました【支援性②】。

栗生先生は,「生活に電気をどのような場面で使っているかを学んだほうが得になりそうか」を改めて聞いてきました【物語性】。もちろん,自分の生活とか将来のことが分かるんだから役に立つと答えました。佐々木さんも「そうは見てこなかったから……もっとたくさん知りたい」と答えていました。

2班(平日)11月4日時点				衣 食 住 心 身体
0時	6:45	12時	18時	次の日の 0時
(彩萌)	テレビ,電気,換気扇	冷蔵庫,換気扇	テレビ ゲーム お風呂	
(〃)	歯ブラシ,レジ,トイレ　トイレ		歯ブラシ レジ 換気扇	
(〃) 換気扇	冷蔵庫,水道,こたつ		IH,電子ピアノ,水道	
(葵)	オーブン,冷蔵庫,IH, 水道,PC,	IH, 水道,Switch,(〃)		氷
道,体温計,充電器	サーキュレーター, 風呂,トイレ,暖房			
PC, Switch,暖房	暖房,Switch,TV,	換気扇,TV,スマホ		
アイロン,風呂&シャワー	洗濯機			
(〃) トイレ				
(〃) 水自動で出てくるやつ				
(莉者)換気扇	レンジ スマホ 洗顔機		テレビ 洗濯機	(〃)
暖房 こたつ	ゲーム機 風呂			
(みつは)	充電器,床暖房,時計,水道			
暖房,スマホ,オーブン,				
冷蔵庫,換気扇	洗濯機,水道			

家で自分たちが使っている電気を調べてみる

が分かるんだから役に立つと答えました。佐々木さんも「そうは見てこなかったから……もっとたくさん知りたい」と答えていました。

すると,先生は「このことを誰に,何のために伝えたい?」と聞いてきました。鏑木さんは,しばらく考えて,「家族かな。一緒に減らせることを考えてくれそうだから」と答えていました。私もその意見に賛成でした。

お互いのグループの内容が集まったので一つに合わせてみようということになり,それぞれの使用状況を黒板に出し合いました。

鏑木さんが「なかなか減らせるものはなかった。だって,心が安らげなくなる」と言いました。もうやめなさいと言われてやめていたゲームだったから,自分からやめられると思っていたけれど,ゲームにも役割があるんだなあと思いました。調べていて私も「ご飯を冷たいままで食べようとしたけれど,温かいほうがうれしくなるので,保温も減らせないと思いました」と伝えると,佐々木さんが「食は心と身体とつながっているんだね」と私の意見から答えてくれたのでうれしくなりました【関係性②】。

出し合った考えは黒板の右のほうに進むほど1日の時間が進む見方だったので,それぞれのグループの意見をまとめたことは,「使ってない時間はない」ことを教えてくれたのですが,「同じのがあったり,縦文字と横文字が混ざっていて見にくいね」という話になりました。そ

私たちの電気の使用を時間ごとにまとめたが,多すぎて見づらい板書

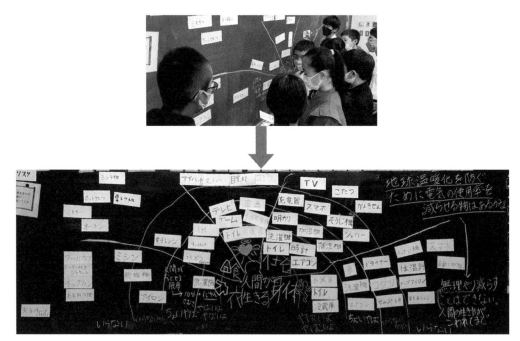

『人が生きる』を視点に，電気の使用状況を観点別に子どもが再整理した板書

こで私たちは，まとめ方を変えてみることにしました。

　舟橋さんが「せっかく衣・食・住・心・身体で考えたのでそれで分けてみないか」と言ったので，とてもいい案だと思い，やってみたい気持ちになりました。私のクラスは6班あるので，5つの班がそれぞれを担当して，もう一つの班は，全体の書き方などを考えてくれることになりました。

　後から場所が変えられるように粟生先生が紙と磁石を用意してくれたので，みんなでそれぞれ考えを出して貼っていきました【道具性】。時任さんたちの班が考えてくれた書き方を見ると，人間を中心にして，離れていくほど「いらない」に近づくものでした。とてもおもしろく

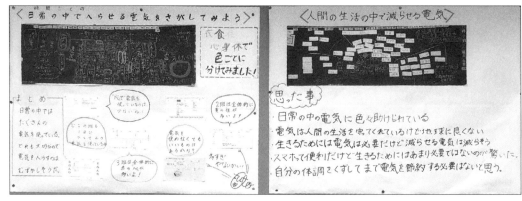

自分たちで学んだことをまとめて教室に掲示

て，いいアイデアだと思いました【物語性】。そして，それがあるから，真剣に考えてどこに貼ろうかと，自然に話し合いが進みました。どの班も確かにそうだと思えるところに貼っていました。鏑木さんが「トイレがたくさんあるのは，人間のいろいろな部分を支えているからだね」と言い，なるほどなと思いました【身体性②】。

　自分たちで自慢するのは変ですが，すごくがんばったことから，粟生先生に写真を撮ってもらい，そのときに思ったことを書いて，残しておこうという話で，この日はさよならしました。

> ◆粟生先生の発見
>
> 　子どもたちがこんなにも自分たちで役割を分担して活動し，学びをデザインできることを目の当たりにし，感動しました。そして，クラスの掲示は「先生からのお触れ書き」ではなく，「子どもたちが必要とする足跡や目的」であることが，これほど温かい雰囲気になるとは……と，いつまでも子どもたちの掲示を眺めていました。

第2話 「電気は人間のどんな機能に働いているのかな」　4時間程度

起	承	転	結
かわかすことは身体を元気に保っているね	ドライヤーだけでなく，他のもありそうだな。マップから選んでみよう。	僕たちが考えてきた視点は，みんなからはどう見えるのかな	すごく参考になった。考えた意味があったよ
熱も風も電気が使えるエネルギーに変身してくれているよ	電気と生活の関わりが見えてきたよ！	それって，私の場合は…減らせない。でも，こんな所は…	電気がうちにくる前やその後でも減らせる部分がないか見てみたいな

> 物語性：電気と私との関わりを捉え直す物語
>
> 道具性：黒板，一人1台タブレット，電化製品の実物
>
> 身体性：①電気を生きることとの関わりとして語る子どもに聞き入る教師の身体
>
> 　　　　②互いを有用な他者として，批判的な問いや意見を表現し合える学び手の身体
>
> 支援性：①それぞれの思いを引き出し黒板に可視化する
>
> 　　　　②人の特性と電気の関わりを自己に問い直す
>
> 関係性：ディベート型対話「よりよい説明を目指して他者に意見をもらおうとする」

①使うだけの電気から，人間の特性に働きかけている電気という見方へ

　粟生先生が問いかけてきました「どう？　電気の世界が見えてきた？」と。私たちは答えました「ここまで電気のことを考えたことはなかったです」「でも，生活にすごく関わっていることが見えてきました」と。

　粟生先生が続けて，「みんな，家族に伝えたいって言っていたけど，みんなの知識は家族の

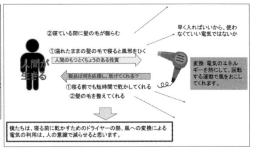

体調をくずすという視点をきっかけに，人の特性という
見方で電化製品を見る

道具がどんな特性へ働きかけてくれているかを考える

自分たちで決めた電化製品

役に立ちそう？」と聞いてきました。もちろ
ん，これだけ生活に関わっている電気の知識
で，家族と節電の話ができたり，何ができそ
うかを話し合ったりすることができるので役
立つと思い，私はしっかりうなずきました。

　「みんながいろいろなことに気づいて，自
分の言葉でまとめていったことがすごいと思
うよ。でね，まとめの中に『体調をくずして
まで』ってあるけれど，どういうこと？」と，粟生先生が聞きました【支援性②】。

　鏑木さんが，「たとえばドライヤーを使わないと，髪の毛が長い私にしたら，風邪をひいて
しまうということです」と答えました。先生は「なぜ風邪をひくの？」【身体性①】と言うので，
わたしが「濡れていると体温が下がります。体温が下がると，風邪をひきます」と説明しまし
た。すると先生が，「人って体温が下がると風邪をひくんだね。人間ってそういう性質を持つ
生き物なんだね【支援性②】。他の道具もそんな人間の性質を助けているっていえるのかな」と
聞いてきました。舟橋さんは「他にもいえると思います」と言い，みんなも考え始めました。

　自分たちが当たり前に生きている生活環境を見つめ直すことで，電化製品がうまく私たちを
支えてくれているということがもっと分かる気がして，私も一生懸命考えました【物語性】。
鏑木さんが「どの電化製品も確かに人間を助けているよ」と言い，時任さんも「そういう特性
を持つ人間を助けていることを使って，節電できるかどうかを説明すると，家族も納得できそ
う」と言いました【関係性】。

　私はまだ，どれもが人間のどんな特性を助けているのかということにはピンとこなかったけ
れど，みんなの意見も聞いてみたいし，自分でも考えてみたくなっていました。そこで，自分
が担当したい電化製品を決めて，いろいろな電化製品が自分たちのどんな特性を助けているの
かを考えたり，製品を調べたりしました。

②家族に使ってもらう知識にするために自分たちの説明をよりよくしたい

　私は炊飯器を担当しました。実際に炊飯器を持ちながら【道具性】，家でご飯が炊けるとこ

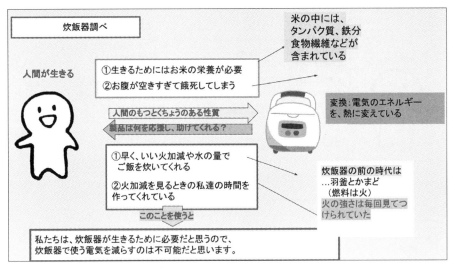

私という「人」の特性と「電化製品」の関わりをグループごとに考えてまとめる

ろをよく見て，いろいろなことを考えました。合わせて，自分はなんでご飯をよく食べている
んだろうとも考えました。当たり前に生きているけれど，食べるとはどういうことだろうと体
に問いかけて，私たち人間は「栄養が必要」になることや，「餓死すること」を中心に考えを
まとめました。その思いで見ていくと，ご飯は必要なのだけれど，かまどは何を助けているの
かが見えてきた気がしました。かまどは火の調節や手間が大変なことが分かってきました。か
まどでご飯を炊くときには，人間がつきっきりにならなくてはいけないのです。つまり，炊飯
器の持つ，「炊けて，知らせて，おいしいを保つ」という当たり前の機能が，私たちの時間を
つくり，おいしさへの要求も同時に満たしてくれていることに気がつきました。それを早くみ
んなに知ってもらいたくて，どんどん資料を変えていきました。

　自分たちの考えをまとめていくと，どんどんと伝えたい気持ちが出てきたし，他の人の意見
を聞いてみたい気持ちになりました。そして，一度お互いの考えを聞いて，自分たちの意見が
より広く深くなっていく質問や意見，アイデア，つまり聞き手である家族の立場を考えて批判
的意見を出してもらい，相手を説得できるように考えを深め合おうということになりました
【関係性】。

　粟生先生が，「みんなの前で1グループずつしたい？」「分けたい？」と聞いてきました。み
んなでやれば，たくさんの人に聞いてもらえるけれど，近くでじっくり聞いていけるのもいい
なと思いました。他の人も，お互いに聞き合うことがしたいと言うので，まずはそれぞれで分
かれて考えを聞き合いました。

　自分たちの発表をするときは，緊張するというよりも，どんなことを言ってくれるのかなと
いう楽しみがありました。発表をすると，私が当たり前に使っていた食物連鎖という言葉につ
いて知らない人がいるかも，ということなどが聞けてとても参考になりました【関係性】。

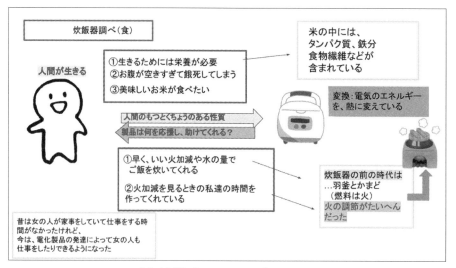

考えを随時ブラッシュアップしていく

　他のグループでも，たくさんの意見が出ていて，その場で話したり，後で見えるように書き込んだりしながらお互いの意見を言い合いました【身体性②】。

　自分の意見が使われて，参考になったと言われることはとてもうれしかったです。私も，みんなの発表がより詳しくなるように，真剣に聞き入り，考えを自由に表現していきました。

　鏑木さんが私の意見を取り上げて，「洗濯機と洗濯板での水の量の違いを書くと，人の能力の何（何度も変えなければいけない水や力，時間，汚れを落とす能力に関わる労力）を助けているのかがもっとよく分かると言われて，なるほどなと感じました」と言ってくれたのは，とてもうれしかったです【関係性】。

　その後，粟生先生が「次はどうしたい？」と聞いてきました。私たちはもらった質問などから説明の資料や発表原稿を変えたり，どれくらいの電気を使っているのかなど，批判的な意見をもらうまでは気づいていなかったことをさらに調べたいと伝え，調べていくことにしました。

　また，粟生先生が「電気のことも，人のこともこれだけ深まってきたね。これだけがんばった知識，どうしていきたいか変わった？」とみんなに問いかけました。時任さんは「環境について考えている専門家にこういう考え方もあるよと伝えたらおもしろそうだ」と答えました。

グループで伝え合う活動場面

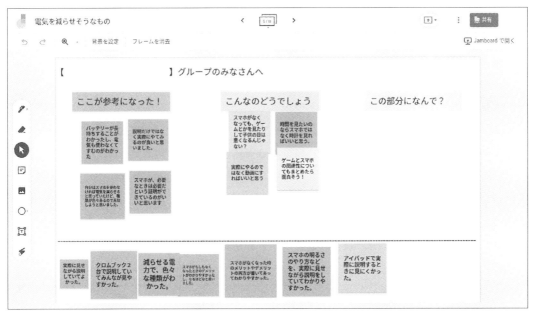

聞いて思ったことを書き込む画面。同時に，後でグループで使いたい言葉は話し手が移動させてもいる

　すると，舟橋さんが「科学者にも僕たちがこういうことを考えていると伝えたい」「もちろん，お母さんにも伝えて，一緒に家の電気の使い方を考えたい」と話すなど，とても広がっていきました【支援性①】。

　何を，何のために，誰に伝えていくのか，さらにどう学んでいくかを次の時間に整理していこうとみんなで確認して，この日は終わりました。授業の時間は終わったけれど，まだまだ知りたいことはたくさんあふれていきました。

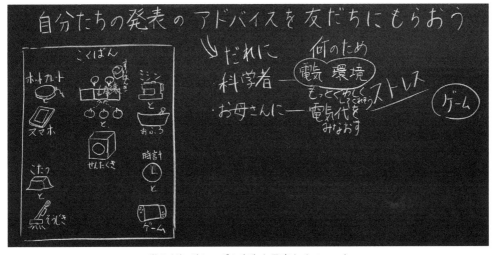

学んだ知がおのずと宛先を見直させていった

第3話 「電気さんの一生を追いかけよう」 4時間程度

> 物語性：分かったつもりだった電気を見つめ直す物語
>
> 道具性：黒板，一人1台タブレット，電化製品の実物，発電などのモデル装置
>
> 身体性：①電気について学ぶ価値を追求する子どもに聞き入る教師の身体
>
> 　　　　②互いを有用な他者として，批判的な問いや意見を表現し合える学び手の身体
>
> 支援性：それぞれの思いを引き出し黒板に可視化する
>
> 関係性：①文化構築型会話「電気の一生についてのより知りたい視点を課題として捉
>
> 　　　　える」
>
> 　　　　②イントロダクション型会話「電気についての情報収集」
>
> 　　　　③グローバル型対話「電気について分からないことについて質疑応答する」
>
> 　　　　④ディベート型対話「他者を説得できるようプレゼン資料を作成する」

①ここまで学習を深めてきたことを振り返って，宛先を再設定すべきか検討する

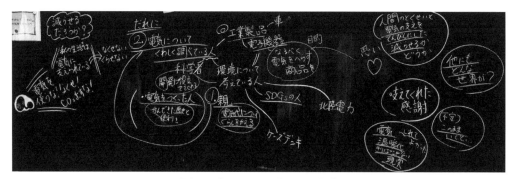

宛先，目的，思いを可視化した板書

　私たちは前の時間の続きで宛先を再検討しました。まずはじめに時任さんが黒板を使って考えをつなぐようにして【道具性】再検討しました。すると粟生先生が「それってどんな人なのかな」と聞いてきたので，SDGs（持続可能な開発目標）のことを考えている人や電気について詳しく調べている科学者，電子機器を作っている人，家電量販店で働いている人などをみんなで考えました。続いて粟生先生が「科学者に伝えたいのは，何のためなの？」【身体性①】と聞いてきました。鏑木さんが「科学者だったら私たちの調べたことを開発に役立ててくれるかもしれません」と答えました。また，舟橋さんは「電子機器を作っている人はなるべく電気を減らせる商品を考えてくれてそうだから」と言いました。すると，粟生先生は「みんなのどういう思いがあるからその人たちを選んでいるのかが少し見えてきたよ。科学者の人に自分たちの考えた人間の特性や暮らしでどうやって減らしていけるのかを伝えて一緒に考えたいっていうことかな」と言いました。そこに沢田さんが，「それもあるけれど，専門の人はもっと違うことを考えているかもしれないし，そういうのを知りたい」と言いました。鏑木さんは「製品に

ついて考えることで考えが深まったことを伝えて感謝も伝えたい」と言います。舟橋さんは「本当に減らせるのかを，自分たちの考えだけじゃなく，一度聞いてみてほしい」と言います。そこにはみんなの想いがいろいろと関わっていることが見えました。私には，このままいくとどうなるのかの不安があります。自分たちの生活を見つめ直したいろいろな考えが分かったので，それを具体的に親と一緒に考えていくことができると思っていることを伝えました。みんなもそれは大事だと言ってくれたのがうれしかったです【関係性①】。

　このように整理していると，粟生先生が「じゃあ，その人たちに説明できるくらい，みんな電気のこと分かってきたのかな」と問いかけてきました。鏑木さんは「今の考えを伝えるのもいいけど……」と言います。舟橋さんが「もう少しいろいろ知ってもいいと思います。まだ何が分かっていないのか分かりません」と言いました。粟生先生が「電気って，どこからくるんだろうね」「熱に変換してるとか発表していたけど，どこかで損をしていたり，その後熱はどうなったりしているんだろうね。みんながしてきた家だけじゃなくて電気さんの一生を見ると，もっと詳しくなれたり，自分との生活のつながりが深く見えたりするのかもね」と言いました。みんなはそれに賛成して，電気さんの一生について考えてみようということになりました【物語性】。

②もっと深めていきたい知識や内容について意見を出し合う

　私たちはこれまで，まず家の中で使うことを中心に考えていたので，それを自分たちで黒板に書き【道具性】，そこから考えを広げてみることにしました。

　どんなことが「はてな」になるのか，何が分かっていないのかと真剣に考えました【関係性②】。

　粟生先生が「ドライヤーにきた電気エネルギーは，熱として10エネルギー使えているのかな？」【支援性】と言いました。それを数値化すると電気は使いたいものにだけ本当に変換されているのかという思いが出てきました。もし別のものに変換されていたら，そこには無駄にしているものがあることになります。

　他にも，絵に描いてみることで，電気の使用後の熱や音などのエネルギーは大気中に出ることが最後なのかどうかなどの疑問もみんなから出ました。使用前を見て，「発電所では何がどうなって電気になるの？」「何から作っているの？」「人が材料を作れるの？」「電気が届くときってどうなっているの？」など，何のどんな恩恵で生活ができているのかすら分かっていないことが見えてきました【関係性③】。

　知らないことたくさん見えてきて，それを知ることでさらにうまく説明できたり，そもそもこんな大切な電気について分かっていないことだらけだと気づいたりして，もっと知りたいという思いが湧きました。

　みんなで黒板を作っていると，分からないことがあることが楽しくなり【身体性②】，そして，いろんなことを知ることも使える知識や役に立つ知識につながるかもしれないというわく

自分たちで学びをデザインしていく過程

わく感で，みんなで役割分担して調べていくことにしました【関係性②】。

◆粟生先生の回想

　これまでの私は，「このことについて学ぼう」と，『うまく』制限をかけて，それが学びであると信じてきました。この学びでは，私は子どもたちの一応援者となって，アイデアを共に出していく楽しさを味わうことができました。知らないことで顔が下がるのではなく，知らない情報を誠実に開示し合うことで，他者との新たな知識を得る対話の機会とできるのは，学びの空間も，時間も，子どもが自分たちでデザインできる学習環境があるときなのだなと思いました。

③それぞれが追求する場所を決めて，調べる

　私たちは，電気の一生を6つの場面に分けてそれぞれをチームラボ（研究所）として調べていくことにしました（その後を調べるのは粟生先生の担当になりました）。

　鏑木さんはチャイムが鳴るともういないのが当たり前でした。その日はやかんの場所を聞いていました。どうやら実際に水の蒸発がどれくらいのエネルギーになるかを調べて，その仕組みを私たちに教えてくれようとしているようです【関係性③】。理科室をのぞいてみるとがんばっているようですが，うまくいかないようで，火力の弱さを考えて家庭科室に行こうとしていました【支援性】。

　私はどんな材料がどうやってできるのかを調べるラボに入りました。いろいろ調べている

分担の板書と各グループラボのまとめ内容一例

　と，石油や天然ガス，石炭などが電気になっていることが分かりました。ですが，どれもすごい年月がかかり，人の力で作ることができない作り方になっていることが分かりました。そのことを伝えることで，もっと大事にすべきことや，無駄にしていることを真剣に考えてくれる人が増えるのではないかと考えて，どうしたらうまく伝わるかのプレゼン資料を作りました【道具性】【関係性④】。

　舟橋さんは何やらコンデンサーに手回し発電機をつないで回しては，時間を計っているようでした。沢田さんは電線の距離でどれだけ無駄になるのかに，自分たちで驚いているようでした。その横で沢田さんと同じグループの時任さんが「60年前の技術だと，電線などで24パーセントも電気が熱に変換されて届かなくなっていたのだから，今はすごくない？」と感動しているのが気になりました。鏑木さんは，家庭科室から戻り，もっと力を受けられる羽がどうとか，こんなにして作らないといけないのかなどと，グループで話し合っています。みんなの発表が聞けるのがとても楽しみでもあり，私たちを楽しみにしてくれているみんなのために，できることをもっと考えようと思いました【関係性①②】。

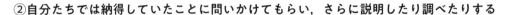

第4話 「みんなに伝えたいこと，みんなから受け取ったこと」　2時間程度

①自分たちが電気に関して詳しくなった内容を紹介したり説明したりする

②自分たちでは納得していたことに問いかけてもらい，さらに説明したり調べたりする

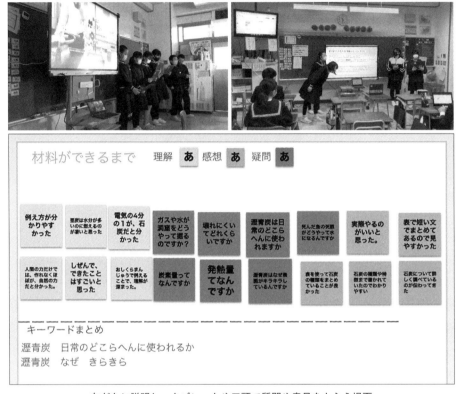

友だちに説明し，タブレットや口頭で質問や意見をもらう場面

　それぞれの発表は，動画や実演を使って説明【道具性】していたり，何を伝えたいのかという想いをうまくまとめて発表したりしていてすごかったです【関係性②③】。はじめに粟生先生が「友だちに発表する意味は何？」と聞きました。私はすぐに「新しい考えが聞けるかもしれないから」と答えました。粟生先生はうれしそうに「じゃあ，聞く人のほうが真剣に聞かないとだし，大変かもしれないね」と言っていました【身体性①】。実際に，私は，魚の死骸が液体（化石燃料の原材料）になることについては，そういうものだと思っていました。友だちの質問に触れて，さらに調べて，「なぜそうなるのか」や「だから多くの時間がかかるのだ」ということとつなげて納得することができました。

　電気を作る仕組みや大変さ，電気エネルギーを別のエネルギーに変換するためのこれまでされてきた工夫などお互いに学び合った私たちは，温暖化のために自分にできることやよりよく生活していくことを真剣に考えていけるようになったと思います。

第5話 「家族に伝えるメッセージをとろう」　3時間程度

①「電気製品の中で私たちが減らせる電気は何か，それは私たちの暮らしにどう関わっているのか」を発表内容に選び，自分たちの考えを家族に向かって表現する

②説明を視聴してくれた家族から届いた感想を見合い，活動の振り返りをする

物語後の子どもの姿（声）

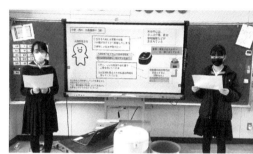

家族に見てもらう目的で発表スライドを用いて説明し，撮影をした

　当初，私たちの思いを受けて，粟生先生は本物の専門家を学校に招いて話し合う機会を作ろうとしてくれていました。しかし，コロナ感染症で何度も学校が休校になってしまい，結局，私たちは家族を宛先にすることになりました。電気が生活の中でどれほど「私のいろいろな部分を助けてくれているのか」まとめた図を使って，「減らせそうな電気，減らせなさそうな電気」について説明しました。理由は，こういうふうに電気と自分の関係を見ていないだろうし，こういった電気の知識を持って，一緒に温暖化や節電のこと，無理のない暮らしの中でどんな電気が減らせるのかを家族と一緒に考えたかったからです。お母さんからは「人間のストレスと電気が結びついているって考えたことがなかった」と言ってもらえてうれしかったし，「時間を大切にするために電気を使うのは仕方がないというのは，もう少し調べていったら変わるかもしれないね」と言ってもらえて，それも調べてみたくなりました。鏑木さんのお父さんは「電気製品は前のものに比べて電気を使う必要のない熱に変換しないようにしているってどういうこと？」と聞いてきたそうです。説明をしたことで，さらに分かっていないことが分かってきて，もっと知りたくなりました。いろいろな人の意見を参考にしていると，もっとみんなの意見が聞きたくなったし，やればやるほどよくなっていく自分たちの説明を実感しました【関係性②③】。

　時間があればもっともっと説明がうまくできるように友だちや他のクラスの人に聞いてもらいたかったです。クラスでは，学んでいく途中で，「電気の研究者」や「製品を作っている人」「科学者」といった方々へも，説明をしたいという意見が出ていました。それは，電気についてどんどん知識が増えて，考えが広がったからで，もちろん，そういった方々に説明できるこ

とを目指しました。実際に説明したかったし，きっと，説明をすることでもっといろいろなことに気づけたのだろうなと思います。卒業や感染症（令和3年の春）の影響で，私たちはここまでの物語になったけれど，人に意見をもらうこと，誰かのためにと知識を役立てる相手を持つことは，とても楽しかったです。

❹ 本物語を終えて

（1）本物語でのTAKT

T・A（他者・愛）

　本物語における他者は，自分たちの知識を生活や社会に役立てることを意識し，学びを展開するよう，子どもたちと話し合いながら設定された。第1話の終わりには「一緒に使う電気のことを考えていけるように」，また，「ここまで自分が考えていることを知ってほしい」という想いから「家族」を設定していた。そして，物語が進むにつれて，自分たちの知識や考えが広がることで「電気について詳しく調べている人に（知を）使ってほしい」という想いから，「科学者やSDGsの研究者，電気製品を売っている会社の人」に広げながら他者を設定していた。

　この物語における愛は，一つは自分に関わる生活と電気エネルギーという関係性において教材を通した私をとりまく人への愛があり，もう一つは一緒に学ぶ友だちへの愛である。そして，他者として設定している家族や電気について詳しく調べている人への愛があった。

　教材を通した私をとりまく人への愛については，普段当たり前として，存在を気にとめることのなかった電気が，本物語を進める中で「自分や自分をとりまく人を支える生活に関わる電気」として見ることができた。そのことが，生きることを中心とした電気と私との関係性を深く捉え直し，表現の中に映る人からの愛（私の生活を私の特性まで考えて工夫してくれている家電など）をうけ，さらに私を支える大切な電気として捉え，働きかけていくことができていた。

　友だちへの愛は，共に電気の世界を探究し，これからを共に生きる仲間および他者への愛といえる。電気，変換，発電に関わるストリングの知識を子どもたちは口にしていても，それらは，本当の意味では個々にバラバラで，同じことを伝えていない。このバラバラ状態に触れることを喜び，自分たちが分かっていないことの共有や，それぞれの知識から湧き出る表現の違いから学ぶことを楽しみ，より深く電気の世界を分かろうと，自分たちの文化を構築していくとき，「共に」の世界を一緒に見ようとする本当の友だちへの愛がそこにあった。また，自分がより深く理解しようとするだけではなく，隣にいる友だちがより深く理解することや，自分の知が友だちの参考になったことを喜び合えるならば，相手の表現を思慮深く考察し，時には表現されたもののどんなところが分からないか，どの部分がはっきりしていないかなどと，批判的に問いかけることも自然とできていた。このような友だちへの愛には学びを育む環境も大切である。たとえば，「○○さんの考えが見えてきた？　参考になった？　役に立った？　使

えそう？」と他者のアセスメント評価を手を挙げて，あるいは声に出して可視化していく。「友だちの発表を聞きましょう」ではなく，「聞きたい？（聞いてほしい？）　聞くことでどんな素敵なことがある？（聞いてもらうことでどんな素敵なことがある？）」と，他者との関わりの価値づけも自分たちの言葉で行う。このような仲間と「共に」歩むことへの安心，信頼ある他者との物語が，仲間／他者を愛する心を育むと考えている。

　もう一つの，子どもが他者として設定してきた家族や電気の専門家への愛については，子どもたちが設定しようとした意味からも，自分たちが学んできた「生きた知識の有用な使い道の検討・模索」そして「未来への参画意識」を持てたことを示している。また，愛を持って，知識を使おうとしたとき，自尊心が有効に働いている。具体的には，「自分の電気の知識がこれで足り得るものなのか」「この説明に満足してよいのか」「この知識が生活や考えをより豊かにするだろうか」などと，自分や表現した対象に問いかけ，さらによりよくしようと，友だちへの批判的意見やアドバイスを求めていた。さらには，この愛のある宛先が，自分たちで学びをデザインし，生活まるごとを学びに変えていた。

K・T（主な会話・対話）

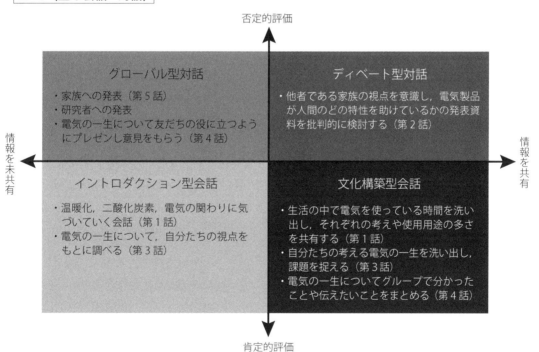

(2) TAKT授業で育んだ子どもの姿

教科との関連

■国語科との関連
集めた材料を分類したり関係づけたりして伝えたいことを明確にする

■道徳科との関連
生活の豊かさを優先した思慮や節度の欠如の危険さ，持続可能な社会の実現に努めようとする態度を持ち，自分にできる範囲で自然環境を大切にしようとする

■理科としての学び
電気の量や働きに着目してそれらを多面的に調べる活動を通して，発電や蓄電，電気の変換および，電気の性質や働きを利用した道具が身の回りにあることを理解する。
また，これらの活動に他者と関わり合いながら，主により妥当な考えをつくり出す力や主体的に問題解決しようとする態度を養う

■総合的な学習の時間との関連
「自分たちの消費生活と資源やエネルギーの問題」といった環境問題に対応する横断的，総合的な課題について持続可能な社会の実現を自分ごととして捉え，システム全体としてのよりよい解決を目指す

■国語科との関連
文章構成や書き表し方などに着目して，文や文章を整える

TAKT授業で育んだ子どもの姿

　子どもたち自身が互いの意見を求め，発表をし，そして聞き入る姿は，これまでの発表会のようなイメージとはとても違うものだった。伝えられた内容はすぐに自分たちで再構成し，「また聞いてほしい」「もっと時間がほしい」と，自分たちで相手を求め，資料を改善するといった学びのデザインをしていく姿が印象的だった。本来の子どもの学ぶ力，学びたいという意思が存分に発揮された物語であったと思う。発表会がゴールでなく，そこが次へのスタートとなる，それが一つの TAKT 授業の価値なのだと感じた。

　本来の科学者といった，研究しがんばっている人への発表までは，たどり着かなかったが，子どもたちの役に立つ知を目指す姿勢や，自分たちで宛先を見出していく中で，自分たちの知識への価値づけも見られた。家族からは，「6年生がここまで考えていることにすごいと思った」という声や，「当たり前の日常になっていたけれど，時間をつくってくれる道具だということに気づけた」という声をいただいた。なかには，「それでも電気を節約しろと言われたらどうしようかと考えた。まだ調べたら，もっとできることに気づけそう？」という声もあり，それらに対するある子の第一声は「まだまだいける」であった。うれしい声をもらっているが，「もっと詳しい自分」「もっと役に立つ自分」を目指している。

　子どもたちから聞かれる通称「省エネ」は，単に減らすことではなく，揺れ動きの生じた，「これなら，こういうわけで減らせる」「これは，こういうわけで減らせない」「これは，こういうわけで減らしたくない」という，自分のこととした現実問題で議論していた。多くの情報を得られる現代，その情報の内容を精査・吟味して，自分で判断して使えるようになることを子どもに願う昨今，このような単なる「スローガン」から脱却できている子どもたちの姿は，非常に頼もしく思えた。

《参考文献》

NKH（2021）．ノーベル賞って，なんでえらいの?? 2021　https://www3.nhk.or.jp/news/special/nobelprize/2021/article/article_04.html

◆藤倉先生からのメッセージ

　我々は，「生きていく人」というメインコンセプトを中心に，「電気の利用」（適切なエネルギー使用）と「電気製品」（人の特性を活かしたり伸ばしたりする道具）との関係を考える本物語をデザインしました。そのうえで，単に電気エネルギーを節約するだけではなく，快適な生活を送るということをテーマに，環境問題におけるサステナビリティ（持続可能性）という意味世界を切り開こうとする子どもたちの学びを支援してきました。

　コロナ禍の影響で，当初に設定した他者に対する説明ができなくなるという困難にめげることなく，電気エネルギーの節電と電気製品の有効活用を通じた適切な生活の実現に向け，子どもたちは粘り強く会話／対話を繰り広げました。先行き不透明な状況が実際に起きた際の生き方を体現した子どもたちの姿勢からは，我々も学ぶことが多かったです。

◆田島先生からのメッセージ

　粟生先生は，私がTAKT授業の構想を始めるより前から一緒に共同研究を行ってきた仲間です。本授業でも粟生先生は子どもたち自身が，教室外に住む他者の批判的視点に関心を向けていくファシリテーターとして活躍されていました。子どもたちは環境問題に関連し，「電気エネルギーをできるだけ使わない」という意見にとどまらず，複数の他者（家族・電気の専門家・電化製品の販売店員など）を聞き手に想定して，様々な立場の人々にも受け入れられるサステナブルな省エネのあり方について提案する対話を展開しました。コロナ禍のため，実際の聞き手が家族だけにとどまってしまったのは残念でしたが，子どもたちが他者の役割を担い，批判的な対話と，親和的な会話を互いに展開していたのはさすがでした。最後に家族からの批判的な問いかけに対しても子どもたちは前向きに捉え，さらに検討を進めたいとの声も上がり，対話の学びには果てがないことに気づかされました。

◆武元先生からのメッセージ

　粟生先生の研究授業は，私も参観したことがあります。先生は子どもたち一人ひとりの声を尊重し，それぞれの意見を取り入れながら彼らの対話を促進しようとする，まさにミドルアップダウン型のリーダーシップを発揮されるような方です。教科書に書かれたような正解に安易に飛びつかせず，子どもたち一人ひとりの表情を見ながら

問いかけ続けるような姿勢は，いわば「オープンダイアローグ」を教室の中で実現させた，重要なファシリテーションだったと思います。子どもたちは先生の見守りのもと，様々な意見を交わしながら活き活きと対話に取り組み，互いにつながっていったようです。

　省エネの問題を社会全体のサステナビリティという未来展望にまで拡張して考えることは，子どもたちにとっても困難な課題だったのではないでしょうか。しかし子どもたちはその難しい課題を，実社会に住む様々な立場の聞き手を想定し，批判的に検討することができました。その中で，自分たちの生活がいかに多くのエネルギー消費によって支えられているのかについても自覚しました。そしてこの学習成果を家庭に持ち込み，家族と話し合うことで，学校と家庭が有機的につながり合っていった点は重要と思いました。

　企業においても，情報を指示的に与えるだけではなく，チームメンバーの特性や関心を背景に，彼ら自身のアイデアを引き出すファシリテーターとしてのリーダーシップの重要性がこれまで以上に高まっています。異質な視点を持つメンバーおよび，関係するコミュニティ，そして地域の人々とつながり合えることは，現代のビジネスシーンにおいてよりいっそう，重きを置かれる要素といえます。その意味でオープンダイアローグ的な組織運営に携わることは，子どもたちが実際に社会を動かしていく立場になった際に助けとなる，価値ある経験と確信しています。

8章

伝えようホタル物語

大阪市立東田辺小学校　第6学年24名（令和3年6月〜令和3年9月）

蛍

岡本記明

1 あらすじ

　新型コロナウイルス感染症の蔓延により，東田辺っ子（東田辺小学校児童）が楽しみにしているお祭り「ほたるの夕べ」が3年連続で中止になることを杉本さんは知りました。このままでは，この伝統的なイベントがなくなってしまうかもしれないと心配になりました。下級生や，新しく学校に来た先生方は，この楽しいイベントを知らないままです。みんなで話し合った結果，東田辺小学校のビオトープにホタルが自生していれば，名物になって「ほたるの夕べ」はなくならないのではないかというアイデアが山田さんや田中さんから提案されました。小学校創立80周年の式典で「ほたるの夕べ」のことについて発表してほしいと，校長先生から要望があり，そこで，クラスで話し合った結果，ホタルが自生する方法についてまとめて発表すればよいのではという考えにまとまりました。

　毎年見ていたホタルですが，私たちはホタルがどうやって生きているのかよく知らないことに気づいたのです。絵や図，模型を使って様々な生物のつながりを知っていくうちに，生物には「食物連鎖」という食う食われるという関係があることが分かりました。しかし，実際には一本の鎖で表現するのは難しいことにも気づきました。

　学んだことを何度も再編集してどんなものが見えてきたのか，私たちの物語をお話ししましょう。

　私たちは，実際にビオトープを調査して，何が問題で，どんな解決法を伝えることができたのでしょうか？

全6話　全18時間程度
第1話「『ほたるの夕べ』の思い出」　2時間程度
第2話「そもそも自生するってなんや？」　1時間
第3話「ホタルって何食べてんの？」　5時間程度
第4話「ビオトープって今どんなん？」　3時間

② 本物語のファーストデザイン

　私たちの学校の校区には，淀川水系の駒川が流れています。数キロメートル南には大和川も流れていて，水の流れという自然に親しみを感じています。5年生のときには，理科の単元「流れる水のはたらき」において水害に強い街をデザインする学習をしてきました。その経験から自分のためだけでなく，友だちや家族，地域のために学習することで，大人の役に立つという考えを持っている友だちが増えつつあります。会話や対話を通じて，お互いを高め合えば大人を超える学びができることに気づいてほしいと先生も願っておられるようです。

　また，学校にはすばらしいビオトープがあります。そこで行われる地域のお祭り「ほたるの夕べ」を私たちは毎年楽しみにしていました。しかし，新型コロナウイルス感染症の影響でここ数年は中止になっていて，残念に思っています。

　「生き物のつながり」を学ぶにあたって，私たちにとっての身近な生き物としてホタルを中心に話を進めればよいことに気づきました。私たちはまず食から考えを広げ，食物連鎖にたどり着くものと考えていました。物語の最後には，80周年記念式典で，調べた内容を発表することをみんな楽しみにしています。

③ 物語

第1話 「『ほたるの夕べ』の思い出」　2時間程度

物語性：ホタルのことを考え始める 　道具性：黒板 　身体性：過去を五感で思い出す 　支援性：子どもの思いを黒板に書き出し可視化する 　関係性：①文化構築型会話「過去の『ほたるの夕べ』を思い出してみよう」 　　　　　②ディベート型対話「どこで誰にどんな内容を伝えたらいいだろうか」

　杉本です。私には，兄が2人，妹が一人います。兄は2人とも中学生で，同じ東田辺小学校に通っていました。妹は2年生ですが，小学校に入ってからずっと新型コロナウイルスの影響でマスクをしていますし，学校でのお祭りや，イベントはみんな中止になってしまっています。妹は，学校がどんどん楽しくなくなってきていると言っていました。私は，妹のために「ほた

るの夕べ」が復活したらいいなと思っていました。

　ある日，担任の岡本先生が地域のポスターを撮って見せてくれました。私は，また残念な気持ちになりました。兄2人と楽しんだお祭りが，今年もまた中止になったのです。周りのみんなも「ホタルきれいやったで」「私も見た」「かき氷，おいしかったよな」「スーパーボールすくいしたい」など，楽しかった2年前の思い出を口々に話しています。先生は，「このまま

地域に貼られていたポスター

やったら，このイベントはなくなってしまうかもな」と残念そうに言いました。私もそう思いました【身体性】【関係性①】。

　「よく考えたら，今の2年生までと新しく来た先生みんなこれ知らんのとちゃう？」「え，ホタル見れんくなんの？」教室全体がざわざわしています。みんな楽しい思い出があるようです。私も，妹はあの楽しい祭りを知らないままに大きくなってしまうのかと思いました。そう思うと，とても残念です。

　そのとき，岡本先生が「今年，東田辺小学校は80周年を迎えます。感染対策をしっかりしたうえで，記念式典がある予定で，君たち6年生は出席できます。そこで，校長先生から『ほたるの夕べ』が続くように何か発表してみませんかと話がありました」と言いました。そこで，何かできることはないかとみんなで話し合いました。誰に話せば，何を発表すればこの「ほたるの夕べ」はなくならないのかを，黒板を使って考えました。そうして，「『ほたるの夕べ』をもっと盛り上げればなくならないんじゃないのか」「もともと学校のビオトープにホタルが住んでいれば，『ほたるの夕べ』はきっとなくならない」という結論が出ました【関係性②】【支援性】。

　「じゃあみんなは，ホタルのことをどれくらい知ってるの？」と先生に聞かれて，「光る」「幼虫が芋虫」「水がきれいなところに住む」など口々に言いましたが，まとまりません。先生のアドバイスで，5年生のときにもしたように，イメージマップを書いてみることにしました。

　書いてみると，思ったよりもホタルのことを知らないことが分かりました【道具性】【物語性】。

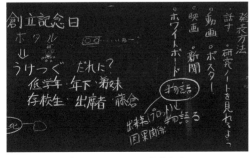

誰に知らせたいかを考えた

黒板に自分たちで書き込みに来る様子

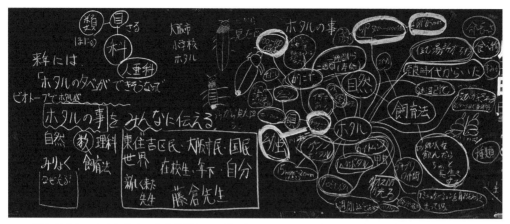

誰にどんなことを伝えるのかを整理し，自分の知っていることをイメージマップで可視化した様子

　「もっとホタルのこと調べんと，自生とか無理やん」，虫が大好きな山口さんが言いました。「虫とか調べんのいやや，気持ち悪い」，虫嫌いの女の子たちが口々にそう言います。「できることやってくれたらええで」，山口さんを中心とした生き物好きな男の子たちがそう言い，ホタルのことを調べていくこととなりました。後で分かることですが，虫嫌いの女の子たちもいろいろなことを手伝ってくれることになりました。

第2話 「そもそも自生ってなんや？」 1時間

> 物語性：ホタルの一生を知る，ホタルのことで頭がいっぱいになる
> 道具性：黒板，一人1台タブレット
> 身体性：自分の生活で，何がなくなったら一番つらいか考える
> 支援性：ホタルが生きるのに大切だと思うものが，衣食住の何に近いか，視覚的に表せるように促す
> 関係性：グローバル型対話「水，温度，湿度，草，こけ……人間にたとえたらどういうもの」

　大変です。「ホタルを自生させる方法を……」と言ってみたものの，そもそも私たちは自生の意味を知りませんでした。先生に「そもそも自生ってどんな状態？」と聞かれて，答えられません。「やばい，知ったふりしてたんがばれる」，心の中でそう思いました。ですが，自信を持って答えられる人はいませんでした。内心ほっとしました。みんなで，一人1台のタブレットを使って調べてみると，「生物が栽培，あるいは飼育されることなく生活していること」とあります。岡本先生によると，私たちが「ほたるの夕べ」で見ていたものは，飼育されたものを放っていたらしいので，学校のビオトープでは増えることができなかったということです

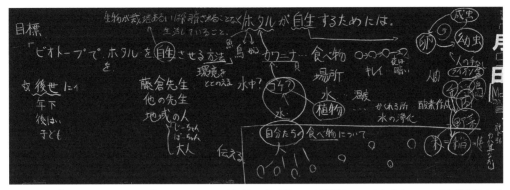

目標から，「自生」ってなんだを整理。なんとなくだが食べ物や住みかが関係していると分かっていると読み取れる

【物語性】【道具性】。

「じゃあ，生きるために必要なものってなんだろう」，岡本先生が聞きます。

北さんは，「ご飯……」，山田さんは「家ないと困るやろ」，畑中さんが「家庭科で習った，衣食住じゃないか」，町田さんが「人間の衣食住は分かりやすいけど，ホタルにとっての衣食住って何だろう？」「幼虫は水が家？」「でもそれは食べ物が水中にあるからやろ」「卵の間はコケが住？」と，たくさんの意見が出てきました【関係性】【身体性】。

先生は，「たくさん意見が出てきたので，図に表してみようか。さっき言っていた衣食住で分類してみよう。ホタルが生きるのに必要と予想するものが，衣食住のどのへんにあるのかな」。大きな紙に書いた衣食住に，みんな自信なさげに書き込んでいきました【道具性】【支援性】。

食いしん坊の北さんが「中でも食が一番大事かな。お腹空くのいややし」と言いました。そこで岡本先生が「では自分たちが食べているものが，何を食べているか知ってる？　せやなぁ，たとえばカレーとか」と聞くと，「牛は草！」と山中さんが得意げに言いました。彼の家はビーフカレー派のようです。でもこれは，私も知っていることです。「じゃあ，草は何を食べているの（どのような栄養をとっているの）？」

私は「光，水，肥料」など，5年生で習ったことを思い出します。こんなことも使えるんだ

ホタルにとって衣食住は何に近いかを図で表した

と私は思いました。「じゃあ今日の給食に出るツナは？」と問われて，釣り好きの佐川さんが「ツナってマグロやろ，ちっさい魚食べてるんちゃうん？」　北さんが「え，カツオでも作れんで。油で煮るねん」。先生は「ツナの手作りは興味あるけど，話がそれてるね。じゃあ，その小さい魚は？」　佐川さんが「プランクトン！」と答えると，先生が続けて問います。「プランクトンって何？」　食べ物に関する問いには，みんなどんどん答えていきます。一番大切なのは，「食」だと思いました。だんだん答えられなくなった私たちは，自分たちの食べ物の大元を調べることになりました【関係性】。

第3話 「ホタルって何食べてんの？」　5時間程度

> 物語性：ホタルの食をもっと深く知るために，まず自分たちの食を知る
> 　　　　広がる食う食われるの関係
> 道具性：黒板，一人1台タブレット，画用紙，カラーペン
> 支援性：どんどん広がり絡まり合う，食う，食われるの関係を表現する方法について
> 　　　　助言する
> 関係性：①文化構築型会話①「食う食われるの関係が，一方通行ではないと気づく」
> 　　　　②文化構築型会話「カロリー（栄養）だけでなく，水や空気も還ってきている」
> 　　　　③グローバル型対話「植物の食べ物はなんだろう」

　3回目です。私たちは食材ごとに班に分かれて結局プランクトンはエビとかカニとかの子どもの動物性プランクトンと，それが食べる植物性プランクトンがあることが分かりました。食べられる一番小さいのが植物なので，日光と二酸化炭素と水がご飯です【物語性】。岡本先生が，「絵にしたほうが分かりやすいよ」と言ったので，絵のうまい黒川さんにも協力してもらいました【支援性】。なかなかの自信作です。黒川さんが絵を丁寧に描いていたので，「他で情報収集してくるわ」と，同じ班のみんなに声をかけて教室の後ろの掲示板でカレーを分解して，大元を追っている班をのぞきに行きました。そこでは，全部の食べ物の元が植物だという

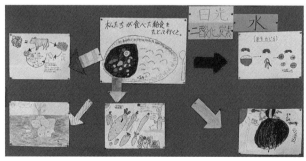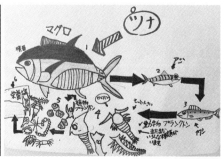

私たちの食べ物の大元を絵で表した

場所と生物，食べる量の関係を書き出してみたが，うまくいかなかった

ことが絵で描かれていました。その植物の栄養は日光，二酸化炭素，水です。

　畑中さん，十波さんたちが「でもニンジン食べるの人間だけちゃうよな」「虫に食われて穴だらけになるし」「牛の食べる草，バッタも食べるよな」，こんな話をしています。そういえば小さな魚はマグロだけが食べるわけではありません。カツオが食べるかもしれないし，スズキは大食いです。これは釣り好きの入江さんが，この前クイズに出していました。岡本先生が，「どうやってそれを表現する？」【支援性】と聞いてきたので，私は「この前やったパソコンの中のホワイトボードは？　何枚でも増やせるし」「それはいいな，ぼくもやる」。あっという間に数人が集まりました。他の人たちは，「矢印で教室の後ろいっぱいに使えばなんとかなるんじゃない？」「大人ってカロリー気にするよね。カロリーが見えたらどうかな」「住んでいる場所も関係ありそう【道具性】。住んでるところを模型にして糸でつなげば……」。いろいろなアイデアが出て，勝手に班ができました。気の早い人は，もう絵を描いたり，写真を探したりしています。私も前回使ったホワイトボードを呼び出して，貼り付けていくことにしました。当然，私はホタルについて調べました。しかし，ホタルは水中，土の中，空中と成長で住みかを変えるので，ホワイトボードがいっぱいになってしまって，広がらなくなってしまいました。

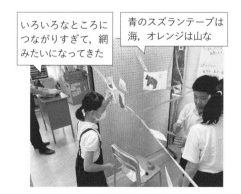

平面で表しきれなかった関係を，立体的に表そうとしている様子

「食べる」の意味の矢印も，これ以上増やすとよく分からなくなってしまいそうです。

「他の班に情報提供をしてみてはどうかな，きっと役に立つよ」と，先生にアドバイスをもらったので実行しました。模型班は私たちが作ったホワイトボードを見て，林さんが「おお，こうなってんのか」，百田さんが「意外なもん食べてるな」と言ってくれたのでうれしかったです。

当然ですが，教科書にはちゃんと目を通していますし，インターネットでも「食物連鎖」という言葉は何度も出てきていたので，知っていました。しかし，食う食われるの関係を，矢印や糸でつないで表していくと，とても複雑であることが分かってきました【関係性①】。岡本先生が「最近は，食物連鎖がもっと複雑であることが分かってきたので，『食物網』という言葉を使うことがあるよ」と教えてくれました。また，「自力でここまでたどり着けたことはすごいことだ」と，ほめてくれました。

この後，死んだ動物はどうなるのかについて，みんなで調べて考えました。食べられるだけではなくて，一部は土になって植物の栄養になっていることが分かりました。結局，植物に戻りました。

私は，「植物のごはんは二酸化炭素，日光，肥料，水やったよな。今の話は肥料？」とみんなに聞きました。山口さんは「田舎行ったとき，畑に牛糞まいとったで。臭かった」，羽田さんは「じゃあ二酸化炭素と日光と水は？　減るばっかし？」「俺ら息したら二酸化炭素出すやん。知らんけど」。虫嫌いの女子たちが「虫とか気持ち悪いだけとか思ってたけど，要るな」と小さな声で言っていたのを私は聞き逃しませんでした。壁山さんが「そもそも，食べてるカロリー（の大元）ってほぼ日光ちゃうん？」　こうして，同じように調べていくと，栄養分だけでなく，水や二酸化炭素も生き物を通じてぐるぐる回っていることが分かってきました【関係性②③】。

第4話 「ビオトープって今どんなん？」　3時間

> 道具性：黒板，一人1台タブレット，調査に必要な道具
> 支援性：情報共有の場の設定，質問
> 関係性：①文化構築型会話「6つの視点の設定」
> 　　　　②グローバル型対話「どこをどう調査しよう」

いろいろなことが分ってきました。生き物は食べ物や空気でつながっていて，複雑な仕組みの中で生きていることが分かってきました。これを今回の発表に役立てるには，実際に学校のビオトープを調査しなければなりません。

しかし，先生がこう聞きました【支援性】「ビオトープの何を調査するの？」当然，柴山さんは「水や空気，土」と答えました。「それはどんな考えで調べるの？」「……」。みんな明確に答えることができませんでした。「分かったつもり」になっていたようです。そこで，私た

ちは学習の最初に戻ってみることにしました。山田さんが「生きるのに必要なのは、やっぱり衣食住やったよな」、北さんが「特に食について調べた。ホタルはカワニナ食べんねん」と答えると、「カワニナは結構なんでも食べるって分かったな」「じゃあ衣と住は」「虫とか貝は服

６つの視点について調べることに

・ 水（幼虫の住みか。もっとも長くいる）
・ 土（さなぎの間住む。）
・ 温度・湿度
（服を着ていないホタルにはかなり重要、卵を産むためのコケにも）
・ 植物（食物連鎖、食物網の元の部分）
・ 光（カップルを作るのに、邪魔らしい）
・ 食物連鎖（天敵を探す、食べ物の食べ物の調査）

着てへんし、家とかないし」と、次々にみんなが答えました。先生は「虫や貝にとっての『衣や住』って何だろう」と問いました。「住は分かりやすい。住みかやから、カワニナとかホタルの幼虫にとっては水やね」「服ってなんで着るんやっけ。汚れないためと、ケガしにくいようにと」「暑さとか寒さの調整やっけ」「じゃあ、温度とか関係あんのか」【関係性①】。このような話をして、私たちが生きていくために必要だと思うものを順番にあげていき、もっとも大事だと考えた6つについて調べることにしました。

　調査にあたって、各班必要なものを黒板に書き出します【道具性】。私の光班はとても困りました。夜にならないとビオトープにどの程度の光が入っているのかが分かりません。

　「そもそも光ってどうやって量を測るん？」「家庭科で光度計って先生が使ってなかった？」「光電池で、どれくらい発電するか比べてみれば？」「その時間学校におれへんしな」。先生が、「まずは目で見てみたらどうだろうか」とアドバイスをくれたので、ビデオを一晩設置してみることになりました。調べ方が決まると、夜になるのを待つだけで退屈だったので、他の班が気になり何をやるのか教えてもらいに行きました。

　土班は、まずどんな種類があるのかを調べていました。ホタルには粘土が一番よいそうです。「ビオトープのどこを掘ってみる？」「川から離れても意味ないやん」「じゃあ川底？」「幼虫って小さいし、そんな動けへんのとちゃう？」「植物班はコケが要るって言ってたし、その周りの確認すればええやん」「でも、そもそも粘土と細かい砂ってどう見分けるん？」なかなか意見がまとまらないので、動けずにいました。最後には、とりあえず実物を見ようと、ビオ

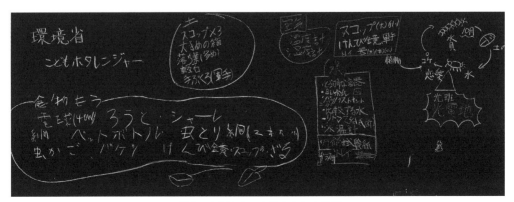

調査に必要なものを書き出した黒板

これはケラやな

粒の細かい粘土発見

コケの生えてるあたり
をとってみよう

様々な方法でビオトープを調べる様子

トープにスコップを担いで出かけていきました【関係性②】。

　温度・湿度班は,「俺らの調べることって,季節によって全然ちゃうよな」「とりあえず今9月やけど,ビオトープを調べてみて,分からんところはどうしよう」「天気の勉強したときに,どっか国の……なんやっけ」「気象庁のホームページで見れるかも」「見つけたけど,大阪全体であって,水辺と街中で違うんとちゃうん」「今の水辺とその他比べてみたら分かるんちゃう」「その他って,どこやねん」のあたりで考え込んでしまっていたので,私は百葉箱のことを教えてあげました。

　食物網（連鎖）班は,「もっと細かい生物から見ないと,分からんで」「どうやってつかまえようか」「ネットで調べたら,熱で追い出して集めるらしいで」「土班の採取する土分けてもらうか」「でも,サナギの住んでる土の中と,食物網の水,地上は別とちゃう？」「そこは分けなくていいやろ,土の中の虫を掘り出して食べてるかもしれんし,どっかでつながってるで」。

水班の途中報告会

　各班ああでもない,こうでもないと言い合って,結局ビオトープに集合していました。

　先生のアドバイスで,2時間に一度くらい途中報告会をすることになりました。理由は,同じことを調べてしまっていたり,全然関係ないことを調べてしまったりしていたときに,別の班からの意見があれば気づけるからというものでした【支援性】。

　水班の発表では,水の酸性,アルカリ性を調べていました。PH（ペーハー）数値で酸やアルカリの強さが分かるみたいです。今まで,どっちかだけしか分からなかったので,びっくりしました。ホタルは意外なことに,汚れた水でも生きられるみたいなので,「問題なし」とみんなから意見をもらっていました。

第5話 「誰にどうやって伝えよう」　5時間

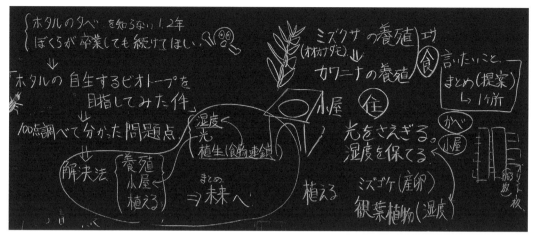

解決法を整理していく様子。口々に言う言葉を支援者が整理した

関係性：ディベート型対話「調べて分かった問題点の解決策」

　私たちは，報告会を聞くうちにビオトープの問題点が見えてきました。水班の松本さんが「水と土は問題なさそうやけど，他がなぁ」，湿度班の楠本さんは，「ビオトープは夜でも明るいし，コケが生えやすい湿度は足りてへん」，食物連鎖班の山口さんが「20匹のホタル育てきるのに，カワニナ500は要るで，その餌になる水草が全然足りひんし，天敵になる虫もいっぱいおった。食べられんで」【関係性】。

　みんなで解決のためのアイデアをどんどん出していきました。私は，「ビオトープの外は24時間営業の駐車場やから，ライト消してって言うしかないんちゃう？」と言ってみました。「たぶん消してくれへんやろ」「なんか遮ったらええんとちゃう？」「ホタルの家やな。なんかさっき調べてたとき見た気がする」「お金出したら，ホタルの住むビオトープを造ってくれるって会社のホームページあったな。参考にならんかな」「見つけた。ほんまや，小屋作ったらいけるんや」

　「湿度ってなんで保つんやろ」「水が近くにあっても乾燥してるって変やな」「要するに水蒸気やろ，蒸散が関係あるんちゃう？」「調べたら，観葉植物が保湿効果あるらしいで」「葉っぱ大きいからいっぱい水蒸気出すんやな」

　「カワニナの餌になる植物って何がええんやろ」「希望の泉（東田辺小学校にあるビオトープの名称）で増やしたらええんとちゃう」「やってみんと分からんけど，オオカナダモが繁殖によさそうやで」「5年生のときにメダカ飼うときに入れてたやつか。廊下に出しとったら勝手に増えとったわ」

　ある程度話が進んで，先生がみんなに言いました。

　「そろそろまとめに入ろうか。ところで研究結果を誰に伝えるのかな」

「式典の出席者です」私が答えました。「それはどんな人でしょう」先生が続けて問いました。「コロナで大人しか来ないって聞いた」と誰かがつぶやくように言いました。「最初に受け継いでほしいって言っていた，年下や在校生，弟や妹はいいの？」先生がつなげていきます。「『ほたるの夕べ』をやるかどうか決めるのは大人やろ」という柴山さんの言葉にみんながうなずきます。「式典ってチャンスあるし，これで発表してダメやったら，学校全体にも発表して仲間増やしたらええわ」「そやな，たくさんの人がおったら聞いてくれるかもな」虫好きの男子たちが言いました。先生は「まず大人に訴えることにしたんですね。じゃあ，大人に発表するなら気をつけることって何でしょう？」「ああ，ひらがなとかに変えなくていいな。難しい言葉も使えそうや」「でも，分かりやすく，たとえは要るやろ」「ホタルのオスとメスが出会うし，恋の季節とかどう？」「採用」……このようにして，式典での発表のスライドづくりが始まりました。各班共有したファイルを役割分担して作成していきます。「見に来る人は，ホタルのことを全然知らないと思ったほうがいい」というアドバイスを先生からもらったので，ホタルの理想の環境と，今のビオトープの環境を比べる形で作っていきました。パソコンが苦手な人も本を使って調べてくれたり，他の班のスライドを見て教えてくれたり，誰一人さぼっている人はいませんでした。

第6話 「ずっと続けてな」 2時間

> 関係性：①グローバル型対話「専科の先生方の対話の指摘」
> ②ディベート型対話「指摘されて分かったことの解決策」

　式典が近づいてきて，原稿もスライドも完成し始めました。あるとき伊織さんが，「大人に見てほしい」と言いだしました。それを聞いて他の人たちも「もっといいものを作るために，大人の意見がほしい」と言いました。同じ班の人たちも「がっつりダメ出ししてもらったほうがいい」「式典で変なものを発表したら恥ずかしい」といった意見を口々に言っていました。そこで，クラスに関わる専科の先生方に協力をお願いし，厳しい意見をもらいました。

　私たちの班は，理科専科の真田先生に，「赤とか黄色ばっかりで見にくい。目に優しくして。プレゼンの常識的にあんまり使わない色やで」と言われました。私は，「黄色の背景に赤字って目立つと思ったのにな」と反論してみましたが，同じ班のメンバーの烏丸さんが「でも確かに赤の字って見にくいし，チカチカする」と言うので，「目に優しい色ってなんやろ」「調べたら緑とか青，黒が見やすいらしいで」「ブルーライトって目に悪いらしいのに不思議やな」と話し，スライドを修正していきました【関係性①】。

　土班は，算数専科の安井先生に「これってホタル関係ない土の説明が大半やろ。何のために説明してるか分からんで」と指摘されていました。「確かに，ホタルは粘土が必要なのに，砂とか岩石の説明してるな」「シルトとかは説明必要ないよな」「粘土質があって，問題ないって

専科の先生にリハーサルを見てもらい，厳しい意見をもらって修正する様子

シンプルに言おう」「写真はネットから取ってきたやつばっかりやし」「いや，これはこれで分かりやすいんとちゃうか」「岡本先生が粘土採取したとき，動画で撮ってたよな。もらいにいこか」「実際撮ったやつのほうが説得力あるな」と，急いで修正をかけていました。ほとんど差し替えだったみたいで，苦労していました【関係性②】。

　温度，湿度を調べていた班は，先生に「説明すんのは9月，10月の温度，湿度だけなん？ホタルって今の時期だけ生きてるんやっけ？」と聞かれていました。ホタルが成虫になるのは，5月後半〜9月後半くらいなので，しどろもどろで受け答えをしていました。この班の人たちは，「気象庁のホームページで大阪の気温と湿度，1年分調べたけど，それだけやったな」「1年分表にして，問題あるとこだけ目立たせたらいいんとちゃうか」「数字多くなりすぎんか」「ぱっと見て，問題ある数字だけ見えたらえんとちゃうかな」と相談していました。

　指摘を受けてからは，解決策でも「植えてほしい観葉植物も近所で買えるのがいいかもな」「それやったら大阪でも育つってことやな」と，植物班と湿度班が話し合っていました。湿度を保つのに，観葉植物がいいと分かったので，植物班に相談しに行ったようです。

　光班が「ビオトープの小屋ってどんなんがええんやろ」「絵に描いてみたらいいやん」と話し合い，アイデアを形にしていると，「光なさすぎても，植物生えへんから，卵は生まれへん」と植物班が横からツッコミ。「カマキリもいてたし，隠れる植物ないのも困るな」と食物連鎖班も加わります。描いてみたアイデアに否定的な意見を出されても，真剣に考えていました。

　「ビオトープは桜の木も生えてるな」「調べたら根が弱いらしいで，桜」「じゃあ重たいもんはあかんな」「木で作るのは確定として，木によりそう形で作ったらどうだろう」

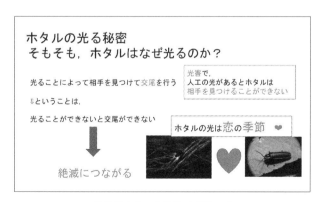

見やすくなったスライドの一つ

「幹の周りに沿って作るんか。昼間はそこそこ光入るけど，ライトの横からの光は防げそうやね」と，木を包むように箱状の小屋を作るという案がまとまりました。

　これだけ話し合って責任を感じたのか，式典で発表する5人は，原稿を覚えるくらいに必死に練習をしていました。式典本番は大成功。若干緊張しましたが，大勢の大人の前で発表を終えることができました。その後に「ほたるの夕べ」にホタルを提供してくれている地域の方が「すばらしい，大人でもあそこまで調べるのは難しい」とおっしゃっていたことを聞いて，とても誇らしい気持ちになったし，うれしかったです。

　式典が終わった後，もう一度自分たちで作ったスライドを見直してみました。もう一度見てみると，「もっとこうできた」や「なんで気づかんかったんやろ」がたくさん見つかります。でも，みんなと厳しいことも言い合ったけれど，よいものができて，後輩たちが「ほたるの夕べ」を続けられるような，ビオトープづくりをしてくれたらいいなと思いました。

❹ 本物語を終えて

（1）本物語におけるTAKTについて

┃T・A（他者・愛）┃

　新型コロナウイルス感染症の流行によって，東田辺小学校の名物であるお祭り「ほたるの夕べ」は2年間行われていない。1・2年生やその保護者，地域の方など，「ほたるの夕べ」を知らない人が増えたため，子どもたちはこの楽しいイベント存続の危機を感じていた。本物語において，東田辺小学校の名物であるお祭り「ほたるの夕べ」を知らない弟妹や家族を他者として設定した。設定した他者のために，「ほたるの夕べ」継続の決定権を持つ「80周年記念式典出席者」へ，東田辺小学校におけるホタルの自生の可能性を訴えた。

　この物語における愛は2つある。一つは他者に設定している「ほたるの夕べ」を知らない身近な人々である。もう一つは共に過ごし高め合った友への愛である。

　他者に設定している「ほたるの夕べ」を知らない身近な人々は，自分の弟妹や後輩，新しく来た教職員や指導の先生方，である。自分たちの楽しかった思い出を，みんなにも味わってほしい，そしてこのイベントを絶やさないでほしいという気持ちがある。

　共に過ごし高め合った友は，昨年よりの授業実践において「この学習は誰のためにするの」と問い続けてきた。最初は「自分」としか答えなかった彼らだったが，5年生「水の流れのはたらき」で，「災害に強い街づくり」をテーマに学習した際には，自然の力の大きさを知った。一人では生きられないことに気づき，家族や親戚，友人と「自分の身近な人の役に立つために」学習すると変化してきた。それは，この学習の最後で，「みんなを救うためには，町ごと高台に自動で（人の意思に関係なく）避難しなければならない」と結論づけたことからも明らかである。そして，誰かのために役に立つには自分一人だけではなく，友だちも育たなければ

大きなことはできないと，分かってきている。そこに，共に過ごし高め合った友への愛があると考える。

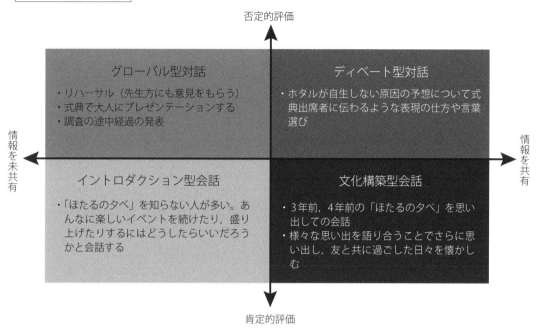

K・T（会話・対話）

否定的評価

グローバル型対話
・リハーサル（先生方にも意見をもらう）
・式典で大人にプレゼンテーションする
・調査の途中経過の発表

ディベート型対話
・ホタルが自生しない原因の予想について式典出席者に伝わるような表現の仕方や言葉選び

情報を未共有 ← → 情報を共有

イントロダクション型会話
・「ほたるの夕べ」を知らない人が多い。あんなに楽しいイベントを続けたり，盛り上げたりするにはどうしたらいいだろうかと会話する

文化構築型会話
・3年前，4年前の「ほたるの夕べ」を思い出しての会話
・様々な思い出を語り合うことでさらに思い出し，友と共に過ごした日々を懐かしむ

肯定的評価

（2）TAKT授業で育んだ子どもの姿

教科との関連

■道徳科としての学び
母校の伝統を守ろう
自分の楽しかったことを後輩に伝え，続けていく

■理科としての学び
・生物は，水および空気を通して周囲の環境と関わって生きていることを知る
・人も環境と関わり，工夫して生活していることを理解する
・生物同士の関係について観察・実験などの目的に応じて器具や機器などを選択して正しく使いながら調べ，それらの過程で得られた結果を適切に記録する

■家庭科との関連
衣食住と関連づけて考える

■国語科との関連
発表を聞く相手を考え，適切な言葉使いで原稿を作る

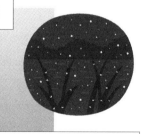

■図画工作科との関連
見やすい色の工夫・デザイン

TAKT授業で育んだ子どもの姿

　ゴールに他者を意識したものを設定することで，クオリティをどこまでも高くしようとしていた。自分だけのためであった場合は，「これでいいや」と妥協してしまっていただろう。また，自分たちの楽しかった思い出を後輩たちにも作ってほしいという思いと，仲間も育てなければ時間も知識も足りない困難がうまく機能したことを感じた。

　この物語は前述のように様々な教科と関連させて紡がれる教科横断型となった。幅広い教科の知識を活用することで，より生き物のつながりの本質を理解することにつながった。子どもたちは，他の教科を学ぶことで自分の好きな学問で見えてくるものがあると感じたのか，どの教科にも真剣に取り組むようになった。

　TAKT授業を通じ，自分たちで道を決め，自分たちの答えにたどり着いたということは，彼らの人生にとって重要な経験となるであろう。

※一部，ビオトープに移植するのにふさわしくない植物名が出ていますが，本校の現場を調査した子どもたちの考えを尊重し，そのまま掲載しています。

◆藤倉先生からメッセージ

　この物語も，コロナ禍の中で実施したものである。学校行事が十分に実施できない中，まだ「ほたるの夕べ」を知らない新しい教職員，在校生，地域の人々にこの伝統行事を解説する大役が子どもたちに任されたのである。

　東田辺小学校の細川克寿校長は，対話を目指した授業を展開するべきだと考え，担任らを支援してきた。私が岡本氏および真田氏の授業をサポートしてきたのも，その支援の一環であった。コロナ禍だからこそ，単なる記号的知識を得るだけではなく，他者と結びつくための学びを学校教育において実現しなければならないという細川氏のリーダーシップがなし得た授業ともいえる。

　「ほたるの夕べ」を残し，見たことのない人々に説明するためには，本文にあるように，6つの視点から解説しなければならないことに子どもたちは気づいた。この6つの視点が有機的に結びつかないと，ホタルの命は守れない。単に一つの視点を知るのではなく，多くの視点（知識）が相互にリンクして深い学びにならないと説明はできない。対話を通じ子どもたちは，テストでよい成績を上げるための個別的知識の暗記では他者への説明において役に立たず，知識は相互に有機的に結びつく必要があることを実感できたようだった。これこそ真の「主体的・対話的な深い学び」だろう，と私は感じた。

◆田島先生からのメッセージ

　東田辺小学校で受け継がれてきたビオトープのホタル環境のすばらしさについて，他者に向けて伝えるという実践です。コロナ禍の中でも，他者との社会的ネットワー

クをつないでいこうという取り組みとして評価できます。また，伝える相手である他者を子どもたちの間で相談し，式典に訪れる大人を宛先として，その他者に伝わるプレゼンテーションの内容を検討しました。その対話過程では子どもたちは互いに他者となり，プレゼンの聞き手の視点を想定して，批判的に検討を深めていきました。他者視点から，自分たちの知る世界を見直す経験は，子どもたちにとって貴重なものだったと思います。

◆武元先生からのメッセージ

「『ほたるの夕べ』を続けたい」と訴えるという動機をハブとして，子どもたちが関連する知識を深めていく様子がよく分かる授業でした。最高学年の6年生の授業だったからでしょうか，自然に関する知識のネットワークが，子どもたちの協働的な対話を通じてつながっていく姿が鮮明に見て取れました。食物連鎖，土壌・水・温度等の環境などの概念が，異質な視点を持つ子どもたち自身がそれぞれのアイデアを出し合うことにより，具体的な意味を持って活き活きと再構成され，ホタルが生きるビオトープを説明するネットワーク＝物語として展開していきました。

企業における商品開発も，基本的には同じような対話の連続です。新たなモノを創るため，行ったり来たりの議論を繰り返しながら，次第に，アイデアが深まっていきます。大切なことは，たとえ一見，進展しないようにも見える対話であっても，粘り強く取り組み続けるマインドセットだといえます。逆をいえば，スパッと他者との対話を遮断し，結論を急ぐような態度では，この授業で展開したような濃密なネットワークを広げていくことは難しいでしょう。

対話を通じて練り上げていくアイデアの強さを，小学校時代に体験できることは本当に貴重だと思います。自分一人で考えることも大事ですが，対話を通じ，対象を多元的に解釈し物語ることの面白さを味わう子どもたちは，実社会でも大いに活躍できる素地を養っていると思います。

第**3**部
まとめ

1章

社会構成主義を視座とした
授業研究からみるTAKT授業の意義

野原博人

　TAKT授業とは「子どもにより新しい考えや知識が創り出されていく授業デザイン」を基軸にしていると筆者は捉えている。本章では，「社会構成主義」を視座とした授業研究からTAKT授業の意義と今後の発展可能性について検討していく。

■ 考えや知識を創造する学習者の育成

　OECDが2015年から進めてきたEducation2030プロジェクトでは，VUCA時代において必要とされるコンピテンシーの育成を目指した学習の枠組みが示された。VUCAとは，Volatility（変化のしやすさ），Uncertainty（不確実さ），Complexity（複雑さ），Ambiguity（曖昧さ）の頭文字を合わせて表したもので，2030年には予測困難で不確実，複雑で曖昧な世界が到来することを意味する。Educaiton2030プロジェクトが目指すのは，「ウェルビーイング（well-being）」の実現である。OECDは「ウェルビーイング」について，「生徒が幸福で充実した人生を送るための必要な，心理的，認知的，社会的，身体的な動きと潜在能力である」と定義している。

　ウェルビーイングは，「変革をもたらすコンピテンシー（Transformative competencies）」の育成により実現に向かう。Educaiton2030プロジェクトでは，2030年のVUCA時代に求められるコンピテンシーとして，「新たな価値を創造する力（Creating new value）」「対立やジレンマに対処する力（Coping with tensions and dilemmas）」「責任ある行動をとる力（Taking responsibility）」という3つを特定している。これら3つのコンピテンシーの総体を「変革をもたらすコンピテンシー」としている。

　OECDはウェルビーイングの実現を目指した「変革をもたらすコンピテンシー」の育成に向けて，Educaiton2030プロジェクトにおいて「ラーニング・コンパス」という学習の枠組みを設定した。「ラーニング・コンパス」には，「生徒が，単に決まりきった指導を受けたり，教師から方向性を指示されたりするだけでなく，未知の状況においても自分たちの進むべき方向を見つけ，自分たちで舵取り（navigate）していくための学習の必要性を強調する」（OECD, 2019）ことが意図された。

　ラーニング・コンパスにおける中心的な概念に「エージェンシー（Student Agency）」がある。OECD（2019）は，学習者によるエージェンシーを「変化を起こすために，自分で目標を設定し，振り返り，責任をもって行動する能力」としている。エージェンシーは，ウェルビーイングにおける「私たちが実現したい未来」の具現に向けて必要なコンピテンシーを発揮させるものとして，ラーニング・コンパスにおける中心的な概念として位置づけられた。未来の予測が難しくなる状況を意味するVUCA時代では，与えられた指示により成果を上げるだけではなく，自分で考えて目標を設定し，それを実現することができる資質・能力が求められていく。VUCA時代を生きていくために必要なコンピテンシーの育成を促す概念として，エージェンシーが導入されたのである。

　エージェンシーは，学習者が他者や社会と能動的に関わる中で育まれる。問題解決に向けて自分の考えだけに陥らないよう，社会におけるルールと照らし合わせながら，責任ある意思決定や合意形成がなされていく過程においてエージェンシーの発揮が期待される。これを踏まえ，OECD（2019）は，共通の目標に向かう学習者が相互に支援し合うような関係性を「共同エージェンシー（Co-Agency）」と示した。共同エージェンシーは，教師や生徒が教えたり学んだりする過程において共同制作者（Co-Creators）となったときに生じるものとしている。

　共同エージェンシーの発揮により，他者の発想を活用したり，視点を共有したり，議論していくことが，よりいっそう求められている。これは，教師と子ども，子ども同士が協働的に考えや知識を創造していくプロセスが必須であること意味しており，TAKT授業の今後の発展が期待される所以である。

❷ 授業設計から授業デザインへ

　教師と子ども，子ども同士が協働的に考えや知識を創造していく授業において求められるのは，工業生産ラインをほのめかす従前の指導案に基づく授業づくりではない。「授業づくり」は教員にとって馴染みのある言葉であるが，教育工学においては「授業設計」という考え方が用いられてきた。

　藤岡（1998）は教育工学的な発想から生まれた「授業設計」について，次のように指摘する。「授業設計は『設計（Plan）』-『実施（Do）』-『評価（See）』からなる一連の手続きの一つの段階である。ここでいう授業とは，行動主義的学習観に立って，教育目標の達成に向けての，計画化された活動，手法の開発や効果の検討によって改善されていく反復的活動のことなのである。その活動の一段階としての『授業設計』は結果として『学習のプログラミング』と同義である。」

　教育学にまつわる行動主義とは，古くは20世紀初頭におけるワトソンの「刺激」と「反応」に遡り，1920年代以降のソーンダイクをはじめとした，教育目標を明確にし，学習過程を効率化し，教育結果を数量的にテストで評価するといった「社会的効率主義」によるカリキュラ

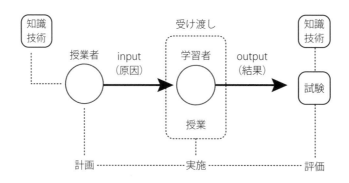

図1 「因果性」で説明される授業（目黒, 2011をもとに作成）

ム論，ブルームの完全習得学習，スキナーのプログラム学習などの代表的な理論の系譜により，授業研究において引き継がれてきた。1960年代以降，授業研究においては，行動主義的学習観に立った教授方略が全盛であった。たとえば，ダンキンとビドゥルが『授業研究』において提案した「過程－産出モデル（process-product research）」は，ボビットのカリキュラム論によって示された「社会的効率主義」を継承している。

「社会的効率主義」とは，教育目標を明記し，学習過程を効率化し，教育結果をテストで評価して生産性を高めるアセンブリ・ライン（流れ作業）のような学校教育を構成し，集権的で官僚的な教育行政の統制を導くものである。すなわち，「授業設計」は，授業を目標達成に向けて効率的に知識を伝達するシステムとして構成しようとすることを目指しており，行動主義的学習観に立った教授方略と捉えることができる。

いうまでもなく，TAKT授業はアセンブリ・ラインによる統制的な授業設計とは相反する概念である。目黒（2011）は「因果性」と「相互性」の比較により，授業は学習者と授業者の関わりによる「変化」を前提としていることを指摘する。授業の「因果性」において，授業者は，学習者に対する知識・技能のinput（原因）とoutput（結果）の因果関係で考え，学習者に知識を伝える（input）作業が授業であり，その結果として，学習者には受け取った知識をきちんと試験で示せること（output）を求める（図1）。

一方で，授業の「相互性」において，授業者は，学習者との関わりによって生み出されていく知識創造のプロセスの「変化」を前提としている。授業の中で単にことばを介して相手とやりとりしているだけでなく，常に相手を全身で感じながら動いている，こうした授業者と学習者の関わりは常に複雑に変化するものとして授業は展開していく。「相互性」の場としての授業では，授業者は「実現したい授業の方向性」を軸としながら，学習者との関わりから相互に「学ぶこと・教えること」の関係が生まれる（図2）。

授業の「因果性」が「授業設計」の捉え方に近似しているのは，あらかじめの計画とその目標に向かって合理的に進められる点にある。一方で，授業の「相互性」は学習者と授業者による動的かつ複雑，多様性を含むものであり，VUCAそのものを意味する。

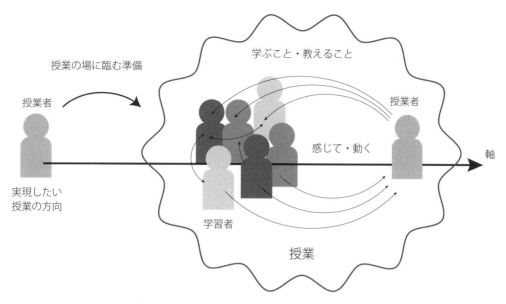

図2　「相互性」の場としての授業（目黒, 2011をもとに作成）

　藤岡（1998）は，「『授業設計』が，授業の『動的な生命性』をあいまいで複雑なものとみなし，計画的意図的にコントロールしようとするに対し，授業デザインはむしろ複雑性，あいまい性を授業の本質とみなす」として，「授業設計」から「授業デザイン」へのパラダイムの転換を主張した。TAKT授業において重視されるのは「授業デザイン」の理念である。教師と子ども，子ども同士が関わり合うことによって生じる相互性の場としての授業の実現である。これは，「授業」という営みの捉え方に変革をもたらす，すなわち，授業のパラダイムの転換を意味する。

　「授業デザイン」が依拠するのは「創発モデル」である。理科授業に即していえば，子どもが自然の事物・現象に関する考えや知識を創り出す，すなわち社会構成主義を基軸とした教授・学習による科学概念の構築である。知識伝達を目的とする授業設計ではなく，授業を「動的な生命性」と捉える「授業デザイン」がTAKT授業の実現に合致する。

❸ TAKT授業をデザインする要素

（1）「ゆだねる」構えとTAKT授業

　「授業デザイン」の理念に基づくTAKT授業において重視されるのは，教師が「ゆだねる」構えを持つことである。図3は，第2部7章粟生先生の実践「電気とわたしの物語」の第1話における，電気と自分たちの生活との関わりを整理した板書である。電気と自分たちとの関わりの視点を衣・食・住・心・身体と設定し，人間を中心にした同心円の構造から「本当に必要なこと」を分類し，電気の有効利用について協働的に考察している。

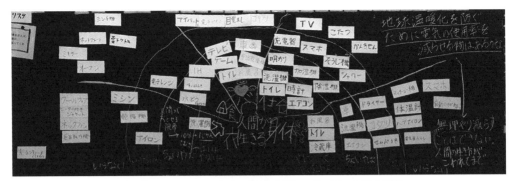

図3 「電気とわたしの物語」（粟生実践）の第1話における板書

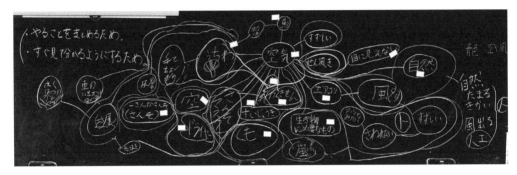

図4 「空気物語」（真田実践）の第1話における板書

　TAKT授業の特徴の一つに「板書」があげられる。図3に示した板書は，粟生先生の支援の
もと，子どもたちが協働的に創り上げた板書である。教師の権威の象徴としての黒板を子ども
に渡す（ゆだねる）ことに躊躇がある状態では，TAKT授業はなし得ない。教師と子ども，子
ども同士によって考えや知識を創り出していく「道具」として黒板を媒介とすることが肝要に
なる。

　図4は，4章真田先生の実践「空気物語」の第1話における板書である。黒板をゆだねると
いう支援性に基づき，子どもたちがイメージマップを創り上げた。真田先生は，支援性として
「①黒板をゆだねる。②子どもの様子を見取り，学習デザインを共に決める」と設定した。子
どもが知っていること，知らないことを可視化していくことで，「意外と僕たちって空気のこ
とを知らない？」という気づきを醸成していった。

　「空気物語」では，「空気さん」の設定や空気ブックの作成を起点とした動機づけがなされて
いる。そして，子どもが何から始めたらいいか悩んでいる状態から，「とりあえず，空気のこ
とをもっと知っていこうか！　手始めに大きなふくろを使って空気と触れ合ってみる？」と
いった空気の存在を確かめる活動を真田先生が提案することによって展開されていく。第1話
における「①黒板をゆだねる。②子どもの様子を見取り，学習デザインを共に決める」といっ
た支援性により，創発モデルとしての授業デザインが駆動したのである。

　「ゆだねる」を基軸とした授業デザインについて，大阪市立東田辺小学校では図5のように

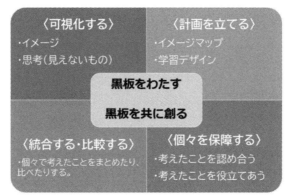

図5　「黒板をわたす，黒板を共に創る」（大阪市立東田辺小学校, 2022）

図6　空気の可視化（「空気さん」の設定）

図7　ふくろに乗ったときの空気さんを可視化

整理している。真田先生の実践「空気物語」における第1話では，上述の「〈計画を立てる〉」展開において，「〈可視化する〉」ことで「空気さん」（図6）を設定している。子どもにとっての可視化とは，経験したことをことばや論理により抽象化し，それを自分の考えとして判断した過程を記述することである。「空気さん」（図6）は，第1話における，ふくろに空気を集めた活動で，空気を圧し返す力（弾性）に関する概念の構築過程における「道具」として有効に働いた。子どもによる「ふくろに乗ったときの空気さんを可視化」（図7）がよい事例である。

(2) 「エージェンシー」の育成とTAKT授業

　子どもにとって「ゆだねる」という教師の構えはどのような学習効果をもたらすのだろうか。それは，「エージェンシー」の育成という視点から捉えられると筆者は考えている。「ゆだねる」という教師の構えと「エージェンシー」を育成する子どもの学びとの関連について，5章近藤先生の実践「水物語」から分析してみよう。

　「水物語」を紡いでいく主人公（僕）は，第1話では学習に向かう姿勢が後ろ向きであることがうかがえる。他のTAKT授業の物語と同様に，「水物語」における近藤先生は子どもに黒板をゆだねてはいるものの，クラス全体が不安な様子で子どもが思うように黒板に表現できない状態が続いていく。近藤先生の「ゆだねる」構えが子どもの安心感につながると，図8に示した板書のように水の循環に関して考えを図やことばで多面的に表現していく。次時に向けた

図8 「水物語」(近藤実践)の第1話における板書

問いに関する分類整理を進めていく中で,「これは水物語だな」(鈴木さん)というつぶやきと,近藤先生の「この後どんなふうに授業を進めていきたい？」という問いかけが第2話への展開を促進していく。

「水物語」では,鈴木さんは主人公にとっての有能な他者として存在する。近藤先生は「本物語で大切にしたいことは,クラスメイトを有能な他者として子ども同士が意識し,影響を与え合うこと」とファーストデザインで述べている。本物語で登場する鈴木さんは,先生に板書をゆだねられた際にも躊躇なく黒板の前に出ていったり,「水は浄水場から来るんだよ」と言いながらホワイトボードで説明したりと,いわゆる「エージェンシー」の概念を実現する学習者としてクラスに存在している。一方で,主人公は「鈴木さんはすごいな」「どうせ自分にはできない」,という状況が続いていく。

「水物語」の主人公の周囲には,多くの有能な他者が存在している。「有能な他者」とは,ヴィゴツキーによる「発達の最近接領域 (Zone Proximal Development)」において示される。「発達の最近接領域」とは,子どもの精神発達と教授−学習の関係を捉える概念である(図9)。「現下の発達水準」とは子どもが一人で,独力で問題の解決が可能な水準であり,「明日の発達水準」とは,他者との協働の中で問題を解決する場合に到達する水準である。ヴィゴツキーは,この水準の間を「発達の最近接領域」と考え,協働的な学習や模倣の教育的意義の必要性を主張した。

学校における教授・学習のほとんどは模倣に基づき行われているといえる。子どもは自分一人でできないことがあっても,教師や周囲の仲間などの支援のもとで学んでいる。このとき,教師や周囲の仲間は,学習者である子どもにとっての「有能な他者」となる。「有能な他者」とは,子どもの発達において効果的な資源 (Effective Resources) となり得るものである。森本 (2013) は,「子どもの対話の向上に寄与する子ども一人ひとりの考え方,教師により精選された資料,図書やネット情報等が教室における『有能な他者』を形成する」と述べている。「有能な他者」の役割は,発達の最近接領域に則した足場づくりによって,子どもの発達を引き上げていくことである。

　TAKT授業における「他者」の設定は，発達の最近接領域に則した足場づくりの一つである。「水物語」において，主人公が「エージェンシー」としての学習者へと変容するきっかけとなったのは，「体育主任の和太先生」へと「他者」の設定が変更されたときである。「1年生がもっとも安全にプールに入るのは何時間目なのか調べてお願いの手紙を書く」ことが，主人公が前のめりに

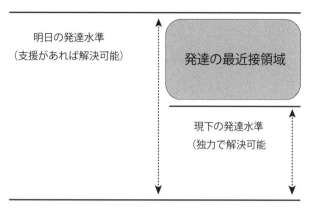

図9　発達の最近接領域

学習に取り組む契機となっていた。第5話における和太先生への手紙の内容の精緻化に向けた周囲とのやりとりに見られるように，「発達の最近接領域」が「エージェンシー」育成に寄与することは明白である。

　「水物語」では，学習者間のギャップに関する近藤先生の葛藤も続いていたが，教師の「子どもとの対話を通して粘り強く足場づくりを施していく」という支援の重要性を示唆している。「水物語」に示された支援性は「エージェンシー」育成において重要であり，教師が子どもと共に学びを創り上げる構えは，まさに，「共同エージェンシー」の実現を意味している。

　近藤先生の実践「水物語」では「エージェンシー」を育成する教師の「ゆだねる」構えに加えて，子どもの学習状況に即した足場づくりが重要であることが明らかとなった。足場づくりにおいては，教師のアセスメント・リテラシーが求められる。近藤先生は物語の展開における自身の葛藤を見事に克服し，共同エージェンシーとして子どもと共に学びを創り上げていった。教師のアセスメント・リテラシーと葛藤を乗り越える粘り強さが，子どもの「エージェンシー」育成に寄与するのである。

(3)「道具」の媒介とTAKT授業

　TAKT授業には知識創造を意味する「創発的なデザイン性」が重要であることが明らかとなった。創発的な授業デザインの複雑性，曖昧性は，「道具」を媒介とした思考，表現を促進する教授・学習によって，知識創造の方向性を見出していく。

　ヴィゴツキー（1987）は教授・学習における「道具」について，実際的な活動を支えるための手段である「技術的な道具」と，他者とのコミュニケーションや自己の思考過程を制御するものである「心理的道具」の2種類があることを指摘した。さらにヴィゴツキーは，「道具」は問題解決の状況によって変異すると捉えた。人間の活動の「中間的媒介物」としての「道具」が自然的・直接的な心理過程から間接的な過程に転化することから，人間の固有な心理的特質は生じると説明する。

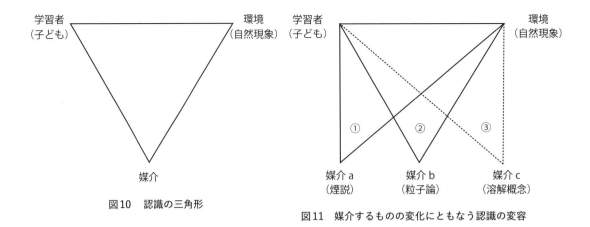

図10　認識の三角形

図11　媒介するものの変化にともなう認識の変容

　森本（1999）は，ヴィゴツキーの「道具」の媒介性を理科授業における自然認識によって，次のように説明した。「子どもにとって媒介とされるもの，それは顕微鏡を用いた微小世界の映像，原子のイメージ，記号，文字，教師の話，コミュニケーションを通して現れるクラスの仲間の考え方等，彼や彼女の思考に影響を与え，かつそこで利用されるあらゆる情報を指している」（図10）。

　さらに，森本（1999）は，「思考を媒介とするものは変更を伴いながら新しい状況を説明する事態へと移っていく」（図11）ことを指摘した。図11は，子どもの溶解概念に関する「道具」の媒介と変容を事例としている。具体的には，「食塩は水に溶けて目に見えないくらいの小さな粒になっているんだ（粒子論）」「食塩は煙みたいになって溶けていったよ（シュリーレン現象の観察実験）」「上の方より底の方が濃い（落下に関する日常的な論理）」と，食塩が水に溶ける説明において，多様な情報を媒介として溶解について認識していく様相を示している。

　自然事象に依拠する情報の内容は，思考の媒介となる「道具」の選択と変換を伴いながら，理解を深めていく。

　2章稲井先生の実践「学校しょうかい物語」では，子どもの学習状況に応じた教師の支援によって「道具」の選択と変換が促されている。『1ねん　いぐみの　1にち』という絵本の完成について，稲井先生は「教師の様々な支援（子どもたちが選べる教材の準備，会話・対話の子どもの意見を取り入れた適時の設定，表現のデザインに活用できる様々なツールの設定等）によるものである」と述べている。「学校しょうかい物語」における「道具」の選択と変換の重要性を示唆している。

　図12は「学校しょうかい物語」の技術的な道具の選択と変換を表したものである。第1話では「昨年度の学校紹介DVD」を媒介として入学前の思いを振り返り，新1年生に「もので伝える」といった方法に関する検討をしている。「かみしばい」「タブレット」「ビデオ」「学校紹介絵本」が候補としてあげられ，子どもにとって親しみのある「絵本」での紹介が最終的に選択された。第2話以降，よりよい絵本にするための検討が行われていく。

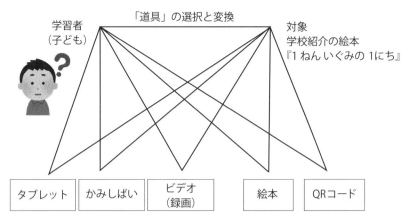

図12　学校紹介の絵本づくりにおける「道具」の選択と変換

　「学校しょうかい物語」では，稲井先生の効果的な支援や子ども同士の相互評価による協働的な学習により学校紹介の絵本づくりが進んでいく。注目すべきは，第4話における「QRコード」の導入である。よりよい絵本づくりに向けた様々な思いや願いを実現する工夫を促す「支援性」を発揮していくことで，「QRコード」が効果的な「道具」であるという判断のもと，選択された。

　図12に示すように，「道具」を媒介として目指す「対象」は「学校紹介絵本」である。他者の吟味と設定や相手意識の醸成により（他者・愛），「道具」の質が向上した。「QRコード」の導入はまさに「道具」の質向上の表れである。

　6章岩本先生の実践「私たちの体と道具の物語」では，「道具」の媒介を中軸として，物語のファーストデザインがなされている。アフォーダンス理論に基づく技術的な道具の設定は，第1話「おもしろい世界発見！」における体の機能と構造に関する概念構築に向けた効果的な動機づけに寄与している。さらに，技術的な道具と自分の体の関係との媒介性は心理的道具の選択，変更によって強化されている。

　図13は岩本先生の実践における，第2話から第3話で主人公が「自分の体」と「蛇口」の関係を追究する場面の「技術的道具」の選択と変換を意味する。図14は，技術的道具を媒介とすることにより表出した「心理的道具」の選択と変換である。

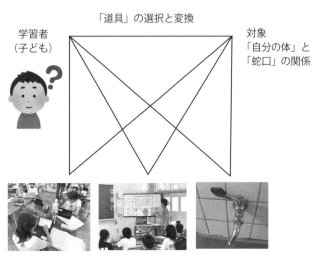

図13　岩本実践　技術的道具の選択と変換

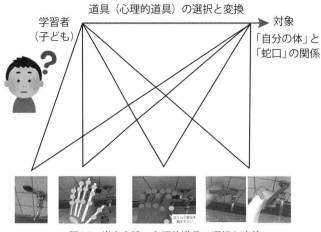

図14　岩本実践　心理的道具の選択と変換

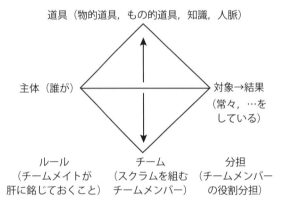

図15　活動理論による視野の拡大（杉万・谷浦, 2008）

第3話では，他者を想定した発表の練習を通して，スライドを大型テレビに映して確認しながら，友だちや先生に「実際に蛇口を手でひねっている写真を入れたほうが分かりやすいと思う」「手に骨や関節，筋肉を書き込んだらどうかな」等のアドバイスを互いに受け取っていた。アフォーダンス理論に基づく「自分の体と蛇口」に関する心理的な道具の選択と変換による精緻化が図られ，技術的道具と自分の体との媒介性を強化している場面である。

さらに，岩本先生の実践において重要なのは「主体」－「道具」－「対象」の三項関係に「他者」の配置を加えた授業デザインを構想しているところにある。図14における心理的な道具の選択と変換の促進は，「他者」の存在が不可欠である。「道具」の媒介性を「主体」と「共同体」の連携により捉えるのは，エンゲストロームによる「拡張的学習」により提唱された「活動理論」の一部である。「活動理論」に関する先行研究において，杉万・谷浦（2008）は，「主体」の意思決定における視野の拡大について，次のように指摘する（図15）。「『主体』が『対象』に働きかけ，『結果』を生み出す過程において，『主体』と『対象』を結ぶ横線では思考停止になりがちであるが，『主体』と『道具』，あるいは『主体』と『共同体』のルートを辿ることによって，意思決定がなされていく。」

岩本実践における物語の主人公は，第3話で発表の内容や仕方のアドバイスが書かれた付箋をもとにした修正に困っていたが，授業者の「もっと詳しくアドバイスがほしい人はいますか？」という支援により，修正の具体化を周囲に求めた。こうした「主体」と「共同体」のルートをたどることが，心理的な道具の選択と変換を促進する。杉万らが指摘した「意識決定における視野の拡大」により，「主体」の発想の幅が広がっていくことの実現である。

(4) 概念構築を目指すTAKT授業

理科授業において最大の目標となるのは，「科学概念」の構築である。科学概念とは，自然

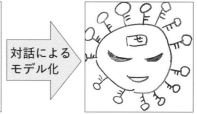

図16　コロナウイルスのモデル構築過程

事象を説明するために用いられるものであり，理科授業においては，問題解決のプロセスを通して創り出していく新しい考えや知識を意味する。本書では，理科，生活科，総合的な学習の時間の実践を取り上げているが，TAKT授業においては，どの教科，領域においても概念構築を目指した授業デザインが求められていると捉えたい。

たとえば，図16は，3章富﨑先生の実践「コロナウイルスとの物語」において子どもの対話によって導出されたコロナウイルスのモデルである。第3話の②「方川さんの物語」において「低学年も分かりやすいコロナウイルスの絵が見つからへんねん」という問題意識に基づき，自ら調べた資料や周囲との対話を通して，説明するときに使いやすい図を創り上げていった。

こうしたモデルやイメージに基づく図や絵の表現をTAKT授業においては「アート的思考」と捉えている。理科学習において子どもが自然事象を説明するとき，ことばや図などの多様な方法を駆使しながら自分の考えを表現することは必須である。富﨑先生の実践において表出した子どもによるモデル（図16）は総合的な学習の時間によるものであるが，どの教科，領域においても，「アート的思考」は子どもが自ら選び他者と共有しながら概念を構築していくうえで効果的な学習方略であることは明白である。

概念構築を目指した授業デザインにおいて，表1に示したホワイト（1990）による概念についての諸要素は有益な視点を与える。概念についての諸要素は多様な関連性を帯びながら，子どもによる科学概念の構築に寄与する。7章粟生先生の実践「電気とわたしの物語」を事例として，表1に示した諸要素とその関連について，分析してみよう。

「電気とわたしの物語」では，電気を自分や自分を取り巻く「生活に関わる電気」という視点から，電気と自分との関係性を捉え直し，エネルギーの変換と保存や有効利用に関する科学

表1　理科学習に関わる概念についての諸要素（ホワイト，1990をもとに作成）

要素	簡単な定義
ストリング	分離されずにまとまった形で記憶される記号やことば
命題	ことばの定義，概念の関連性についての記述
知的技能	論理を用いた課題の遂行
エピソード	特定の経験あるいは目撃した事実についての記憶
イメージ	知覚情報に対する心的表象
運動技能	操作による課題の遂行
認知的方略	思考をコントロールする概括的な技能

表2 「電気とわたしの物語」（粟生実践）発電や電気の有効利用に関する概念の諸要素

要素	簡単な定義	発電や電気の有効利用に関する概念
ストリング	分離されずにまとまった形で記憶される記号やことば	発電，電気
命題	ことばの定義，概念の関連性についての記述	電気をつくることを発電という
知的技能	論理を用いた課題の遂行	運動エネルギーと電気エネルギーの変換
エピソード	特定の経験あるいは目撃した事実についての記憶	「プロペラを回すことで電気を発生させることが分かった」
イメージ	知覚情報に対する心的表象	水の蒸発がどれぐらいのエネルギーになるか
運動技能	操作による課題の遂行	水蒸気で回転するプロペラで発電して豆電球を点灯させる
認知的方略	思考をコントロールする概括的な技能	

概念を構築している。しかし，この物語の序盤では，日常生活において触れる機会の多い電気に関することばはストリングの意味合いが濃い。これについて，粟生先生は「電気，変換，発電に関わるストリングの知識を子どもたちは口にしていても，それらは，本当の意味では個々にバラバラで，同じことを伝えていない」と指摘している。さらに粟生先生は，「このバラバラ状態に触れることを喜び，自分たちが分かっていないことの共有や，それぞれの知識から湧き出る表現の違いから学ぶことを楽しみ，より深く電気の世界を分かろうと，自分たちの文化を構築していくとき，『共に』の世界を一緒に見ようとする本当の友だちへの愛がそこにあった」と，TAKT授業の有用性を述べている。

他者を念頭に置いた「宛先」の吟味や選択，決定は，TAKT授業の特徴の一つである。第1話では暮らしを支える電気さんを見直し，第2話では電気と人間の機能の関連を追究した。第1話と第2話の宛先は家族であったが，第3話において電気関連の専門家を宛先として加えることで，電気の世界により深く関わっていきながら彼らの文化を構築していく，「分かったつもりだった電気を見つめ直す」という物語へと展開していく。

表2は，第3話「電気さんの一生を追いかけよう」において子どもが表象した，発電の概念に関する諸要素を示している。第3話で家族から専門家へと宛先を再検討したことは，「分かったつもり」の自覚と異化の必要性を促した。物語の最終での他者は家族となり，科学者などの研究者へ伝える機会には至っていないが，他者の検討を繰り返すことが表2に示したような諸要素の関連性をともなう発電や電気の有効利用に関する概念の構築に寄与したのである。

粟生先生の実践における子どもによる科学概念の構築は，「変革をもたらすコンピテンシー」の育成に関与していることは明白である。ストリングとしての知識が個々にバラバラの状態にあった子どもと授業者は，ジレンマを抱えていたが，自分たちの文化を構築していくという信念に基づくTAKT授業の展開により，そのジレンマを乗り越え，知識を創造するエージェンシーとしての子どもの姿が現れたのである。

次に，8章岡本先生の実践「伝えようホタル物語」における概念についての諸要素と関連性について分析してみよう。この物語の第2話は，ホタルの自生について追究する展開となっている。表1に基づき，ホタルの自生に関する概念の諸要素を図17に表した。

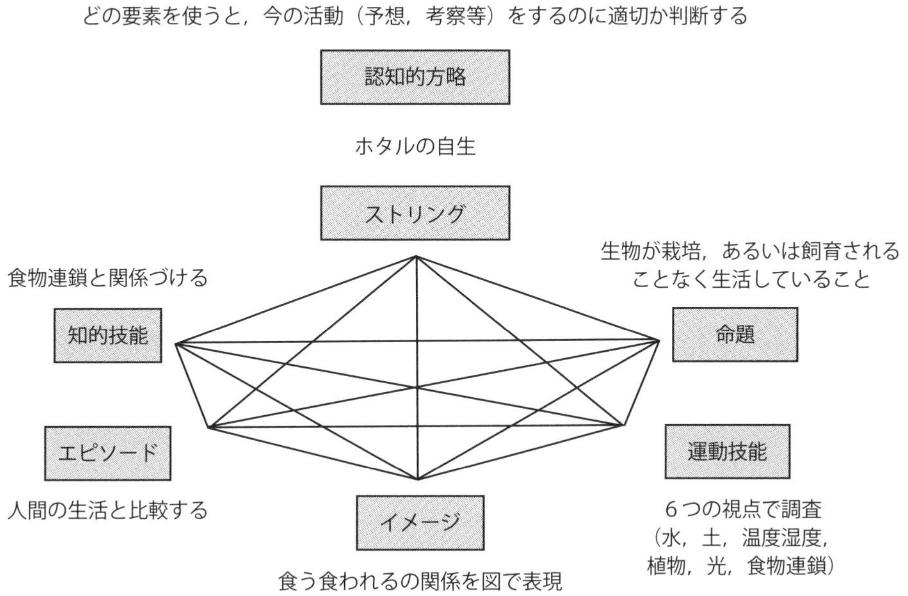

どの要素を使うと，今の活動（予想，考察等）をするのに適切か判断する

認知的方略

ホタルの自生

ストリング

食物連鎖と関係づける

知的技能

生物が栽培，あるいは飼育される
ことなく生活していること

命題

エピソード

運動技能

人間の生活と比較する

イメージ

６つの視点で調査
（水，土，温度湿度，
植物，光，食物連鎖）

食う食われるの関係を図で表現

図17　ホタルの自生に関する概念の諸要素の相互関連

　第2話で杉本さんが「そもそも私たちは自生の意味を知りませんでした」と述べているように，自生ということばはストリングとしてのみ保持された状態から学習は始まっている。岡本先生の「そもそも自生ってどんな状態？」という問いかけが「命題」を追究する契機となっているが，この状況で概念構築に至っていないのは，他の要素との関連が図られていないためである。第3話のホタルの食を軸とした食物連鎖に関する追究や第4話のビオトープの調査によって，図17に示したように諸要素が相互に関連し，構造化されていく。物語全体を通して，ホタルの自生に関する科学概念の構築が図られていったのである。

　この物語では，東田辺小学校の名物であるお祭り「ほたるの夕べ」を知らない身近な人々を他者として想定し，学校創立80周年式典において発表する機会を設けている。式典での発表の準備では，「楽しかった思い出をみんなにも味わってほしい」「このイベントを絶やさないでほしい」という他者への愛が根底にある。他者への愛は，第6話「ずっと続けてな」における発表内容の精選や方法を見直す子どもの姿に現れている。これは，「自分の身近な人の役に立つため」の学習の総体であり，新しい考えや知識を創り出していく過程である。

　粟生先生，岡本先生の実践における物語から，概念構築の諸要素は相互に関連していることが明らかになった。この過程において重要なのは，TAKT授業における〈他者・愛〉の設定である。他者や想定他者の検討，再検討において，会話・対話を駆使することが必須であることはいうまでもない。

結　語

　本章では，「社会構成主義」の中軸である「発達の最近接領域」や「道具」の媒介性などの視点から「概念構築」の過程やその内実を分析した。どの物語においても，新しい考えや知識を創り出していく授業デザインが，子どもと教師，子ども同士によって紡がれている。VUCA時代において必要とされるコンピテンシーの育成は「エージェンシー」「共同エージェンシー」という概念による学習者の実現が深く関与する。本書における TAKT 授業では，それぞれに躍動する子どもの姿から，「変化を起こすために，自分で目標を設定し，振り返り，責任をもって行動する能力」を身につけた学習者による「エージェンシー」の具体を見ることができた。また，「エージェンシー」は社会的な相互作用を通して育成される。それは，共通の目標に向かう学習者が相互に支援し合う関係性よって構築される「共同エージェンシー」の表れであり，TAKT 授業において子どもと教師が学びを創り出す「共同制作者（Co-Creators）」の実現を意味する。さらに，ウェルビーイングとしての「私たちが実現したい未来」を実現していく子どもの育成とその可能性を TAKT 授業から見ることもできた。

　今，求められている「協働的に考えや知識を創造していく」学習者の育成は，TAKT 授業の創発的デザインによって実現していくことが明らかとなった。今後，TAKT 授業のさらなる発展と拡充が期待される。

《引用・参考文献》

藤岡完治（1998）．授業をデザインする　浅田匡・生田孝至・藤岡完治（編著）　成長する教師：教師学への誘い　金子書房，10-12.

目黒悟（2011）．看護教育を創る授業デザイン：教えることの基本となるもの　メヂカルフレンド社，2-9.

森本信也（1999）．子どもの学びにそくした理科授業のデザイン　東洋館出版社，15-17.

森本信也（2013）．考える力が身につく対話的な理科授業　東洋館出版社，88-90.

野原博人（2018）．能動的な学習を支援する理科授業デザインの理論とその評価に関する研究（東京学芸大学大学院連合学校教育学研究科博士論文）.

野原博人・和田一郎・森本信也（2018）．主体的・対話的で深い学びを実現するための理科授業デザイン試論とその実践　理科教育学研究，58（3）.

野原博人・森本信也（編著）（2022）．理科教育の新しいパラダイム　晃洋書房，3-15.

OECD (2017). *PISA 2015 Results(Volume III):Students 'Well-Being'*, Retrieve from https://www.oecd.org/pisa/PISA-2015-Results-Students-Well-being-Volume-III-Overview.pdf （2022 年 12 月 27 日閲覧）.

OECD (2018a). *The future of education and skills Education 2030*, Retrieve from https://www.oecd.org/education/2030/E2030%20Position%20Paper%20(05.04.2018).pdf （2022 年 12 月 27 日閲覧）

OECD (2018b). OECD Future of Education and Skills 2030 Conceptual leraning framework STUDENT AGENCY FOR 2030, Retrieve from https://www.oecd.org/education/2030-project/teaching-and-learning/learning/student-agency/Student_Agency_for_2030_concept_note.pdf （2022 年 12 月 27 日閲覧）

OECD (2019). OECD Learning Compass Concept Notes, Retrieve from https://www.oecd.org/education/2030-project/teaching-and-learning/learning/learning-compass-2030/OECD_Learning_Compass_2030_concept_note.pdf （2022 年 12 月 27 日閲覧）

大阪市立東田辺小学校（2022）．自己調整的に学び続ける子どもの育成：友と共に創る教科横断的な学びの保障　大阪市立東田辺小学校校内研究紀要.

佐藤学（1996）．教育方法学　岩波書店.

白井俊（2022）．OECD Education2030プロジェクトが描く教育の未来：エージェンシー，資質・能力とカリキュラム　ミネルヴァ書房，8-23.

杉万俊夫・谷浦葉子（2008）．中堅看護師研修における活動理論の実践　インターナショナルナーシングレビュー：国際看護師協会機関紙，31(5)，50-54.

ヴィゴツキー，L. S.　柴田義松・藤本卓・森岡修一（訳）（1987）．心理学の危機：歴史的意味と方法論の研究　明治図書出版，51-59.

ホワイト，R. T.　堀哲夫・森本信也（訳）（1990）．子ども達は理科をいかに学習し教師はいかに教えるか：認知論的アプローチによる授業論　東洋館出版社，35.

監修者・編者・執筆者紹介

【監修者】

田島充士 　　　　　　　　　　　　　（まえがき，第1部1章，3章，4章，第2部1章）

東京外国語大学大学院総合国際学研究院准教授。高知工科大学共通教育教室講師を経て現職。博士（心理学）。公認心理師，学校心理士スーパーバイザー，ガイダンスカウンセラー。日本教育心理学会研究委員会委員長および『教育心理学研究』常任編集委員など歴任。日本教育心理学会優秀論文賞（共同）および城戸奨励賞（単独），日本コミュニティ心理学会出版賞（共同）など受賞。ロシア（旧ソ連）の心理学者・ヴィゴツキーの発達理論および，文学者・バフチンの対話理論に関する研究を視点とし，生産的な対話関係を築くことの意義と方法について検討している。主な著書に『「分かったつもり」のしくみを探る：バフチンおよびヴィゴツキー理論の観点から』（単著；ナカニシヤ出版，2010），『ダイアローグのことばとモノローグのことば：ヤクビンスキー論から読み解くバフチンの対話理論』（編著；福村出版，2019），『地域と協働する学校：中学校の実践から読み解く思春期の子どもと地域の大人のかかわり』（分担執筆；福村出版，2021）ほか。

【編者】

藤倉憲一 　　　　　　　　　　　　　　　（まえがき，第1部2章，4章，第2部1章）

太成学院大学兼任講師。大阪教育大学附属天王寺小学校教諭，大阪市立小路小学校校長，大阪教育大学非常勤講師，兵庫教育大学実地指導講師を経て現職。元大阪市小学校教育研究会理科部長。大阪市内の小学校教諭を中心に組織する「新授業デザイン研究会」を主宰し，子どもたちの対話を促進する授業開発に取り組む。主な著書に『今こそ理科の学力を問う：新しい学力を育成する視点』（分担執筆；東洋館出版社，2012）他16冊。主な論文に「希望を取り戻す理科授業のデザインが『関心・意欲・態度』を育てる」（理科の教育，60-10，2011），「学習における動機づけを考える」（物理教育，48-2，2000），「子どもとつくる問題解決学習：理科の問題解決学習で人間形成を！」（物理教育，47-5，1999）等，連載「子どもとつくる問題解決学習の基本型」（楽しい理科授業，No.378〜391）ほか。

武元康明 　　　　　　　　　　　　　　　　　　　　　　　（まえがき，第1部3章）

sagasu株式会社代表取締役。航空業界から人材業界へ転身。日系エグゼクティブサーチ会社の創業メンバー（後に代表取締役社長），ヘルスケアグループ・街づくり推進室（現任），IT企業顧問を経てsagasu株式会社を設立し，現職。26年の人材リサーチキャリアを持つヘッドハンターとして，様々な属性の他者との生産的な対話を行える社員の能力と，組織の生産性との関係について検討している。国立大学ビジネスキャリア講師。主な著書に『30代からの「異業種」転職　成功の極意』（河出書房新社，2018），『会社の壁を超えて評価される条件：日本最強ヘッドハンターが教える一流の働き方』（徳間書店，2017），『ヘッドハンターはあなたのどこを見ているのか』（KADOKAWA，2013）ほか。

【執筆者（五十音順）】

粟生義紀（第2部7章）　小松市立犬丸小学校

稲井雅大（第2部2章）　大阪成蹊大学教育学部

岩本哲也（第2部6章）　大阪市立味原小学校

岡本記明（第2部8章）　大阪市立東田辺小学校

近藤聖也（第2部5章）　大阪市立本田小学校

真田順平（第2部4章）　大阪市立豊崎本庄小学校

富﨑直志（第2部3章）　大阪市立橘小学校

野原博人（第3部1章）　立命館大学産業社会学部

TAKT授業のデザイン

批判的対話がつむぐ笑顔の教室

2024年5月20日　初版第1刷発行

監修者　田島充士
編著者　藤倉憲一、武元康明
発行者　宮下基幸
発行所　福村出版株式会社
〒113-0034　東京都文京区湯島 2-14-11
電話　03-5812-9702／FAX　03-5812-9705
https://www.fukumura.co.jp
印刷・製本　中央精版印刷株式会社

Printed in Japan　ISBN978-4-571-10206-6　C3037

福村出版◆好評図書